改变，从阅读开始

The Unravelling

High Hopes
and Missed Opportunities
in Iraq

失去伊拉克
破灭的希望和错过的机会

[英] 艾玛·思盖（Emma Sky）著　朱渊 译

山西出版传媒集团　山西人民出版社

图书在版编目（CIP）数据

失去伊拉克：破灭的希望和错过的机会 /（英）艾玛·思盖著；朱渊译. —— 太原：山西人民出版社，2018.9

ISBN 978-7-203-10532-9

Ⅰ. ①失… Ⅱ. ①艾… ②朱… Ⅲ. ①美伊战争(2003)–研究 Ⅳ. ①K377.53

中国版本图书馆CIP数据核字(2018)第213436号

版权合同登记号：图字 04-2018-034 号

THE UNRAVELLING:HIGH HOPES AND MISSED OPPORTUNITIES IN IRAQ BY EMMA SKY
Copyright: ©2015 BY EMMA SKY
This edition arranged with AITKEN ALEXANDER ASSOCIATES through BIG APPLE AGENCY,INC.,LABUAN,MALAYSIA.
Simplified Chinese edition copyright:
2018 Caixin Media Company Limited
All rights reserved.

失去伊拉克：破灭的希望和错过的机会

著　　者：	（英）艾玛·思盖
译　　者：	朱　渊
责任编辑：	王新斐
复　　审：	贾　娟
终　　审：	来普亮
选题策划：	北京汉唐阳光
出 版 者：	山西出版传媒集团·山西人民出版社
地　　址：	太原市建设南路 21 号
邮　　编：	030012
发行营销：	010-62142290
	0351-4922220　4955996　4956039
	0351-4922127（传真）　4956038（邮购）
E - mail：	sxskcb@163.com（发行部）
	sxskcb@163.com（总编室）
网　　址：	www.sxskcb.com
经 销 者：	山西出版传媒集团·山西新华书店集团有限公司
承 印 厂：	鸿博昊天科技有限公司
开　　本：	655mm×965mm　1/16
印　　张：	23.25
字　　数：	300 千字
版　　次：	2018 年 9 月　第 1 版
印　　次：	2018 年 9 月　第 1 次印刷
书　　号：	ISBN 978-7-203-10532-9
定　　价：	78.00 元

如有印装质量问题请与本社联系调换

致中国读者

我不知道你们是谁,也不知道你们为什么会翻开本书。

你们想要更多地了解美国吗?想要知道更多有关伊拉克战争的事情吗?想要更多地了解美国在伊战中做了什么吗?这本《失去伊拉克》都会告诉你们。

但是本书不止于此。

这本书还是我个人的一段旅程,是我对一个更加美好的世界的追寻。

我还是学生时就想要为中东和平奉献自己的一生。我当时认为,如果能够解决阿拉伯和以色列的冲突,那么全人类就有望获得拯救,因为全世界的问题几乎都在那里。因此20世纪90年代的大部分时间我都在耶路撒冷,帮助巴勒斯坦政府机构提升能力,并促进以色列人和巴勒斯坦人之间的和解。

我2003年到伊拉克,就战争向那里的人民道歉,并帮助他们重建家园。没有想到我管理了一个省,之后担任最高级别美军将军的政治顾问。

我为了带来变化决定在体制内工作。但是想要改变他人,不得不先准备改变自己。我的一部分死在伊拉克——同时另一部分获得了新生。

我认为我们都是自身所处环境的产物。一旦改变人们生存的条件,他们的行为也会随之调整。

亲爱的读者,我向你提出的问题是:中国将如何让这个世界变得更加和平和繁荣呢？

第二次世界大战之后建立的全球治理体系看起来已经不再足以统领我们所生活的这个世界。世界正朝着多极发展，而中国是其中的全球大国。

《失去伊拉克》讲述了西方社会最好的一面：它的开放、机遇、能力；但同时也讲述了它最糟糕的一面：它的狂妄自大。

亲爱的中国读者，我们并不认识，但是我渴望与你们相识相知。或许我故事中的一部分能够让你们产生共鸣，或许你们能告诉我更多有关你们的故事。我希望我们能够在人之所以为人的问题上分享看法。我希望我们能够携手解决这个世界所面临的种种挑战。

艾玛·思盖

2017年10月

原版自序

2003年伊拉克推翻萨达姆之后所发生的事情并没有什么是注定的。一切都不是必然的。

这篇回忆录讲述了我在伊拉克十多年的经历。我的故事始于伊拉克政权倒台后，英国政府为该国重建征集志愿者。我没想到，我成为基尔库克地区的负责人，试图化解想要控制该省不同派别的伊拉克人之间的紧张关系。在担任雷·奥迪耶诺将军政治顾问期间，我经历了美国增兵、撤军，以及"伊斯兰国"控制了三分之一伊拉克的整个过程。对于布什总统推行民主的努力和奥巴马总统的尽快脱身之举，对于所有这些作为和不作为，结局都并非是最初所期待的。

《失去伊拉克》讲述了国家重建面临的挑战，以及一个独裁政权的倒台如何导致国家的溃败和冲突。这告诉我们，外部参与者总是有局限的，以及我们能够在哪些方面发挥影响。被美国领导的联军排除在权力之外的势力，试图破坏战后的新秩序。那些我们扶持的势力则试图利用国家的资源谋一己之私，而且颠覆了刚刚建立的民主体系，并利用那些由我们培训和装备的安全部队威吓自己的对手。美国本来可以在精英中做更多的斡旋，通过选举和平移交权力。然而，美国却冒险地将赌注压在了马利基身上，错误地相信他和美国有着共同的利益和目标，利用增兵带来的暴力事件减少的局面来建立"拥有主权的、独立的以及民主的伊拉克"。这一政策的失败因为2014年6月"伊斯兰国"声势的突然壮大而愈加明显。"伊斯兰国"控制了伊拉克的大片领土，面对由伊朗所支持的什叶派巴格达政权，"伊斯兰国"以逊尼派的保卫者自居。这时伊拉克安全部队土崩瓦解。

奥巴马是第四位对伊拉克发动空中打击的美国总统，在他之前是老布什、比尔·克林顿和小布什。奥巴马最初发动攻击是为了阻止"伊斯兰国"灭绝伊拉克的少数民族以及占领埃尔比尔。然而，在两名美国人质被"伊斯兰国"斩首的事件发生之后，美国迅速地增加了对叙利亚的空中打击。美国人对战争不再退缩。他们再次感到惊恐，渴望报复。

奥巴马从未设想自己会陷入如此境地。他在总统竞选活动中呼吁结束伊拉克战争。2009年，他在自己的第一任期因为"加强国际外交与合作的杰出贡献"获得了诺贝尔和平奖。

这位声称能令美国从海外泥潭中抽身，并把注意力转向国内建设的总统，不得不让国家重新置身于中东的战火之中，却完全不知道如何收场。

《失去伊拉克》讲述的是男人和女人；伊拉克人和美国人；士兵和平民；平凡的和不平凡的人的故事。这些人的生命与"两河流域"已经紧紧缠绕在一起。这是一个我愿意分享的故事——向那些奋斗的人致敬，缅怀那些逝去的生命，向这个破损的而又让我如此热爱的国家献上敬意。

伊拉克战争及其产生的后果对美国的影响微乎其微。很少有人愿意真正为那里所发生的一切进行反思或承担责任。这场战争的合法性从一开始就备受争议。伊拉克人谴责美国摧毁了自己的国家，美国人谴责伊拉克人没有利用好他们曾经获得的机会。政治人物试图利用伊拉克的局势在政治上获得好处，并没有过多考虑伊拉克人民：民主党首先谴责共和党入侵伊拉克，共和党谴责民主党没有在伊拉克继续驻军。美国军方谴责政府做得太少；政府谴责军方想做得太多。英国人谴责托尼·布莱尔。

然而，在伊拉克发生的事情对于想要拥有更好未来的伊拉克人来说至关重要，对于曾经驻扎在那里的我们来说也是如此。如果我们不能诚实地审视那里所发生的一切，那么我们将错失良机，无法把握在何时以何种方式应对世界的动荡。

目录

序章

第一部 直接统治

第 1 章 抵达伊拉克·006

第 2 章 天空中的士兵·021

第 3 章 "我们的贝尔女士"·048

第 4 章 争夺基尔库克·071

第 5 章 在共和宫的日子·091

第 6 章 阿加酋长被暗杀·107

第 7 章 跟这一切告别·124

第二部 增兵

第 8 章 重返巴格达·132

第 9 章 伊拉克安全计划·158

第 10 章 意识到应该和解·179

第 11 章 熬过夏天·205

第 12 章　萨德尔运动停火 · 218

第 13 章　胜利 · 233

第三部　撤兵

第 14 章　米兰对话 · 246

第 15 章　不顺利的部队地位协议 · 262

第 16 章　走出城市 · 273

第 17 章　绿色边界的麻烦 · 298

第 18 章　选举的鬼把戏 · 313

第 19 章　失去伊拉克 · 330

第四部　战争余波

第 20 章　土崩瓦解 · 346

序章

这是2011年1月14日,一个阴冷的早晨。在国会大楼的前面,我从87路汽车上下来,经过威斯敏斯特教堂,向左转,沿着史密斯大街向前走。我许多年都没有穿过正装了,这次西装革履。我应约出席伊拉克质询(也叫作奇尔科特质询)。这不是一个有关战争罪的法庭。在英国和美国,没有任何官员为2003年对伊拉克开战被追责,也没有任何官员为战后所实施的一切承担责任。这仅仅是一项调查,调查究竟发生了什么,目的是吸取教训。从2009年质询启动以来,已经有数百名官员提供了证词。现在轮到我了。

我走进了一栋让人无法描述的大楼。一名官员出现在我的面前，给了我一枚证章，领我到了一个房间。我被介绍给在座的委员们：约翰·奇尔科特先生，职业外交家，高级公务员，这次质询的主席；乌沙·普拉沙尔女男爵，上议院成员；洛德里奇·林恩先生，前大使；还有两位历史学家：劳伦斯·弗里德曼先生和马丁·吉尔伯特先生。我在桌子的一边落座，面对向我提问题的人。在不安中，我不断地告诫自己，有了伊拉克的经历，没有什么能够让我惊慌失措。而且，没有人会丧命。

普拉沙尔女男爵：我们先从一些背景情况开始好吗？你能描述一下你是如何应招为联军临时指挥部工作的吗？

艾玛·思盖：在民政部传递着一封邮件，问是否有人愿意到伊拉克为联军临时指挥部工作。英国人和美国人将要管理伊拉克这个国家。我当时并不在民政部，我在英国文化委员会。可这封邮件传给了我。我表示感兴趣，于是先成了英国外交部的，之后成了联军临时指挥部的临时调用人员。

普拉沙尔女男爵：去伊拉克之前，给你介绍了一些什么情况？

艾玛·思盖：并没有给我任何情况介绍。当时只接到一个电话，告诉我说，你知道，你曾经在中东待过很长一段时间，所以不会有问题。你先去布莱兹·诺顿皇家空军基地，一到巴士拉，那就有人接你，他们会站在那，举着写着你名字的牌子，他们会把你带到最近的旅馆。

普拉沙尔女男爵：除了那个电话，没有人给你介绍联合国安理会1483号决议的情况，以及这个决议对在联军临时指挥部工作的意义吗？

艾玛·思盖：没有人向我介绍过这个决议或任何其他决议。

普拉沙尔女男爵：如果你能够描述一下你在联军临时指挥部那段时间的角色和职责，那对我们将会很有帮助。

艾玛·思盖：联军临时指挥部把这个国家看作15个省，再加上库尔

失去伊拉克

德斯坦。他们在每一个省都派驻了一名高级行政官员，一般被称为总督协调官，履行省长的职责，负责管理整个省，同美国驻军和伊拉克人一起工作，在当地寻找领导人，确定哪些人可以承担哪些工作，之后对他们进行培训，使本省的人能够自己管理这个省份。

普拉沙尔女男爵：你具体的职责是什么，给你交代了什么具体任务？

艾玛·思盖：当时并没有具体职责范围的规定，我们也没有接到任何有关我们具体工作范围的说法，我也记不得在九月之前，曾有任何人对我描述过我工作的具体职责。所以在那之前，确实是我自己解释我自己究竟应该担负什么职责。

洛德里奇·林恩先生：主席，我不知道是不是可以回到谈话的一开始，确定我确实理解了她说的一切。当时你到那儿的时候，你说你没有任何书面的情况介绍，也没有受委托事项，没有任何指示，你也没有从任何人那儿得到任何口头的情况介绍，只是到布莱兹·诺顿，然后飞往巴士拉，对吗？

艾玛·思盖：是的。

洛德里奇·林恩先生：什么都没有，对吧？

艾玛·思盖：没有，在我离开英国之前没有接到任何指示。除了接到过一个电话，我不记得接到过任何指示。在我抵达巴士拉时，那里并没有拿着写着我名字的牌子的人接我，也没有旅馆。所以我只好奔赴巴格达，转辗来到了皇宫，在那里遇到了英国团队。我在皇宫待了一个星期，了解一下情况究竟怎样，尽可能多地得到一些情况介绍。他们跟我说，巴格达不缺人手，但伊拉克北部缺人，我应该去北部。于是我来到了摩苏尔。可摩苏尔的人说他们有人了，于是我又前往埃尔比尔，可埃尔比尔的人告诉我说他们不缺人，他们说基尔库克需要人。我于是又来到了基尔库克。我离开英国的时候，并不知道我要到基尔库克。

洛德里奇·林恩先生：所以你在离开英国的时候，并不知道你要去哪儿。你也不知道该往你的箱子里放些什么样的衣服，是吗？

艾玛·思盖：的确如此，我只知道我要待三个月。

期间，约翰·奇尔科特先生提到了杰拉米·格林斯托克的证词。杰拉米·格林斯托克是伊拉克战争之前英国驻联合国大使，其后担任联军临时指挥部的英国高级官员。他说，在他看来，联军临时指挥部所在的那一年"总体上看是失败的一年"，我也引用了他的这段话。约翰先生问我："从2011年再往回看，那是不是一种太过悲观和丧气的观点？"我用我的答复进行争辩。我想起了那些我所认识的美国士兵，他们来到异国他乡，试图把这个地方变成像他们国家一样的地方，在这个过程中，他们献出了生命或者成为残疾人。我想到了那些伊拉克人，他们最初心存希望，期望他们的国家会在半年之后变成迪拜一样的地方，可国家陷入了内战，他们失望了。我不打算说，所有的努力和所有献出的生命都付诸东流。

"伊拉克未来会是什么样子，还有待观望。在未来的若干年，伊拉克人民还有巨大的潜力创造美好的未来，创造比在萨达姆或者他的儿子们领导下的伊拉克更美好的生活。"

三个小时之后，质询接近尾声。我望着约翰先生，期望从他口中得到让我重获信心的话，希望他承认，在极为艰难的环境里，尽管经历了艰难的挑战，我做出了最大的努力。

从约翰先生的脸上可以看出，我告诉他的一切让他感到震撼。我一直反对战争，自然也对军方抱有怀疑态度。不过我自愿提出到伊拉克待三个月，为伊拉克重新站起来贡献自己的力量。萨达姆倒台之后的几个星期，我却发现自己在管理那里的一个省。许多年以后，当我离开伊拉克的时候，已经先后在美军增兵和撤军两个时期担任过美国将军们的政治顾问。一位英国女人，为美国军队的领导层出谋划策，我想这有点匪夷所思。

第一部
直接统治

2003 年 6 月—2004 年 6 月

第 1 章 抵达伊拉克

> 我们所说的是给和平一次机会
>
> 引自：约翰·列侬

2003 年 6 月 20 日，星期五，上午。在伦敦西部的布雷兹·诺顿英国皇家空军基地，我同大约 200 名英国士兵在等待飞往巴士拉的飞机。这些士兵看上去那么年轻和幼稚，这让我有点吃惊。有一些是还不到 20 岁的孩子，身穿漂洗得非常干净的制服。他们成群地聚在一起，有些人盯着我看，而有些人根本不看我，好像我这个人根本就不存在。我从来没有乘坐过军用飞机，也没有机票，感到自己很不合时宜，不过，我很高兴地发现我的名字居然登记在册，这是最重要的。我把自己称作"平民"，托运了行礼，然后登机。

这飞机没有多余的"装饰"，也没有事先安排好的座位。在飞行途中，一位士兵发放包装好的午餐，我抢了一份，迅速地吃完了已经不新鲜的三明治和巧克力棒。我想要睡觉，但又兴奋又有点忧虑。我被临时调派到英国外交部，帮助管理伊拉克几个月，好让这个国家能够自己管理自己的事务。英国外交部应该知道它做的事有没有意义，对这一点，我是有信心的。那时我还没有被告知我的职责是什么。入侵发生在三个月之前，据说战事已经结束了。我当时并没有过分担心。

在巴士拉国际机场，我转悠到了候机楼，坐在那等我的行李。我环视机场，曾经华丽的内部装饰依稀可见，但这一切都被战争、抢掠和无人照看给毁了。传送带上都是军用卑尔根背包和用帆布裹着的枪支。一会儿，一个很不规整的小行李到了，那是我的亮紫色背包。我把背包背在背上，朝海关走去。但这里没有海关，也没有人给护照上盖戳，没有入境签证，也没有伊拉克人。

之前我被告知，会有人手里拿着写着我名字的牌子接我。可没有人，一会儿我就意识到根本不会有人接我。这里到处都是英国士兵，他们似乎都知道自己要去哪儿。我上楼到"中转乘客"可以临时居住的地方，这里简直是地狱的走廊，50度的高温，没有窗子，也没有电扇，更没有空调，荧光灯则由于有一台发电机而整晚上开着。那些士兵们沿着走廊睡在行军床或者垫子上，浑身上下脱得只剩下了内裤。我觉得我不应该选择睡这儿，而且我也没有睡垫。但我还是把大毛巾铺在水泥地上，躺在上面。有些士兵已经开始打呼噜了，可我几乎没有怎么睡。

早上我排队上移动厕所，去公共浴室（那根本没有水），然后坐下来享用早餐。我来到伊拉克的第一顿饭是"打开即食餐"，美军的配给，英国士兵得到这种食品为的是换换口味，要不就总得吃他们那单调的配给餐。我仔细地按照说明做：打开包装，取出里面的东西，袋子里盛上凉水，到要求的水线，然后再套上银色的袋子，把袋子口叠好，然后等待。肯定袋子开始加热了，烹制银色袋子里的食材。不到十分钟，我就开始享用意大利指环馅饺了。其实这不是我所期待的到伊拉克吃的第一顿早餐，不过我确实饿了。

我决定奔赴巴格达，寄希望那里有人在等我，为我准备了一份工作。我搭乘了皇家空军的C-130大力士运输机。对于一介平民，搭乘这样的飞机也算是一种体验吧。我坐进靠边的座位上，系好安全带。我认真地听着一个皇家空军机组成员发出的安全指令,这位机组成员指着不同的出口说:"如果我们在海上出事,就从那个出口出去,如果在陆地坠毁,就从这个出口出去。"在飞机旋转着下落时,我真的觉得是要坠毁了。巨大引力的拽拉让我的身体感受到了疯狂的挤压。后来别人告诉我说,这是"旋转移动式着陆",以避免被导弹击中。

中午,我抵达了巴格达国际机场。从飞机里出来,感到好像电吹风机在你脸上吹。在一个大的有空调的帐篷里,终于摆脱了天气的灼热。一些美国士兵在帐篷里围坐着看电视。英国BBC在播放"杰出的英国人系列",那天介绍的是戴安娜王妃。

等了几个小时之后,我坐上了一辆军用大轿车,拉着我走了30分钟,来到了共和宫,现在这里是联军临时指挥部的司令部所在地。经过一大片荒地和掩映在棕榈树丛中的房屋。我没有看到伊拉克人。要不是美国军队的存在,我还以为在夏日炎炎的当午,就要抵达安曼,这个时候每个人都在睡午觉。在共和宫,我到英国办公室报道。英国办公室都是外交官。我的名字在"临时调派人员"的名单上,他们在等着我。一位英国上校非常热情地对我表示欢迎。他说,除了喜欢扣动扳机的美国人,其他没有什么可担心的。对英国人最大的威胁是这些美国人。

我在这个大的宫殿里转悠,试图发现它的神秘之处。这座宫殿最初是为费萨尔二世建造的,1958年军事政变中费萨尔王被处死之后,这个宫殿被命名为共和宫。在轰炸伊拉克的"震撼与敬畏"行动中,这个皇宫幸免于难,这是因为联军认为这个宫殿里藏有重要的文件。环绕这宫殿正在开发被称为"绿色区域"的项目。

在一个大房间的圆形屋顶上是一幅耶路撒冷阿克萨清真寺和飞马的画,而在一面墙上则是一幅巨大的飞毛腿导弹的壁画,这枚导弹指向天空。在每一堵墙上都刻有萨达姆的名字和他名字的首写字母。我走出房间,

抬头望去。四尊萨达姆的半身铜像装饰在共和宫的屋顶上。美国工程师正在琢磨怎么把铜像上的头去掉。

在那些日子里共和宫里的生活很特别。里面到处都是军人，几乎看不到平民。宫殿里到处都是办公室，这些办公室所在的房间不断地变换。门上会出现牌子，说明办公室的现任是哪一位，同时指明办公室的前任在这个宫殿的哪一个地方。宫殿里面没有空调，电有问题，供水系统也常常出现问题。豪华的房间和过道都成了宿舍，这让人想起战时的医院。幸运的人们找来电扇，在来电的时候，用电扇吹他们大汗淋漓的身体。宫殿里的厕所和淋浴都不能用，在宫殿后门外面临时搭建了厕所和淋浴房，我们得到那儿去解决问题。

淋浴格子间规定了女人使用的时间，其他时间归男人使用。我们有时候用矿泉水淋浴，有时候甚至还用矿泉水冲洗地板。临时厕所经常满到快溢了出来，味道令人作呕。我在宫殿楼上一个房间找到一个床位，这个房间里还住着另外两个女人。但是没有几天，房间门上的牌子告知我们这个房间现在是办公室了。在附近的拉希德酒店，我想办法劝阻一个要离开的客人不要办理退房手续，把钥匙给我，结果租到一个房间。这是一个18层的混凝土大楼，在绿色区域内。在第一次海湾战争之后，这个酒店大堂地面上的马赛克上面是乔治·布什的脸，这样每一个走进酒店的客人就必须踏着布什的脸走过。而现在画着布什脸的马赛克没有了，几天之前美国士兵把马赛克连带布什的脸抠掉了。

"生活保障"是由克鲁格·布朗&鲁特公司提供的，这家公司是美国跨国公司哈里伯顿的下属公司。哈里伯顿公司主要是从事油田服务的。这家公司负责我们的饮食，负责把我们的衣物送到科威特进行清洗，负责其他需要保持一支军队正常运转的所有事务。过去的舞厅现在是餐厅和食品间。每天三次，我要在这个地方排队，取托盘、塑料盘子、塑料餐具,选择鸡肉或者牛肉汉堡和"自由薯条"(之所以这样叫是回应法国对这场战争的反对),提供服务的是巴基斯坦人,然后拿苏打水或者甜的冰茶,坐到一个餐桌边上享用。

接下来的几天里,一个接一个的军官和外交官向我介绍联军临时指挥部的情况,目前所取得的进展以及面临的挑战。我试图理解美国内部的斗争。我听说美国国防部成立了重建和人道主义援助办公室,在美国退役将军杰伊·加纳的领导之下。但是加纳到伊拉克没几天,白宫就感到很紧张,怕加纳向伊拉克过渡政府移交政权,并在90天内举行选举。于是白宫认为他们需要一个更有政治头脑的人。5月11日,任命保罗·布雷默领导新的联军临时指挥部,把重建和人道主义援助办公室置于临时指挥部的领导之下。

布雷默认为,伊拉克没有可以信任的领导人来掌握权力,于是他决定联军临时指挥部要无限期地直接治理这个国家。联军临时指挥部要解散复兴党,遣散伊拉克的安全部队。美国要重建伊拉克,就像二战之后重建德国和日本一样。但如此行事,会使这个国家失去凝聚在一起的基本力量,出现权力真空和一场混战。

大部分英国人都驻扎在巴士拉,一些英国人则分散在其他的省份。我被告知将去伊拉克北部,几天后就动身。我已经在伊拉克待了一个星期,但还从没有跟一个伊拉克人说过话。我想要在去北部之前看看巴格达这座城市。安全是个问题,我们应该在武装保护之下才可以离开共和宫。但机会来了,一位美国将军同意带我一起去喜来登酒店。在酒店里,他同我握手,祝我好运,我穿越安全警戒线,绕过了蛇腹形铁丝网,来到了大街上,将军对我的行为视而不见。

我沿着底格里斯河的东岸,走在阿布努瓦斯大街上,这条大街是根据伊斯兰黄金时代阿拉伯著名诗人之一的名字命名的。这名字告诉我们,在蒙古人1258年征服巴格达之前，这座城市在几百年间是阿拉伯世界的文化之都。现代巴格达应该是什么样子，我没有概念。但在到处散落着垃圾、流浪猫和狗四处漫游的街道上，《一千零一夜》中描述的巴格达的辉煌荡然无存。

看到一座美术馆的牌子，我走了进去。在中东，伊拉克的艺术是享有盛名的。我说："Salaam aleikum（阿拉伯语'你好'）"，美术馆的人回应："Aleikum salaam。"看到有人来，这人很高兴。他介绍说他是美术馆的主人，给我端来一小玻璃杯茶，里面放了许多糖。他跟我说，"在战争期间，我把艺术品都藏在家里。"联军的轰炸只针对政府的设施，之后让他担心的是Hawasim。我费了好一会儿工夫才弄懂hawasim指的是掠夺者。萨达姆把美国的入侵称作Harb al-Hawasim（最后的战争），在战争快要结束的时候，把监狱里所有的犯人都放了出来。这位美术馆的主人还没有把所有的画都挂在墙上，他领着我上楼去看他收藏的作品。他说："所有伊拉克人都高兴看到萨达姆完蛋。"不过他接着说："但是这种混乱的状态让我们感到揪心，而且没有电也没有水。"我听说每次联军修理好基础设施，破坏者就炸毁设施，偷盗者就把管线拉出来，把铜偷走。他跟我说："我想重新开放美术馆，并附带一个咖啡网吧，可电是个问题。"

我沿着街道继续走，来到了一个清真寺，拿出了相机。在清真寺的前面，有两个人坐在一个小车子后面，他们是换钱的，他们面前排放着成沓的伊拉克第纳尔。"不要照清真寺，"他们中的一个说，"照这。"他撩起了他的裤管，让我看他的腿，膝盖以下都截肢了。"这是萨达姆干的。"过去可怕的事情开始冒了出来：大规模的屠杀、种族清洗、严刑拷打，伊拉克人数十年来生活在恐怖之中。

我继续往前走，在一栋过去应该装修得非常讲究的房子前面停了下来。房子的门仍然吊在合页上。好像一场猛烈的风暴席卷这座城市，风暴过后一切都不复存在了。可这是人的手把整个建筑掏空了，只剩下了空结构。一个伊拉克人看到我在盯着看这房子。"这是一个霍布斯式的世界"，他带有怨恨地说出这样一句话，摇着头。"对不起。"我回答说。"霍布斯，霍布斯……"他重复着这个词走开了。我往回走，奔喜来登酒店的车接我的地方，在路上那个人说的话在我的脑子里不断地回响。这个伊拉克人是谁？他怎么知道霍布斯？

我在巴格达"最初"的期限结束，登上了一架美军的C-130，向北飞抵达摩苏尔，之后又抵达埃尔比勒，库尔德斯坦地区政府的所在地。在卡扎德酒店，联军临时指挥部北方司令部所在地，我遇到了来自牛津的朋友李安妮·桑德斯。桑德斯过去在外交部工作，现在是联军临时指挥部北方司令部副区域协调官。我被告知，我将驻扎在基尔库克，不过我得先加入布雷默大使的代表团，到北边巡视一圈。

我在直升机起落场看到了布雷默。他看上去精神很好，劲头十足，穿着一身整洁的套装，脚上是战斗皮靴，这种着装成为他的标志。我原以为他应该40多岁，后来有人告诉我说，他已经60多岁了。他的周围都是保镖，这些保镖来自一家叫作黑水的私人保安公司。跟布雷默的团队出行，拥有像总统为竞选到各地拉票一样的派头和令人激动的场面。我们从埃尔比勒乘直升机飞到苏雷曼尼亚城。这是我第一次乘坐直升机，我感到很害怕，好像自己会被抛起来。成群的库尔德人来迎接我们，他们手拿鲜花，亲吻我们，举着标语牌感谢美国人和英国人解放了库尔德人地区。到城里的路上，两边站的都是自由斗士（库尔德士兵），他们在伊拉克战争中同联军并肩作战。

我陪着布雷默大使去会见库尔德斯坦爱国联盟领导人贾拉拉·塔拉巴尼。布雷默谈到新伊拉克，很动情，也很乐观。他讨论了建立伊拉克领导委员会的情况，这个理事会应该有25名伊拉克人，代表这个国家所有社团和地区。他还说，将要确立一个小组负责起草宪法，起草的宪法将在全国不同的论坛进行讨论，然后举行全民投票。宪法一旦获得通过，就为未来自由和公平的选举铺平了道路，伊拉克人民也就获得了选举自己代表的机会。

我们接着又飞到了埃尔比勒北边的城市萨拉利什，在那我们同马苏德·巴扎尼进行了类似的会谈。巴扎尼是库尔德斯坦地区主要政党库尔德斯坦民主党的领导人。布雷默招呼我这个新来的成员坐在他身边用午餐，对面就是巴扎尼。布雷默询问我的情况，问我过去都做什么。我谈到了巴勒斯坦和以色列，谈到了扶贫，以及世界各地的司法改革。谈话的内容又转到了美国独立日7月4日，巴扎尼和布雷默都看着我这个英国人，看我有什么见解。我回答说：我们期望所有前殖民地都获得美国那样的成功。他们的脸上露出了笑容。我心里想，像我这样的人怎么就成了美国领导的占领伊拉克的一部分了呢？

我们在杜坎湖边上同库尔德人一起庆祝美国独立日。这显然是库尔德斯坦地区最大的湖泊，20世纪50年代在小扎扑河上修了大坝，形成了这个湖。我坐在那里看着太阳落山。公共广播系统里播放着"星条旗永不落"的曲子。库尔德斯坦爱国联盟的副领导人巴哈姆·萨利赫发表了激动人心的讲话，赞扬美国和美国的民主。他说："我们库尔德人过去说，大山是我们唯一的朋友，而现在情况不一样了。"我在巴哈姆的房子里待了一个下午，翻看巴哈姆珍贵的收藏：萨达姆的家庭相册。里面有作为丈夫的萨达姆；作为父亲的萨达姆，同两个儿子在一起；作为园艺家的萨达姆，穿着睡衣修剪植物。看着这相册让人觉得心里很不好受，因为他看上去是那么平常的一个人。在巴格达遭受到抢掠期间，这本相册落到了巴哈姆的手里。

一会儿，库尔德人开始围着游泳池站成一排跳舞，美国士兵加入了进来，一些平民包括我也加入了跳舞的行列。

晚间，有人指着一个美国军官，告诉我说那是梅维尔上校，驻扎在基尔库克美军旅的指挥官。他坐在边上，看上去非常严肃，正在跟其他士兵投入地交谈。几天之后我才知道，那天晚上他在指挥一次搜捕行动，搜捕的对象是一伙武装分子，他怀疑这些人正在密谋暗杀他刚刚扶植上任的基尔库克省的省长。结果这伙人是土耳其的特种部队，北约盟友。

第二天，我们乘坐直升机飞往基尔库克。当直升机的门像以往一样关上之后，我决定不系安全带，因为上次系安全带在我的衬衣上留下了很脏的印记。突然飞机起飞，飞机门打开了。我吓得惊叫起来。但没有人能听到我的叫声。我从座位上跌落下来，在直升机做各种飞行动作的时候，我极有可能会被甩出去。我死死地抓住我身后的座位，以求能够保全性命，我的眼睛紧盯着自己的膝盖，由于太恐惧而无法观看外面异常美丽的景色。飞机在基尔库克省首府降落，我终于松了一口气。我要在这里担任布雷默大使的代表，我的头衔是库尔德省总督协调官。

四个月之前，战争正擂鼓震天的时候，我在美国度假。我造访了纽约的"归零地"。看着世贸双塔曾经矗立的地方空空如也，很容易理解为什么2001年9月11日的袭击让美国人感到愤怒和感到自己的国家有懈可击，从而想要报复。不过，我同许多美国人谈到过这个问题，他们并不希望美国同伊拉克发生战争，他们并不认为伊拉克同9·11有关系。

那时，我35岁，住在英国曼彻斯特，为英国文化委员会工作，担任管理和司法顾问。通过这个委员会，我参与了诸多项目，包括巴西监狱改革，尼日利亚司法渠道的建设，孟加拉国人权问题，以及在约旦妇女被施暴的问题。我积累了在不同国家和不同文化环境下工作的经验，也积累了设计项目、参加团队，以及领导团队的经验。9·11袭击发生的时候，我在埃及，正在评估如何加强埃及的人权组织。在酒店房间里，我

通过 CNN 的现场报道看到了对世贸双塔的袭击。在埃及许多人都异常激动：美国终于自食其果了；这个"大撒旦"正在经受它给世界上其他国家带来的痛苦；美国罪有应得。那天晚上乘坐小船在尼罗河上漂流，我有一种感觉，我们这个世界从此不一样了。

在英国文化委员会，我还参与评价对西方的敌意究竟来自哪里，我还被要求收集情况并分析，如果美国与英国同伊拉克开战，未来十年世界的格局将会是怎样的。我反对这场战争，十分关切这场战争背后的合法性和合理性。萨达姆是这个世界上最大的流氓之一，但我认为基地组织和萨达姆之间并没有关系。我担心又一次羞辱性的军事失败和外国占领对阿拉伯世界产生的影响，拉登和他的同僚会充分利用这次战争，招募更多的人参与国际恐怖活动。我把这次战争的前景称为"最后的十字军东征"，并描述了这次入侵会如何导致伊拉克的碎片化，以及区域性战争。

如果入侵发生，我决定要寻找一种方式到伊拉克工作，为这场战争向伊拉克人民道歉，同时帮助他们重新建设国家。对于了解我的人来说，我到伊拉克，他们并不感到惊讶。这正是我要做的事情。

我 1968 年出生在伦敦。我一个月大的时候，父母就分开了，所以我从小长大不认识我的父亲。我的父亲是一个犹太人，他的家庭从东欧移民到英国。我母亲找了一份工作，住在别人家里帮人家打理家务。她决心一定要让我接受良好教育。我四岁的时候，母亲在阿什福德，一所男子私立预备学校，找了一份工作，就在我注册的那个年级，管理学校的宿舍雅各宾公寓楼，公寓在牛津附近一个三十英亩的漂亮园子里。我们住在学校，在公寓的顶层。

我七岁时，被这所学校录取了，是住校生——仅有的五个女生之一。那是一段非常美好的经历。我记得同所有男生一起坐在地板上看一个大屏幕上放的老战争电影,演绎从战俘营逃出的故事;加入一个团伙;在晚上穿越森林,用树叶作伪装,夺回我自己团队的旗帜;阅读探险故事——托尔·海尔达尔和他乘坐康提基号的探险经历,或者理查德·波顿和约翰·斯皮克为寻找尼罗河源头的穿越非洲之旅。作为一个女孩子,我从来没有觉得受到任何限制。我为学校低年级足球队踢球,并在比赛中使用"弗雷德·布劳格斯"的名字,这样对方就不知道我是个女孩子。

在我十岁的时候,母亲同学校的一个教师坠入情网,那个教师比她小十岁。这位教师丢下老婆和孩子,带着我们来到了北爱尔兰,我进入了一家寄宿学校,这学校就像一所监狱。我怀念阿什福德,每天都渴望回到那里。一年以后,我们又搬回到英格兰埃文河畔的布拉德福德,我的继父在那儿的男子预备学校老莱德找到了一份工作,我成为学校的唯一女生。这是《苍蝇王》故事中的经历,要同那些不友善的男孩子打交道,他们不想让一个女孩子"玷污"他们的学校。我学习努力,成为班上的尖子。13岁的时候,我获得了奖学金,到切尔滕纳姆的丁克洛斯中学学习,这是一所男女同校的学校。我在那里大放异彩,学习成绩出类拔萃,在学校的曲棍球队打球,还参加了军队士官训练营。在人生中,我第一次有了女同学做朋友。可是在最后一年我反对学校的规定和限制,结果我被停学了。学校校长,一位福音派基督徒,告诉我说我把自己给毁了。我带着对有组织宗教无法消除的怀疑,离开了学校。

离开学校不上学的一年期间,我在以色列卡法曼纳切姆的基布兹集体农场作志愿者。基布兹农场的生活是另一个世界,有无法想象的自由,过着世俗和社会主义式的生活。在那里,我们讨论生命的意义,我们喝酒,围着篝火吸食大麻;在那里我们听来自"从东地中海某地"传来的和平之声,宣称不再有战争,不再有流血;在那里,人获得新生,不仅想象出一个理想的社区,而且努力生活在这样一个社区里。黎明时分起

床，把奶牛赶在一起，然后挤牛奶，似乎是我一直向往的最伟大的工作。

在基布兹农场，我遇到的以色列人具有不同的背景。基布兹农场的最初建立者逃亡自德国、波兰和俄罗斯。他们中的一些人是纳粹大屠杀的幸存者，一些人失去了家庭，许多人身上依然带着那段经历的恐惧和创伤。他们的孩子都是本地出生的基布兹人，都在以色列国防军的精锐部队服役，担任突击队员或者战斗机飞行员。基布兹集体农场也是穷人家孩子的寄宿学校。谈到战争，人们是如此恐惧和厌恶，并深感愧疚。有一些非常优秀的战斗机飞行员，他们没有杀人者的本能，有一位在以色列的一次战争中失去了他的两个儿子，有一位年轻人为避免服役而自残，一位中年人每当他的预备役服役期临近时，就感到非常的不安。这里有尤尼斯来的人和他们的家庭，他们是阿拉伯人，在当地居住，他们把自己的农场交给基布兹集体农场，以保全他们的农田，战争结束，他们就回来以和平的方式把他们的农田要回来。我在安息日休息时就是同他们一起去赛车，他们骑马不用马鞍。通过在基布兹集体农场的生活，我逐渐了解了以色列社会，了解了以色列人如何看待自己，了解了他们的恐惧和对平安生活的渴望。如果我同自己的家庭在一起，我不可能知道这一切。我离开的时候已经成为一个人道主义者了。

之后，我到牛津去读希腊拉丁文学。学费是国家支付的，由于我父母的收入很低，我的生活费用全部由政府支付。1987年12月第一次巴勒斯坦人暴动时，正好是我的第一个学期，我决定把专业改为东方研究，研究方向是阿拉伯语和希伯来语。我的希伯来语老师就是著名的以色列作家阿莫司·奥兹的女儿。

在牛津，我有幸受到了不同的影响。我听了许多人的演讲，他们的讲述抓住了我的想象力。我去听伟大的探险者威福瑞·塞西格在皮特河博物馆做的演讲，并让他在他写的《沼泽中的阿拉伯》一书上为我签名。

我记得伦纳德·切希尔谈他的生活，他的军旅生涯，以及他为残疾人建立福利院的工作。他告诉我们，要努力做一些事，不要把挣钱当作生活的目的。我要过的应该是有目标的生活。我把艾德蒙德·伯克的箴言当作我自己的座右铭："邪恶能够得逞是因为好人不作为。"但我的事业应该是什么呢？犹太人在努力逃往西方；贫困在非洲始终是一个问题；中东的战事需要结束。

萨默维尔学院的院长是达芙妮·帕克斯。像所有的萨默维尔学生一样，每年我都会去见达芙妮院长一次，一对一地谈 30 分钟话。在谈话中，她会问我在做什么，而我会强调我想要为中东获得和平出力。我总是感到异常的惊讶，她居然会记得我们前一年谈话的许多内容。她看上去就像一位平常的老祖母，那种非常精明的老祖母。几年之后她骇人听闻的间谍生涯被公之于众。

我大学的第二年是在埃及的亚历山大大学度过的，每年夏天暑假我都要回到这里。在巴勒斯坦人第一次暴动的高峰时，我利用大学假期在约旦河西岸拉马拉镇为一个巴勒斯坦非政府组织工作，这个组织的目的是要让巴勒斯坦人不依赖以色列获得食物。我遇到了许多巴勒斯坦人：经历了 1948 年的巴勒斯坦人，他们在以色列建国的时候逃离了家园；西岸的巴勒斯坦人，他们的城市在六日战争之后被以色列占领；还有耶路撒冷的巴勒斯坦人，他们的家族很显赫。我经历了被占领下的生活，在催泪瓦斯爆炸的时候拿着一个洋葱咬在嘴里，学会了如何绕过以色列的哨卡。我逐渐理解了巴勒斯坦人的生活没有安全可言，他们渴望正义得到伸张。

还在牛津读书的时候，我的继父带着另外一个女儿走了，我母亲的心碎了，身无分文，苦恼异常。我同这个家的关系一直都不好，这之后变得更为紧张。我的继父一夜之间从我的生活中消失了。牛津的朋友们伸出援助之手，但是我感到我自己要垮掉了。从牛津毕业，我奔往通布图。这地方听起来像一个遥远的神秘王国，我想要逃离家庭给我带来的悲痛和忧虑。相比对风险和危险的忧虑，我更担心失败和一生一事无成。

其实我根本就没有抵达通布图。我穿过摩洛哥，穿越了阿尔及尔撒哈拉。我搭了辆车抵达别儒（Peugeot），当士兵们用枪顶着我们，把别儒的占领者当作图阿雷格叛乱者时，我才意识到我们在尼日尔，士兵命令我们返回沙漠。作为汽车上唯一会讲法语的人，我不得不跟紧张的士兵们协商，让他们相信我们只是欧洲的旅行者。但由于那里的战事，我无法从尼日尔进入马里。于是我只好前往贝宁和尼日利亚。我从尼日利亚飞往埃及，在那里找了一份临时教英语的工作，同时当新闻自由撰稿人。之后我又穿过西奈半岛抵达了耶路撒冷。两年之后我才返回英国。

但我回国待的时间很短。1993年9月，以色列总理拉宾和巴勒斯坦领导人阿拉法特在白宫草坪上握手。这时我得到一份工作，为一个委员会工作，这个委员会是作为中东和平进程的一部分成立的。我在中东广为游历，到巴勒斯坦难民营评估他们的生活状况，他们的需求和愿望。我搬到了耶路撒冷，决心在整个和平过程中待在那里，我觉得这个进程会延续五年。为巴勒斯坦非政府组织工作之后，我接受了英国文化委员会的一份工作，经营一个项目，这个项目旨在提高巴勒斯坦领导机构公共服务的效率和有效性。我接着设计和管理了几个项目，帮助加强巴勒斯坦的行政部门，巴勒斯坦立法会和巴勒斯坦人权组织，同时加强巴勒斯坦人和以色列人之间的关系。

以色列总理伊扎克·拉宾1995年11月4日被刺杀身亡，充满希望的日子结束了，剩下的只是失望。拉宾总理被刺杀的时候，我一直在特拉维夫广场参加和平集会。一切都开始变得糟糕了。自杀式炸弹爆炸，公共汽车上的炸弹爆炸，俱乐部发生爆炸等事件越来越多。在接下来的几年里，我所做的所有项目都搁置了。奥斯陆协议所取得的所有进展都丧失殆尽。我于2001年返回英国，之后搬到曼彻斯特居住。

两年之后，我听说英国外交部在找人掌管几个月的伊拉克事务，我立即毛遂自荐。我是单身，曾经有过几段感情，但都无果而终。我想要做一些我认为重要的事，一些有意义的事。对我来说显而易见，我应该去伊拉克。重新返回中东，我感到非常兴奋。我喜欢听到召唤去祈祷，喜欢到市场上去购物，喜欢吸入咖啡的味道，喜欢同那些完全陌生但总是热情和好客的人们分享盘子里的食物。

第 2 章　天空中的士兵

> 我们，躺在已经被地球埋葬的过去，
> 用我们的叹息建立尼尼微，
> 用我们的欢笑建立了巴别塔；
> 向旧世界预言新世界的价值，
> 从而颠覆这一切；
> 因为每一个时代都是一个即将逝去的梦，
> 或者是一个即将获得重生的梦。
>
> 摘自：亚瑟·威廉姆　埃德加·肖哥尼斯

我出现在基尔库克政府大楼，发现到处都是美国军人，好像他们拥有这个地方。他们在许多门上挂上牌子，显示单位名称或者功能。其他房间给了基尔库克省委员会的成员，这些成员都是美国军方任命的。我在大楼的最底层找到一个小办公室，是分配给联军临时指挥部的。梅维尔上校在楼里最大的房间办公，这个房间在入侵之前是基尔库克省长的办公室。

威廉·梅维尔是美军 173 空降旅的指挥官，我在好几个场合对他进行了观察，但我们从没有说过话。他中等身高，具有运动员的身材，看上去很坚毅。我注意到他非常独特的挂手枪的方式，他的手枪挂在皮带上，在身体的右边，但他的衬衣从枪的后面塞进裤子里，这样他的手枪就总是露在外面。他看上去有点叫人琢磨不透，有时候沉默寡言或若有所思，有点内向，有时候风风火火，精力充沛热情高涨。我走上楼，到他的办公室做自我介绍。他在屋里来回转悠，我就一直站在门口，他表达了对联军临时指挥部的关切，表示临时指挥部缺乏能力，人怎么能在几个小时飞进来又飞出去呢？怎么似乎没有人对基尔库克感兴趣。

"上校，我打算待在基尔库克，"我告诉他。"基尔库克对伊拉克很重要，因为它是伊拉克社会的缩影。如果我们能把这儿的一切处理好，新伊拉克就有希望。"我离开了他的房间，摇了摇头。他好像很傲慢。美国士兵也好像与这个地方格格不入，他们穿着像睡衣一样的军装到处跑，胸前挂着他们的名牌。我怎么会跟这样一些人打交道呢？

哒，哒，哒哒，哒哒，自动步枪的枪声突然把我惊醒。我看了看闹钟，才早上4点钟。轰轰的巨大爆炸晃动了房子。震耳欲聋的声音让我动弹不得，我仍然待在床上，什么也没穿，蜷缩成一个球，双手捂着耳朵，颤抖得像一片树叶。看到灰尘穿过沙袋涌了进来，我的心跳得厉害。房子的墙会倒塌吗？我在楼顶上的房间——一间从顶上接出去的房间——晃得很厉害，我担心房子会从整个楼体分离出去，连带我也被甩出去。

这是我在基尔库克的第七个夜晚。袭击甚至都没有延续超过半个小时，但却显得时间很长。等安静下来，我从床上跳了下来，穿好衣服，带好我的武装带，下楼去看袭击造成了什么损失。我发现袭击者向这座楼发射了四发火箭弹，其中有一枚在离我的床几英尺的地方穿墙而过的时候爆炸。厨房和操作间都毁坏得非常严重，到处都是玻璃。楼顶上的廓尔喀士兵激烈的射击阻止了袭击者，使他们不能冲进楼里，但他们仍然设法推进到了距离楼房30码的地方。

我住的房子是一座现代别墅，位于城里的居民区，联军临时指挥部花大价钱租下这栋房子。我跟联军临时指挥部雇佣的一些工作人员合住这栋房子，有一些技术人员，一些被一家叫作 RTI 公司工作的美国咨询专家，还有一些工程师。我到之后发生的火箭弹袭击，让这些人卷起行李，搬到了比较安全的埃尔比尔。我留了下来，还有一些辅助人员。廓尔喀士兵把楼上和楼下的窗子都用沙袋挡了起来。这些廓尔喀士兵是一家叫环球保安的私人保安公司雇来保护这栋房子的。我离开房子没有保镖保护我的安全，也没有带装甲的武装汽车供我使用，虽然按照规定我只能乘坐这样的汽车外出。

火箭弹袭击发生后的第二天早上，环球保安公司的经理出现了。这是一个完全没有幽默感的澳大利亚人，他批评廓尔喀士兵连一个袭击者也没有击毙。廓尔喀士兵要求增加人手，要求提供更多的弹药，要求经理留下来。澳大利亚人拒绝了所有要求。廓尔喀士兵说他们不打算再待下去了，他们一个一个地把武器扔在地上，堆成一堆。在整个街区人们的众目睽睽之下，澳大利亚人把他们扔下的武器放到停在街上的车后面。

我这时站了出来。我把所有的廓尔喀士兵集中到我的房间。"我要感谢你们，"我说，"感谢你们昨晚救了我的命。"我告诉他们我到过尼泊尔的博卡拉，他们大多数人都来自那里。我跟他们讲了廓尔喀士兵在英国军队中的光荣历史，以及我们对他们作为士兵的尊重。"请你们继续保卫这栋房子，我向你们承诺，我会向巴格达请求派出增援。"我也警告他们说，如果他们现在离开，他们就不大可能再在保安这个行当里找到工作了。廓尔喀士兵们相互目视，然后又相互交换了意见，最后决定留下来。

我对结果很满意，出去告诉全球保安公司经理，廓尔喀士兵决定留下来。可这个澳大利亚人又对廓尔喀士兵们出言不逊，结果廓尔喀士兵们又都重新递交了辞职书。最终，大多数廓尔喀士兵决定留下来。但有三个人，包括他们的头儿，说他们受够了。他们说他们有家人，不想把命留在伊拉克。

我请那些技术人员把停在房子外面的"蝙蝠车"充上电。这样我就能用无线电脑连上互联网。这是我第一次接触到这样的技术。我爬到面包车里，给英国大使约翰·萨维尔斯发了一个紧急信息，大使是布雷默在伊拉克的副手。我描述了过去八个小时发生的事情，要求立即派一个有跟廓尔喀士兵打交道经验的人到基尔库克。下午晚些时候，一队武装人员抵达了这里，有一位前英军军官，带着一些来自巴格达的廓尔喀增援士兵。约翰·萨维尔斯联系了全球保安公司在伦敦的总部，公司总部立刻做出了回应。

第二天，约翰·萨维尔斯本人亲自来到了基尔库克。约翰皮肤有点黑，人长得很帅，有魅力，而且还能讲阿拉伯语，他本人就是一个传奇。他会想到专程来这里看看我如何，让我感到很惊讶。他急匆匆带着我进行他的库尔德斯坦告别之旅。这是他在伊拉克的最后一周，他得跟一些人道别。

这个行程非常爽。我们一行人中有梅根·奥苏利文，巴格达布雷默管理团队中非常重要的成员。梅根的头发是红色的，抹着红色的口红，她在联军临时指挥部已经地位很显赫了。她也很有意思。梅根和我嘲笑约翰，说他没有性别意识。"梅根，你听到约翰在他讲话里提到妇女吗？"我当着约翰的面这样问。"没有，他没有提到过，他说的都是男人和儿子，从来没有提到过女人和女儿。"约翰保证说，他下次讲话一定要多点性别意识。可是他没有实现承诺。

约翰·萨维尔斯把我送回到基尔库克。我应该怎么做？看他能给我什么建议。他告诉我说，应该成为各个派别的可信伙伴，要想法了解土库曼人。就这一点来说，联军临时指挥部的指示也是如此。

回到基尔库克，我的第一要务是找一个安全的居所。我再到政府大楼梅维尔上校的办公室去见他。他正躺在沙发上，抬着脚，脚上还穿着靴子。他听说了那天发生的袭击，他说他要追踪那些袭击者。"那些袭击我房子的人并不认识我，"我对他说。"他们袭击的是外国占领者的象征，当然如果抓着他们，他们应该受到审判。"我第二天又去见上校，让他看我手提电脑上的日内瓦第四公约。从我在巴勒斯坦领土上工作起，就把这个公约当作任何占领军行为规范的一个法律框架。"如果你违反了这个公约的条款，"我对他说，"我就把你告到海牙。"我到哪儿都带着我的棕色备忘记事本，我开始把梅维尔上校说的和做的一切都记下来。

第二天，我搬进了一个机场内的帐篷，同时跟我一起从联军临时指挥部的别墅搬进这个帐篷的还有七个美国人。这帐篷是个很大的建筑，神奇的是居然从大管子里送入空调的风。每个人有一张床，一个冰箱，还有几张桌子和椅子。我早上七点左右起床，走到骄阳似火的外面，到卡迪拉克淋浴格子里冲一个冰冷的冷水澡。在淋浴格子里有牌子，规定了淋浴的规则。冲淋浴不得超过三分钟。三十秒钟打香皂，两分半钟冲洗——这居住场所真的不怎么样，不过比住在城里遭炸弹袭击的房子里要安全得多。

虽然我跟梅维尔上校最初相遇并不愉快，不过他对我来到基尔库克真的很高兴。他把我看作是他撤离战略的一部分，文官执政接替军队管理的第一步。这时正是7月中旬，他希望到这个月底可以返回到他所在的旅在意大利维琴察的美军基地。我随时准备跟他对着干，带着我的英国口音，对此他好像还挺高兴。他决定在接下来的几个星期，告诉我他对这个省和其老百姓的了解。对我来说，我对军方不太信任。我从来没有跟英国军方打过交道，更不要说美国军队了。不过，我还是决定向上校了解我能了解的情况，同时也让上校介绍我认识一些伊拉克的关键人物。

梅维尔上校决定我在政府大楼跟他使用同一间办公室。"在巴格达，有布雷默和桑切斯。"他对所有人说。桑切斯将军是伊拉克美军级别最高的将军，跟布雷默大使一起工作。"在基尔库克，有思盖和梅维尔。"几个小时之后，就在他的办公室给我安排了一张桌子，而且门上有一个牌子：梅维尔和思盖。在牌子下面写着"天兵"二字。在这一点上，我真的觉得梅维尔上校这招没有得逞——我知道战争会使人成为这样。我们无论到哪里，士兵们都会起立，喊着"天兵"向我们敬礼。

我很快就发现"天兵"这个名字比我本人都要早的多。我在互联网上查到，第173空降旅成军于1917年，当时是步兵旅。这个旅于1963年在日本的冲绳岛改编成为太平洋战区的快速反应部队，被称为"天兵"是因为他们需要训练跳伞。这支部队1965年被派到越南，在华盛顿特区越南战争纪念墙上镌刻着1790名这个旅的天兵的名字。这个旅于2000年在意大利的维琴察又接受改编，成为美军在欧洲的空降战略反应部队。

梅维尔上校向我讲述了他最初几个月在伊拉克的经历。他带着这个旅空降到伊拉克北部的城市巴舍尔，开辟北部战场——这是1989年美国人侵巴拿马推翻诺列加之后，部队第一次在战争中实施空降。2003年4月10日，173空降旅协同库尔德武装从已经彻底失去士气在撤退中的伊拉克军队手里夺取了基尔库克。虽然伊拉克军队有装备也有储备，能够打一场持久的战役，也能够重创基尔库克的基础设施，但他们却选择了逃走。

在接下来的权力真空时期，抢掠者和罪犯遍布全城，同时爆发了部族之间的战争。到4月17日，联军部队终于恢复了城市的秩序，要求基尔库克人民返回自己的工作岗位。5月份的第一周，在公共岗位工作的人已经回到了岗位，那些头儿，大部分是复兴党高级成员，都消失得无影无踪。而下面的人显然不是复兴党的高级成员，都回来了。

城市又开始运转了，公共服务——包括教育和医疗，开始了正常的运转。主要由库尔德斯坦民主党和库尔德爱国联盟支持和在一些地区组织的库尔德群体返回了城市，联军部队同意他们担任城里的最高职务并保护基础设施。但许多阿拉伯人对他们认为的"基尔库克库尔德化"感到惊恐，于是决定不回来工作。5月17日，大约500名阿拉伯人在基尔库克走上街头，袭击了城里的库尔德人地区。他们组织得很严密，由位于基尔库克南部道路的武器库提供武器。经过一天在城里的激烈战斗，联军部队介入恢复了城市的平静。到5月底，梅维尔上校成立了拥有30个席位的省委员会。

在基尔库克政府大楼我们共享的办公室里，梅维尔上校同我进行了多次这样的谈话。我们俩的办公桌挨着。我们还有一个大桌子，带一些椅子，可以围着大桌子开会，四周还有沙发。屋子里的一个角落是一个洗澡间，有一个有时候可以冲水的马桶；另一边是一个阳台。这屋子没有空调。这个房间过去曾是省长的办公室，在墙上的一个木牌子上刻着前省长的名字。这栋政府大楼也是地方政府官员、军事和民用承包商的中心。

保护这座大楼安全，不受狙击手和汽车炸弹的袭击，是非常紧迫的要务。在合适的墙和大门建立起来之前，临时使用折叠式铁丝网建立了一个必要的隔离带。身份证和徽章制度也建立起来了，这样政府官员和得到信任的伊拉克人就可以顺利并迅速地进入大楼。

在最初的几个星期，我成了新奇物，也成了一个缓解情绪的因素。只要我一出现，梅维尔上校的情绪好像就会变好。他最初对待我像宠物，给我沏茶并给予我很多的关照。他对我过去在中东的经历很感兴趣，而且愿意同我分享他自己的看法。被欣赏的感觉挺不错，尤其是此前在巴格达他不理我。

不在办公大楼的时候,我们一起造访村庄和城镇,在前进行动基地会见天兵们,结识不同社团的领导人。我们一同出去的时候乘坐他那辆大的SUV,一辆雪佛兰越野车,我们两人坐在后座上。宪兵在悍马(我们前面有一辆悍马,后面还跟着一辆悍马)的炮塔上来回转,拿着武器观察周围的情况,这样的出行模式从来没有让我感到有安全感。我们出现在路上很扎眼。我们看上去像——当然也是——占领军。在这样的出行中,我们会无休止地在车里谈话。梅维尔上校想找专家了解中东的情况,我是最现成的。他打算从我这儿获悉他所希望了解到的一切。他需要一个能够"置身事外"想问题的人。我对伊拉克知之甚少,但在中东待过10年,我对这个地区的历史和文化有很深入的了解。

如果到远的地方去,我们通常乘坐直升机——飞机的门都是打开着的。一般总有两架直升机,机枪手在两侧,认真地观察周围的情况。他们会穿上飞行服,手永远都放在武器上,瞭望外面的田野。我一开始对技术含量如此低的安全观测模式感到很惊讶。我们穿越田野时会飞得很低,这样会减少被火箭或者迫击炮击中的概率,但会突然爬高躲避电线。我们尽量躲开村庄,但还是成为人们头顶上震耳欲聋的噪声,尤其是对那些在田地里干活的人。我很快就知道避开那个"飓风座"——坐在后面右座上的人会感觉到飓风从脸上吹过,面颊和嘴都会感受到强风的侵袭。

我很快就发现基尔库克过去纷争有多厉害,而且过去的纷争对于这地区的未来有多么深远的影响。在复兴党"阿拉伯化"这个省的时候,据估计有25万伊拉克人——大多数是库尔德人,当然也有土库曼人,被从基尔库克迁移了出去。这个省被命名为"塔米姆"(阿拉伯文国有化的意思),边界也重新划分,把一些库尔德城镇和村庄划了出去。数以万计的阿拉伯人,主要是来自南部的什叶派,受到鼓励搬迁到这个省。复兴党此举意在保证基尔库克——以及其石油——完全在中央政府的掌控之下。

种族清洗发生的时候，西方保持沉默。大部分种族清洗都发生在20世纪80年代，即两伊战争期间。而在这次战争中，西方支持萨达姆，而库尔德人在反对伊拉克政府的斗争中得到了伊朗的支持。

萨达姆对北部的库尔德人发动了叫作"安法尔"（战争分肥）的行动，包括化学武器战，比如1988年对哈拉布加城发动了化学武器攻击，在这次事件中，有数千名贫民死亡。萨达姆1990年入侵科威特之后，伊拉克全国爆发了起义。萨达姆残酷地镇压了所有起义，伊拉克军队重新控制了基尔库克。1991年第一次海湾战争结束的时候，在伊拉克北部建立了禁飞区，这使得杜胡克、埃尔比尔和苏雷曼尼亚三个省的库尔德地区得到了发展，这个地区由库尔德地区两个主要政党库尔德斯坦民主党和库尔德爱国联盟控制。库尔德爱国联盟1975年从库尔德斯坦民主党分裂出来，其左翼知识分子对库尔德斯坦民主党的部落性质感到不满。1994年两党的竞争居然引发了内战，之后美国出面调停，做出权力共享的安排，达成了和平协议。虽然那段历史已经过去了，但两党之间的紧张局势仍然存在。不过两党都赞成，基尔库克应该并入库尔德地区。在2003年，库尔德武装在推翻萨达姆武装的过程中发挥了作用，库尔德人看到他们有机会达到此目的。

一天早上，梅维尔上校坐着他的越野车带我到基尔库克的北边，陪同我们一起去的有两位库尔德领导人，一位是库尔德斯坦民主党的科迈尔·克库基，另一位是库尔德爱国联盟的拉兹加·阿里。我们把基尔库克油田上燃烧的油气远远抛在后面，驱车来到了乡间。梅维尔上校同这两位库尔德人的关系很铁。几个星期之前，他同这两人协作拿下了基尔库克。但这次出行并不是一次战场巡视，而是要我们看一看前政权对库尔德人地区造成了多么大的破坏。

科迈尔和拉兹加指给我们看那些被萨达姆的部队夷为平地的库尔德村庄。那些村庄除了一些石头之外，什么东西都不存在了，但他们对这些村庄的过去却记忆犹新。他们描述了库尔德人在这些村庄曾经过着怎样的生活。他们在描述村民背井离乡逃走时，由于激动眼里闪动着泪水。科迈尔谈到他的女性亲戚如何被强奸，男性亲戚则被杀掉，还说他自己在逃亡到奥地利之前如何过着颠沛流离的生活。他说，"科迈尔·克库基"其实是他为了隐瞒身份而给自己临时起的一个名字。

推翻前政权之后，库尔德人想要联军帮助逃走的村民返回家园，重新建设他们的村庄，而且他们还想要把那些1957年之前在这里并没有根的阿拉伯人赶走。而正是在1957年，伊拉克有一次比较可信的人口调查。梅维尔上校同我一起走访了基尔库克周边流离失所的库尔德人居住的营地，发现数以千计的库尔德人生活极端贫困。许多人在城市的足球场上安营扎寨，在足球场休息场所住下来。蹒跚学步的孩子们流着鼻涕，身边到处都是苍蝇；年轻的女人用微不足道的食物在喂自己的孩子，老人在祈祷，希望奇迹出现来保护他们的家庭。

我们从来不知道在基尔库克有多少人流离失所没有家园。但这些人的数字在急剧上升。我们听说有些人在从埃尔比尔和苏雷曼尼亚那里返回到这里。谣言在失去家园的人群中传播："联军要为人们过冬而建房子"；"来自埃尔比尔的每个家庭将得到1000美金供他们返回基尔库克"；"如果库尔德人愿意回来，库尔德斯坦地区政府的卡车将免费把他们运到基尔库克城市的任何地方。"

基尔库克这个城市既没有基础设施，也没有多余的住房来应对目前居住者面临的问题，更不要说从外面来的大量人流。我们非常谨慎，不给那些流离失所的人做登记，怕他们以为登记是要给予他们救助。而且我们特别谨慎，不鼓励那些失去家园的人们搬迁，只有合适的回迁计划做出之后，他们才可以搬迁。在传递到巴格达要求回复的许多信息中，有一条要求巴格达回复：能否确认可供选择的地点，用来给那些萨达姆鼓励迁移到基尔库克的阿拉伯人居住。一些阿拉伯社团对地产的纷争表示了他们的愿望，他们打算一旦有可供他们选择的居住地点，选择离开基尔库克。

可我们从来没有从巴格达得到答复。联军的政策是：在我们搞出一个解决地产争端的法律框架的过程中，那些没有家园的人就住在他们现在待的地方。但是还是不明白谁负责组织这一切。国际移民组织，一个在第二次世界大战期间成立的负责帮助无家可归者定居的组织，签署了合同建立一个处理资产索求的体系，但进展非常缓慢。联合国本身不愿意接手有争议的资产索求，选择不跨越绿线，这个绿线就是假定在基尔库克和伊拉克的其他地区之间划定的一条界线。因此，美国军方不可避免地要填补这个空缺。

萨达姆政策的遗产困扰着伊拉克。在政府大楼里，我找到了那些被迫离开基尔库克的人的名单，还有他们因离开自己家园而得到的非常微不足道的补偿。基尔库克的阿拉伯人不愿意谈论这些。一些人宣称库尔德人卖掉了自己的家园。但是，在复兴党推行自己政策的过程中，阿拉伯人在大部分事务中都是被动的旁观者。导致如此多的伊拉克人在自己国内背井离乡，主要因素是争夺权力的斗争，以及基本的土地问题，水的问题，石油、少数民族权利、公民权、身份以及对政权的忠诚问题。没有任何团体愿意承认其他团体的怨恨。联军临时指挥部也没有制定策略，解决过去的冲突，控制当前的冲突，以及防止未来可能发生的冲突——当然它也没有做这一切的政治合法性。阿拉伯人是作为当年萨达姆阿拉伯化运动的一部分而迁移到基尔库克的，但为了纠正当年对库尔德人的清洗就允许强制阿拉伯人离开他们现在的家园，也是不妥的。

梅维尔上校下达命令，机场上靠近他指挥中心的两层兵营里的一间屋子要收拾好给我住。搬进我的新住所，我很快就养成了规律的"战时节奏"。我会在 7 点钟起床，进入连着的浴室。我会从龙头里接一点水刷牙，如果没有水，就用瓶装水。浴室里有水的时候，我会在水龙头下面插一个塑料片，让水从淋浴花洒里流出来。从来都没有足够的水来冲马桶，所以我得把淋浴头拉到马桶上接满水，再冲马桶。

穿好衣服之后，我会花三分钟走到指挥中心（战术行动中心），经过"滚石"（2-503 空降步兵团）的司令部，以及他们的兔子、鸡和鹅，分别被命名为萨达姆，乌代和库赛（萨达姆的两儿子）。"滚石"团的指挥官是非常有个人魅力的多姆·卡拉希罗中校。他手下有一帮像宗教崇拜一样的追随者，他的所有军官都戴着一个很特别的戒指。他的副手，安迪·罗林少校，完全可以作为一个脱口秀演员而谋生。

战术行动中心是一个神经中心，这个旅的人员在这里计划和监控每一项行动。在这个中心里有地图、巨大的等离子屏幕以及电话等。总有大约 20 人坐在手提电脑前管理信息，这些信息包括来自第四步兵师的指示，零碎地发来。在这个中心，我有一张桌子，旁边是军队牧师，再旁边是军队律师。我会打开我的电脑，上到我的 173 空降旅账户，查阅信息。在行动室，我会观察大屏幕，看看过去的一个晚上都发生了什么。我会花 5 分钟时间走到食品间，这个食品间在一个巨大的附带建筑里面，到那儿取点吃的，粥和一些松饼。在食品间的一个大屏幕上播放的是美国军队电视网络频道节目，内容是一些潜移默化的信息，通过洗脑让我们顺从。美国军队电视网络频道宣传的是个人权利、自由以及英雄主义。我们会听到一些伟大的美国人的故事，这些人在过去的三个世纪里为国家效力，对他们事迹的描述会使用溢美之词。这个频道也会有一些有关训练、保险或者健身的商业内容——军队照顾士兵生活所有的方方面面。

老大哥在注视着你，关照着你。

早上 8:30 左右，我会到梅维尔上校的办公室跟他一起喝茶并讨论第二天的工作。他的办公室在战术行动中心的后面，同那些高级人员的办公室在一起。他们办公室有洗澡间，里面有整个机场最好的方便用具，他们允许我使用洗澡间。

在这之后，梅维尔上校和我会一起到别的地方，如果没有安排，我就独自奔向政府大楼。规定要求我们出去要有两辆车护卫，后来护卫的车增加到了三辆。英国要求出行乘坐完全有装甲护卫的车辆，可是我在基尔库克没有这样的车辆。我的车是一辆白色的越野车。通常李中尉担任我的"射手"。能够把我在中东练就的狂野开车技术施展一番，我真的很高兴。我会高速把车一直开到环形中心广场，然后猛冲过去，这样就不大容易成为临时控制的爆炸装置或者狙击手的目标。在我们不能跟车队一起出去的情况下，梅维尔上校的翻译沙米德会跟我独自行动。沙米德是伊拉克亚述人血统的美国人。他有一支手枪，这支手枪似乎让他有安全感。他上过短期的射击训练课。

在政府大楼，李中尉是我的秘书、警卫兼助手。他会安排会见，并筛查那些要见我的人。每天都有许多伊拉克人出现在我的办公室。许多人来要证章和持枪的许可证。也有些人来提供萨达姆下落的信息，或者大规模杀伤武器的信息，以期获得奖赏。而有些人则是来要钱，要合同或者职位。有些人则是到这里来做自我介绍。一个苏菲派的信徒告诉我说，他可以治愈精神失常者，还可以把刀穿过自己的身体而不受任何伤害。他提出来要演示一下，我告诉他没有这个必要。一位哈马王德部落的库尔德人向我出示了一个世纪以前英国人签署的契约书。这位库尔德人眼镜的厚度表明他已经接近盲人了。他告诉我说，不要听那些库尔德政党胡扯。有一个人告诉我说，他是卡凯人，既不是沙巴克人也不是库尔德人。他说他们民族需要在省委员会有一个席位。

我接待了不同种类的基督教派：有亚述人、迦勒底人和天主教徒。有一群阿訇来见我，自我介绍说他们分别是库尔德人、阿拉伯人和土库曼人，他们中有逊尼派也有什叶派。寒暄之后，我问他们我能为他们做什么。"你知道我们的需求，"他们其中的一人反唇相讥，"美国如果不知晓我们的情况，不知道我们需要什么，就不会入侵了。"我看出来谈话无法进行下去了，我告诉他们我只想确认我本人对事情的评估。他们列出了清真寺需要维修的事项。

一位法官的兄长被联军误伤致死要求得到"抚恤金"。见我的人总是提出要求，这些要求通常写在一张纸上：要求把某人从监狱里放出来。也有非政府组织要求得到资金。农民则要求建设新的储藏粮食的筒仓，并要求为农作物受到损害提供补偿。临时政府任命了新负责人管理公共服务，但有人提出同一个部门居然有两个负责人。一些人把燃料短缺的责任推到联军的身上，说是我们偷窃了伊拉克的石油。有些部落要求签订合同来保卫石油管道。我稍做了调查之后，才知道好像就是这些部落曾经把石油管道炸毁，为的是能够得到用卡车运送石油的合同。

现在有些人要求我重新分配曾经属于复兴党的建筑。有由于种族清洗而造成的相互冲突的财产索求；也有一些看起来像是传销的报告。失去家园的人们继续得到救助；但同时也有人抱怨说，那些失去家园的人栖息在公共大楼里。对省委员会的怨言比较多，认为这个机构没有用，没有为这个省做任何事情。而省委员会的成员则抱怨他们得不到薪水。真正懂得如何搞预算的是一位信基督教的女士，她曾经是复兴党成员，但已经脱离了复兴党。我们想法赦免她，让她回来工作。有些人要求撤换警察局长，说联军任命了一个出租汽车司机当警察局长。几乎所有人都恨那些政党。我不断接到指控，说库尔德人控制了这个省，还掌控了警察。梅维尔上校对我处理上诉和请求越有信心,他来政府大楼的次数也就越少。想要见梅维尔上校的人要先见我,然后我再确定上校是否需要见这些人。

午饭会送到我的办公室。通常是在办公大楼小餐厅里买的米饭或者是从附近商店里买的三明治。偶尔我们也奢侈一把,从当地餐馆里订餐——什锦(用茄子、青椒、洋葱和西红柿做成的菜)、烤肉串、鸡肉。在基尔库克有许多不错的库尔德、土库曼和阿拉伯菜肴。

下午大约2点,我会返回机场去写报告。下午5点钟,我做锻炼。大帐篷延伸出一个部分改装成了健身的地方,有整套的健身器材,很令人惊讶。在每天的各个时间段都有人在那里锻炼。健身房的附近,有一个理发的地方,还有洗衣房和裁缝。我发现了一个很好的跑步路线,环绕整个北边,经过停放的布雷德利战车,之后我在楼的后面沿着道路快跑。

下午6点钟,我会参加最新战况通报会,这个会由梅维尔上校主持。在这个会上每个单位都会有一个简短的汇报,报告当天发生的事,设备情况、人员情况、天气、陆续发来的指示,其他消息以及司令部本星期的工作安排。七月份,新闻主要关注环法自行车比赛中阿姆斯特朗的情况。但随着夏天的到来,我们听到越来越多有关这个国家到处发生的袭击事件。通报会之后,到餐厅去吃晚餐,这里的晚餐通常都非常不可口,同时再看看美国军队电视网络频道的节目。用过晚餐,我回到自己的桌子完成报告和发送邮件。

晚上,我经常在梅维尔上校的办公室,同他讨论这个省的情况。我们的伙伴关系发展成了友谊。让我感到惊讶的是,我发现自己开始喜欢上校这个人,并且对他充满敬意。我逐渐意识到,在这个人表现出的勇敢背后是高度的理性——和有点坏的那种幽默。我们双方都发现我们都读过许多同样的书和诗歌。不过让我印象最深刻的是他对伊拉克的兴趣。

他办公室装饰的都是来自基尔库克不同民族的手工艺品。在他的办公桌后面是一个带相框的穿制服的法国人像,这个法国人看上去有点苦行主义的样子,他的上面有一行法语:"一切为了捍卫帝国。"在上校从军的早期,一位法国军官送给他这幅人物像,他无论驻扎在哪里,就把这幅人物像带到哪里。当一切都非常明白,在伊拉克并没有找到大规模杀伤性武器时,他的问题是:那我们为什么到这儿来。在这张人物像上,他找到了答案。在他的咖啡桌上放着有关目前局势的杂志和西格夫里·萨松的诗歌集。他能够背诵威尔弗莱德·欧文的诗《为国捐躯》。

我通常都是半夜上床睡觉,一般争取一个晚上睡五个小时。几乎每天都有导弹飞入机场,不过这个地方非常大,导弹从来都打不中目标,从没有人受伤。伴随着每一次袭击,空袭警报都会响,提醒大家到庇护所去。空军都会去庇护场所,但陆军都不去。我属于陆军,所以仍然躺在床上。然而,不断的枪炮声和爆炸声让我们所有的人——伊拉克人和外国人——都处于一种紧张的状态。

我开始阅读更多有关伊拉克现代历史的书籍和资料。在第一次世界大战期间,英国让麦加的谢里夫·侯赛因相信,由于阿拉伯人奋起反对同德国人站在一边的奥斯曼帝国,他会获准建立独立的阿拉伯王国。结果,根据1916年秘密签订的赛克斯—皮科特协议,法国和英国瓜分了这片土地。

英国人推行了直接统治的制度,英国的政治官员直接管理许多地区,他们向中央管理机构报告——这种统治制度类似于联军临时指挥部2003年建立的管理体制。1919年的凡尔赛和平会议成立的国际联盟,负责托管前奥斯曼帝国的领土。英国根据历史前例,在奥斯曼帝国三个省,即巴士拉、巴格达和摩苏尔的基础上建立了伊拉克这个国家。

英国被授权托管伊拉克的消息传来时,出现了广泛的暴乱,什叶派、库尔德人和逊尼派联合起来反对英国的统治。英国在镇压了起义之后，推行了新的宪法议会君主政治体制，首相担任政府首脑，参议会由国王任命。英国把直接统治换成了通过精英管理层管理的间接统治，这些精英人士曾经在奥斯曼帝国服役，军官们都曾参加过谢里夫·侯赛因领导的阿拉伯起义，当然还有拥有土地的知名人士。这些精英分子几乎所有人都是逊尼派阿拉伯人。那些奋起反抗或者拒绝交税的伊拉克人在英国皇家空军的轰炸下屈服。英国选择谢里夫·侯赛因的长子费萨尔出任伊拉克国王（谢里夫·侯赛因的另一个儿子阿卜杜勒成为约旦国王）。

费萨尔国王努力把国内不同的民族融合在一起。虽然伊拉克在1932年就获得了独立，但英国仍然保持着派给国王的顾问，继续训练和装备伊拉克军队，并且在哈巴尼亚和舒艾巴保留有皇家空军基地；1941年拉什德·阿里发动政变之后，英国干预恢复了王朝统治。

在王室的统治之下，伊拉克成了一个现代国家，拥有文官体制，基础设施和职业化军队。但1933年费萨尔去世之后，王室变得越来越脱离大众，没有能够建立必要的机构来管控相互冲突和与当局不同的观点，而军队在政治中发挥了关键的作用，并以武力镇压暴动。伊拉克对英国的依赖越来越变成一个负担，特别是在1956年苏伊士运河危机之后。反对派主导了伊拉克的文化和意识形态导向。

伊拉克出现了新一代阿拉伯民族主义军官，他们受到了埃及领导人迦马尔·阿卜杜尔·纳赛尔的鼓舞。这些军官称自己为自由军官，于1958年推翻了王室的统治，杀死了所有皇室成员。伊拉克的新领导人阿卜杜勒·卡里姆·卡塞姆兼有阿拉伯和库尔德人背景，承诺要推行改革，实现伊拉克的现代化，建立一个公正的社会。革命抛弃了老派精英，使新的中产阶级掌握了政权，但在政策问题上并没有取得一致。阿拉伯民族主义者主张伊拉克成为大阿拉伯联盟的一部分；左派则更关注国内问题，敦促实行彻底的社会和经济改革；而库尔德民族主义者则寻求更多的自主权。

卡塞姆1963年被推翻，他本人遭到杀害。经历了一系列的政变和不稳定的政府，复兴党于1968年夺取了政权，最初似乎要让伊拉克人民获得稳定。复兴党建立了一党政权，扩大政府机构、军队和安全部队，把民间社会的所有方面都置于自己的控制之下。萨达姆·侯赛因1979年出任总统之前，在十年中一直是政府首脑身后掌握实权的人物，他把自己部族的成员以及来自他家乡提克里特的人安插进安全和情报系统的关键岗位，实际上建立了逊尼派精英体系。

1979年发生在伊朗的伊斯兰革命在整个地区产生了极大的影响。萨达姆担心国内动乱对其政权的威胁，他认为伊拉克国内动乱是来自伊朗的唆使，于是于1980年发动了对伊朗的攻击，借口是边境争端。他最初认为战争不会持续太久，认为通过这场战争可以确立伊拉克在这个地区的领导地位，同时也可以强化自己在伊拉克国内的地位。结果这场战争一打就是八年，100万人在战争中失去了生命，但边境并没有改变。战争耗尽了伊拉克的财力，为了让海湾国家做出让步替伊拉克偿还债务并获得科威特的石油，萨达姆入侵了科威特。

萨达姆完全误判了国际社会对此会做出如何反应。在沙漠风暴行动中，美国领导的联军很快就把萨达姆的军队赶出了科威特。不过，乔治·布什总统决定不向巴格达进军。他认为科威特战败的耻辱会导致萨达姆在军事政变中被取代，他号召伊拉克人民推翻萨达姆。响应布什总统的号召，伊拉克人在南部和北部发动了起义，控制了伊拉克18个省中的14个省。但叛军由于得不到联军的支持，很快就遭到了萨达姆的镇压。

一天下午，梅维尔上校送给我一个礼物，是一本影印的书《库尔德人、土耳其人以及阿拉伯人：伊拉克东北部的政治、旅行和研究，

1919—1925》，作者是一位叫 C.J. 爱德蒙兹的英国政治官员，曾经于殖民时期驻守基尔库克。我一口气就把这本书读完了，几乎一个世纪之前，我的前任在这里遇到的诸多困难让我唏嘘不已。我告诉上校，我要是写我在伊拉克的经历，会加上一章"美国部落"。

美国部落往往不像伊拉克人那样有强烈的历史感，但就是非问题，却旗帜鲜明，对世界究竟应该如何，也有自己的看法。美国士兵认为自己是解放者，伊拉克人不像他们想象的那样感恩，这让他们很不高兴。我到这里伊始，被问到的问题之一就是："我们需要做什么让当地人爱戴我们？"我告诉他们，入侵别的国家并杀死对他们并没有威胁的人的军人永远不会被人爱戴。我对他们说，1990—1991 年第一次海湾战争之后，10 年的制裁对伊拉克人的卫生服务、教育和经济造成了巨大的伤害，第二次海湾战争失败给这个国家带来了耻辱，我完全可以理解伊拉克人为什么向我们开枪。我感到比较难于理解的是，聪明的美国人为什么要选择参军，并在意识形态而非防御性的战争中进行杀戮。我总在想他们究竟杀了多少人？我的脑海里会浮现那些被杀的人倒在血泊中的情景。他们究竟毁掉了什么样的生命？这些对于他们又造成了什么样的伤害？这样想其实没有用。我意识到，我得用他们看待自己的眼光看待他们。

我问过一些士兵，为什么要参军。有人告诉我说他们生长在很穷的家庭，参加军队可以使他们有机会接受教育，从而得到自我发展，在美国社会有地位。我还遇到许多人来自军人家庭。我与之谈话的几乎每一个人都热爱军队，都为能为国家服务感到自豪，对军队提供的机会怀有感激之情。许多人都说他们热爱自己的国家，认为他们在伊拉克服役能让美国更安全。我听说许多人都是在 9·11 之后服役的。一个士兵对我这样解释他为什么参军："什么样的工作能够支付你工资让你把门砸开，把东西炸掉？"

许多人认为自己是仁义的斗士，杀死邪恶者，带来正义。在这个空降旅，我发现一些非常有天赋的军人。有些人有法律学位，有些有公共管理学位，有些有国际关系学位；有些人还有在巴尔干半岛工作过的经历。有些人信仰上帝、信仰美国、相信反恐战争、相信在阿富汗和在伊拉克的战争是正义的。另外一些人则说，他们宣誓在军队服役，因此只要命令是合法和合乎道义的，他们就要服从命令。他们过着纪律严明的生活，包括按照规定的时间跟家里联系以及在规定时间去做弥撒。我看到的唯一恶习是"嚼烟"，看上去非常不雅的咀嚼烟草的习惯，咀嚼完了把咀嚼过的烟草吐在地上或者瓶子里。在战术行动中心的墙上贴着一大张纸，是从美国教堂带来的。会众把穿着军装的173旅士兵的照片贴在纸上，传递了士兵们得到宗教支持的信息。

梅维尔上校把我带进了他的内部圈子——封闭的军队俱乐部。作为回应，我撸起袖子，认真地适应在他们的文化圈子里工作。我熟悉了军队里的军衔、撞拳、笑话和规则。我意识到军队是来自火星。不过我认真地研究军队，找到可以分享的价值观和目标，学会如何跟军队一起工作。我逐渐地欣赏军队的组织、它的办事机构、它的领导以及军队的资源。我发现实际上军方是可以有灵活性的，也可以逐渐适应外面的东西，而且能够很快学会其他的东西。重要的是，士兵们总的来说是想要做正确的事情。

一开始，我觉得所有的敬礼和军队的礼仪都很可笑。但我后来逐渐理解了军队礼仪的目的，开始欣赏其价值。军队礼仪提供了一个框架，在这个框架之内每个人都明白自己在整个等级制中的位置和应该扮演的角色。由于伊拉克的所有一切都不明不白，军方指挥结构的透明度让人感到振奋。我在私下里管梅维尔叫"比尔"，但在公开场合总是称他为上校。我学着比尔的样子，管所有美国高级军官都叫"长官"。让我感到

惊讶的是，我发现美国人对上级非常正式和有礼貌，这一点比英国人强。于是我不得不提醒自己，称高级的英国军官为"长官"是完全不合适的；大使们希望我叫他们最前面的名字，而英军高级将领则要求被称为"约翰将军"或者"安德鲁将军"。

我同美军173旅人员的关系总的来说很好。他们就让我融入了他们之中。他们意识到上校重视和尊重我的观点。一些人理解，指挥官是孤独的，而且也理解上校交了我这样一个朋友。不过，有时候关系也会很紧张。"你相信谁？一个西点军校毕业生还是一个说谎的阿拉伯人？"当我同一个军官有不同意见时，他对我这样怒吼。我反唇相讥，说我不这样给人分类。我脸涨得通红，说完就走开了。

同军队一起工作会很令人沮丧。他们把伊拉克人分为好人（支持美国的人，库尔德人）和坏人（反对美国的人，阿拉伯人）。好人得到全力支持——得到钱和友爱。坏人得到的是愤怒——或者被枪杀，或者被抓捕。 那些我们与之作战的被归为"敌人"，或者用缩略语 FRE（前政权分子）、FRL（忠于前政权者）来称呼他们，后来把他们称作"叛乱分子"和 AIF（反伊拉克军队）。我想要理解我们在同谁作战，他们想要什么。我试图辩解，我们如何对待人民，人民就会如何对我们做出回应。但军方不愿意做任何改变。他们把世界分解为直接的命令和简单的任务。而且他们认为他们总是对的。

我听到士兵们带着不屑的口吻，谈论说伊拉克人住在"泥棚子里"，穿着"男人的衣服"并且"像男人一样亲吻"；用他们的话说，在伊拉克就像在满是猴子的星球上，或者像是在星球大战中的酒吧里一样。看DVD光盘，暴力视频游戏和到健身房健身是他们仅有的娱乐。梅维尔上校也许被伊拉克所吸引，但让士兵们对伊拉克文化怀有敬意不是一件容易的事。

我从来没有介入到如此暴力的事当中，也从来没有卷入到我认为道德上很可疑的事当中。我为自己划了红线。如果一件事可能导致另外一个人丧生，我就绝对不为此提供任何信息或者参与其中。但我同173旅的工作关系越密切，我就变得越来越适应，越来越具有灵活性，以给这个非常不完美的世界带来变化。使用缩略语会使毁灭和杀戮的世界变得不那么可怕。在战场上阵亡和受伤变成了缩略语KIA（阵亡）和WIA（战场受伤）。不管我喜欢与否，我都是占领伊拉克的一部分。军方拥有所有的资源。我只是想要帮助伊拉克人改善生活，帮助这个国家自立，这是让我来到这里的动力。目的决定手段，我让自己相信这话是有道理的。

没有如何管理这个省的指南。没有任何指导，我们只能依靠自己的直觉。伊拉克人想要我们立刻就使这个国家一切都回归正轨。基尔库克这个省拥有伊拉克最复杂的社会构成。几个星期之后，随着不同部落和民族的人来到政府大楼见我，我逐渐地开始了解这些人。我们估计这个省的人口大约是150万，他们中有一多半居住在基尔库克城。除了公共部门的雇员，许多人在国有企业工作，或者从事农业生产。但入侵发生之后，所有一切都打乱了。人们需要工作。

从四月份以来173旅就一直忙于管理这个省的事务，从安全到燃料，到卫生和教育，就所得一切向上报告。我抵达这里的时候，军方已经认为当地文职官员和机构基本上不称职，而且拿他们没有办法，他们只不过是填充空白而已，凑合制定政策。他们开玩笑说，联军临时指挥部（CPA）表示什么也提供不了（英文字的缩写正好也可以表示这个意思）。我出现在基尔库克，一个英国非军方志愿者，临时分配到了联军临时指挥部，但既没有钱，也没有工作人员，只能依赖军队解决我最基本的"生活保障"。

军方认真积极地行动，改善基尔库克老百姓生活的努力，让我不得不感到钦佩。他们认真确定这个省的优先项目，通过招标把工作承包给了地方承包商，同时管理着大笔的钱。坦克指挥官负责经济发展，伞兵部队负责政府管理，文职军官负责教育。他们都非常专注于手头的工作。我闯进基尔库克省委员会的一个会议，发现一位美军上尉在申斥省委员会的成员不遵守罗伯特议事规则（西方国家开会议事的规则）。这位上尉说话的时候手上拿着一本规则，他告诉他们，如果他们想要发言，他们就必须站起来，直到得到主持会议的人允许才可以发言。不仅联军各军事单位之间有竞争，在军方和文职顾问之间也存在竞争，他们大多数人都是通过美国援助得到资助的。所有这些机构和单位都相互竞争，争相得到伊拉克人的注意和爱戴。伊拉克人很快就学会了拉一派打一派的做法。

随着夏天的过去，梅维尔上校明白了，他不会很快就撤离伊拉克，而且联军临时指挥部文件所设定的由文官担任的职务简直就是异想天开。我也根本不可能得到一批文职官员来帮助我工作，因此，梅维尔上校建议分派他的一些军官来帮助我工作。他同我达成一致，他的旅需要开始根据伊拉克人在做什么来评价工作是否成功，而不是根据军方在做什么。否则，伊拉克人就有可能习惯于依赖联军，这是很危险的。梅维尔上校颁发了修改之后的"指挥官意图"，印在"小贴纸"上，内容是："把伊拉克人放在你和问题之间。"

我很快就决定，不能建立一个同梅维尔上校平行的机构，而是应该利用我的技能帮助军方适应在基尔库克工作。我们的目的是一致的：让基尔库克自立并管理自己的事情。在基尔库克的第一个星期与死亡擦肩而过，让我开了眼。我过去在亚洲、中东和非洲都曾有过在动乱地区的经历。但这是我有生以来第一次处在自己本身就是一个被打击的目标的环境中。我得知现实就是如此残酷，在伊拉克没有"人道空间"。发动战争的理由就很有争议,并缺乏合法性。在伊拉克工作的所有外国人都被认为是美国"项目"的帮凶,于是也就是打击的目标。

我邀请所有在政府大楼工作的外国人,包括军方的人,到我的办公室开个会。我们一致认为,在过去的几个星期我们相互之间竞争的工作方式很令人沮丧。这种方式导致工作重复,导致伊拉克人向五个不同的办公室提出同样的要求,而且他们利用我们之间的竞争让我们相互之间争斗。我建议不同的机构合并成一个咨询机构,提供培训、监控和支持,这样来加强伊拉克的机构。伊拉克在以下方面需要得到帮助:地方政府筹划;提供公共服务;财务和预算管理;经济发展;公民社会建设;安置无家可归的人;政治进程和民主建设、治安和安全保障。我们决定把我们的新组织称作:"团队政府"(Team Government)。

在会议结束的时候,我跟大家说:"我们每一个人都是美国和西方的大使。我们在同伊拉克人打交道的时候记住这一点是十分关键的。"我跟军人们说:"在任何情况下,任何人都不应该对伊拉克人大声喊叫。在任何情况下都应该有礼貌地对待他们。"我有时候看到军人对待伊拉克人就好像他们是孩子或者表现不好的士兵。

我急切地想要找到解决办法,保证基尔库克人的意见不仅得到重视,而且他们能够成为发展进程的主人。我们成立了一个基尔库克发展委员会,以保证这个省的领导层在设置建设基金使用的战略目的方面,在设置优先领域方面以及监督项目实施方面,能够全面介入。这个委员会由省长和我共同执掌,一个月开两次会议。基尔库克发展委员会是一个细胞,这个细胞协调全省的所有项目。这个细胞由伊拉克人构成,并得到了团队政府的支持。这个细胞确认需求,保证捐助者不至于重复捐助,提供质量有保证的承包者的详细情况,并确定进展速度。

为了让我们更好地对伊拉克人负责,我们在政府大楼建立了一个公

民信访局，这样伊拉克人可以在这里投诉对联军的不满。

到目前为止，军队让我跟他们住在一起的新鲜感已经彻底消失了，我无疑已经成为军队中的一员。我甚至出现在173旅的组织图表上，负责向梅维尔上校报告，而不是作为一个独立的组织向布雷默大使报告。我的出现也不再是一个让人们安静下来的因素，不再给别人带来笑容。

我们改弦易辙，重新界定了军民关系。我们克服了不同的组织文化带来的干扰，齐心协力帮助基尔库克省，我们为此感到自豪。我每个星期起草一份有关这个省的政治分析，梅维尔上校会在上面签字，提交给军方，而我会签上我的名字，然后提交给巴格达的联军临时指挥部。军官来访时，我扮演梅维尔的政治顾问的角色。偶尔布雷默大使来访时，梅维尔上校就跟我转换角色，成为我的军事顾问。我们两人合作得很好。我跟巴格达联军临时指挥部的联系很少，跟伦敦完全没有联系。我只能自我行事，尽最大努力完成我根本没有责任界定的工作——没有任何人来指导我的工作。

我第一次看到奥迪耶诺将军时，简直不敢相信自己的眼睛。我从来没有见过如此高大的人。他几乎好像属于另一个不同的物种。他的头完全剃光了。他的手很大。不过他的五官非常有特点，他的眼睛很慈祥。雷·奥迪耶诺少将是第四步兵师的指挥官，这个师驻扎在基尔库克旁边的萨拉丁省萨达姆的家乡提克里特。他是梅维尔上校的上司。他会定期出现在基尔库克机场，他的随从会先他而到，他会在战术行动中心接受汇报。作为唯一不穿军装的人，也是唯一的女性，我很显眼。不过，当奥迪耶诺将军转向我，询问为什么复兴党分子或者被杀死或者逃走之后，基尔库克仍然不稳定时，我感到很惊讶。

"将军，"我回答说，"基尔库克拥有伊拉克石油储量的40%——世界石油储量的6.7%。如果库尔德人在未来获得独立，他们需要基尔库克。

他们数十年来一直在为把基尔库克并入库尔德斯坦而奋斗。过去伊拉克中央政府通过清洗库尔德人和让阿拉伯人到这里定居来阻止库尔德人这样做。所以,不稳定是因为库尔德斯坦的边境究竟应该在哪里仍然没有定论。"

奥迪耶诺将军看上去对我的回答感到惊讶,并重复着我告诉他的一切。他又问了我许多问题,给我留下了很深的印象。我很快就意识到,他一直关注的是打仗和赢得战争,而不是占领一个像基尔库克这样复杂的地方。我还注意到,每次他对某事做出自己的评价,在场的所有人都会点头表示同意。每次他讲个笑话,所有人都会笑出来,好像这是迄今为止最为可笑的评语。像一个希腊的合唱团(指古典希腊喜剧中的合唱团,声音很整齐)。很有趣的一个部落,我这样想。

驻扎在意大利维琴察的第173空降旅原本不隶属于任何一个师。在伊拉克,这个旅临时归属奥迪耶诺将军的第四步兵师指挥。随着时间的流逝,奥迪耶诺将军与第173空降旅彼此信任、尊重和珍视,在他们之间建立了深厚的关系。奥迪耶诺将军似乎很欣赏我跟梅维尔上校之间的关系。我们一起坐在战术行动中心后面他的办公室里,梅维尔上校对我说的有关军队的一个讽刺笑话做出了回应,他说,"去,穿上你橘黄色的女式连衫裤!"奥迪耶诺将军听了这话感到震惊,过了一会儿,才笑着说:"你让她像被关押的伊拉克人一样穿上橘黄色的连衫裤吗?"

"长官,"梅维尔回答说,"她做得太过分时,我们就把她锁在我桌子旁边的柜子里。"奥迪耶诺将军走过去巡视梅维尔指的那个柜子。梅维尔说:"我都没法把我的胳膊放进去,可是她可以把自己的整个身体放进去!"那个空间实在是太小了,连我都不知道我是如何进到里面去的(梅维尔上校曾跟我打赌说我能挤进他的柜子里——我证明了他说的是对的)。基地的食品太差了,结果我比平时更瘦了。我的体重下降到了50

公斤。

奥迪耶诺将军手下的指挥官让一个平民女子进入美军的旅里，还让她参加所有的会议，无论这些会议的内容有多么敏感，据我所知，将军从来没有对此表示质疑。在伊拉克，平民和军队之间的关系通常是很紧张的，因为双方都试图不让对方进入自己的地盘。在基尔库克，我们真的属于一个团队。奥迪耶诺将军总是要征求我的意见，把我当作他下属中的一员。

无论奥迪耶诺将军什么时候来，梅维尔上校都会把我们面临的所有问题对将军和盘托出。我们三个人会坐在梅维尔的屋里，或者在屋子后面长谈，总会拖延将军离开的时间。他们两人会在一起抽雪茄，似乎这是两人唯一享受的事。奥迪耶诺将军会听我们讲，问他能帮上什么忙，问在他这个层级我们需要他做什么，什么样的问题他可以替我们提交到联军的最高层。我们遇到麻烦，他会飞过来提供帮助。他一走进房间，我们就感到有一种解脱感——父亲来了。他非常热情。他解除了压在我们肩上的重负，让我们觉得一切都会好起来的。

奥迪耶诺将军呼号是"铁马6号"。几个月来，我一直在想，这大概是因为他块头很大。到后来，我才知道这是指定给第四步兵师指挥官的呼号。梅维尔上校的呼号是"刺刀6号"。我开始听到有人说到BB，后来意识到这是我的呼号——英国女孩。

第 3 章 "我们的贝尔女士"

> "你就是那个英国女人,我们听到过你的一切,跟 3500 名美国伞兵住在机场。你怎么设法跟他们打交道?"
>
> 引自:科林·鲍威尔问艾玛·思盖,2003 年 9 月 15 日

我是怎么让自己进入这样一个角色的——而且一位美军上校是我最好的朋友?担任这样一个职位,我仍然觉得有点尴尬。我既没有做这份工作的资质,也没有经验。而且我来伊拉克的目的是为这场战争道歉的。现在我坐在办公室里像殖民管理者,而在战争之前这个办公室里坐着的是基尔库克省的省长。可总有伊拉克人排着长队等着见我,他们找我寻求帮助,帮助他们调节争端,帮助他们解决问题。

美国从一开始就面临着困难:找到负责管理这个新国家的合法领导人。在过去的几十年里,由于战争、镇压和制裁,伊拉克失去了一代又一代的中产阶级。一些人遭到当局的杀害,许多人流亡在外。留在国内的那些人被迫以某种方式同当局合作,以求能够生存下去。许多人为了得到体面的工作而加入了复兴党。推翻了这个政权,把那些与这个政权有关联的人清除出去,结果使这个国家没有人能够被认可足以担任国家级领导人。

美国选择通过联军临时指挥部直接管理伊拉克。在联合国秘书长的

特别代表塞尔吉奥·维埃拉·德梅洛的敦促下，联军同意成立由 25 个成员组成的伊拉克治理委员会作为顾问机构。保证伊拉克未来的领导层更为广泛地代表整个伊拉克社会，种族和派别在伊拉克历史上首次成为主要的组织原则——治理委员会的 13 名成员是什叶派阿拉伯人，五人为库尔德人，五人是逊尼派阿拉伯人，一人是土库曼人，一人是亚述人基督徒。

就在我抵达基尔库克的那天——当时我没有系上座位上的安全带，而且直升机的门还开着，整个旅程惊心动魄——跟我一起来的还有两位女性，大约 20 多岁，她们来自巴格达联军临时指挥部管理团队。173 旅接到命令，为她们举办一系列伊拉克妇女的会议，而我则旁听会议。在会议期间，这两位询问伊拉克妇女的背景，询问她们在战争前干什么工作，她们的志向是什么。我后来才知道，他们是在寻找一位土库曼妇女，担任即将成立的伊拉克治理委员会的成员。在基尔库克领导一个妇女非政府组织的桑古尔·奥马尔是唯一他们见到的合适的人选。我并没有花很长时间就发现，桑古尔在其他妇女活动者中并不受欢迎，而且她在土库曼社团中毫无名气。我担心联军可能会犯一个严重的错误，于是来到巴格达，进行游说反对任命她为伊拉克治理委员会的成员。但我行动的太晚了。事情已经决定了。

根据英国大使约翰·索约尔深入了解土库曼人的建议，我花了数个星期做这件事。我会见了来自民间社会和政治党派的许多土库曼人。土库曼人在伊拉克是一个少数民族，他们大多居住在基尔库克和尼尼微。他们中大约一半人是逊尼派穆斯林，另外一半是什叶派。他们中的许多人在过去的许多年里已经完全融入了阿拉伯社会，阿拉伯语就是他们的母语。另外一些土库曼人讲土库曼语，一种土耳其方言。

一些土库曼人到我的办公室，抱怨美国人搞阴谋反对他们。他们对桑古尔被任命为土库曼人在伊拉克治理委员会的代表感到愤怒，他们说他们从来没有听说过这个女人。7月4日空降兵拘押了土耳其特种部队的人，媒体上刊出了这些人的照片，他们的头上压着沙袋，他们的手被绑着。土库曼人看到这些照片来跟我抱怨。他们认为这是美国人对土耳其的惩罚，因为土耳其没有允许奥迪耶诺将军的第四步兵师借用土耳其的领土作为跳板，发起进入伊拉克的行动。我向他们所有的人保证，没有这样一个阴谋。我告诉他们土库曼人在新的伊拉克会发挥重要的作用。但他们对此深表怀疑。

梅维尔上校跟我在政府大楼我们的办公室会见了阿拉伯委员会的成员。省委员会的阿拉伯成员认为他们在委员会地位遭到逆转，认为库尔德人夺取了整个基尔库克省，而他们成为受害者，库尔德人则得到了联军的支持。他们对此越来越感到愤怒。早在2003年5月，173空降旅设立的省委员会，给四个民族各分配了六个席位。美国军方然后邀请300人参加了委员会人选的选择。他们分成了自己的"组"，被告知提名六人进入委员会。另外，又选出六名"独立人选"，而这六人中正好有五人是库尔德人，一人是亚述人。

注重民族导致有些群体抱怨联军偏向库尔德人，因为库尔德人有七个席位，而阿拉伯人只有六个席位，土库曼人也有六个席位，而基督教派则有七个席位。从我抵达这个省的那天起，就听到了对于省委员会的抱怨，特别是对分配给库尔德人席位的抱怨。库尔德人、阿拉伯人和土库曼人都争辩说，他们是这个省人口最多的民族。从1957年以来就没有进行过一次可信的人口普查。在那之后，强制移民屡见不鲜，所以没有人知道基尔库克民族和宗教派别的分布情况。

"愿安拉赐福你们平安"，每一个阿拉伯人进入房间同我们握手都会这样说。梅维尔上校和我迅速学着他们的手势，并在每一次同伊拉克人握手之后，把我们手放在心脏的位置。我也不知道这些男人给了对方多少亲吻。有时候似乎是一边面颊一个吻，可在其他时候，在右脸上给三个或者四个吻。阿拉伯人中的四个是酋长，穿着白色长袍，肩上还披着镶有金边的披风。他们的头上戴着白色的头巾，有一条黑色的带子固定头巾。另外两个人穿着西服。

阿拉伯人围着桌子坐下。一个说：Ala bilk kheir，其他也回复同样的话。美籍亚述人萨米德做翻译。一个在政府大楼咖啡店工作的年轻伊拉克人用一个小的薄玻璃杯给每个人上了甜茶。梅维尔上校宣布会议开始，他先向这些阿拉伯人保证，绝对没有把基尔库克交给库尔德人的阴谋。像以往一样，酋长哈桑·奥比迪第一个发言。他回答说："梅维尔上校，你说得很好，可是没有取得任何成果。"他说形势很不好。阿拉伯人给了委员会成员很大的压力，说他们没有在委员会通过任何东西。他敦促联军不要抹去阿拉伯人在基尔库克的存在。每一个派出所、医院和学校里都是库尔德人。在基尔库克有三个掌权者，联军，库尔德斯坦民主党和库尔德爱国联盟。阿拉伯人承认联军，但觉得库尔德政党对阿拉伯人发号施令是不能接受的。

哈桑酋长说，基尔库克是真正的问题，联军得把门向阿拉伯人打开，让他们感觉到他们是受欢迎的。酋长瓦斯菲跟他的外甥哈桑酋长关系不好，连话都不说，但这时接过了话题："安拉在上，根据国际法，联军对伊拉克是负责任的。事实胜于雄辩。"

痛苦的表情从梅维尔上校脸上掠过，上校失望地举起自己的双手说，他感到很难过，让阿拉伯朋友失望了。哈桑酋长来回地摇晃自己的头，一边笑一边说："梅维尔上校，你是指挥官，是个聪明人，更重要的是，也是朋友。"

阿加·内萨尔·塔维尔酋长非常详尽地描述了他自己如何被联军逮

捕,"把我扔到铁丝网上,"把我一顿暴打。他人很高,长得很瘦,留着剃得很短的灰色胡子,看上去好像有60多岁了。他是委员会里唯一的什叶派阿拉伯人,他究竟来自哪里是一个谜。他的母亲很显然是本地人,但他的父亲不是本地人。他总是穿着传统的长袍。他总来看望我们,跟梅维尔上校会热情地打招呼,会在上校的脸上一边亲吻一下。

他抱怨说,联军进入阿拉伯人的家,把他们用来自卫的武器收走。他宣称有数以千计的阿拉伯人被无缘无故地关在机场,他要求释放这些人,"以表示友好"。库尔德人占据了城里所有的重要位置,"可他们甚至都不讲阿拉伯语!"警察是他最关切的问题。他说,基尔库克的警察部队成了拥有3000库尔德人的队伍。

阿加酋长在他说的每一个句子结束时都要停下来,让我把他说的话记下来。他冲我点点头,咧着嘴笑了笑说:"我们的贝尔女士"。当然,他指的是英国作家、旅行家和考古学家格特鲁德·贝尔。她以能讲阿拉伯语而著称,曾经担任过英国驻巴格达高级专员公署的东方事务秘书,为第一次世界大战之后现代伊拉克国家的建立发挥了重要的作用。我觉得阿加酋长称我为"贝尔女士"是对我的恭维。他对我这位英国人的智慧和知识大加赞赏,并对所有的人说我是贝尔的"女儿"。

阿拉伯人抱怨当下对他们的不公。"整个省都是不公平的,"梅维尔上校回答说。"三十年伊拉克就没有过公正。看看化学阿里的房子里,地上都是人的头盖骨,"梅维尔上校说。化学阿里是萨达姆的侄子,名字是阿里·哈桑·马吉德,在20世纪80年代的晚期负责领导反对库尔德人的运动,他之所以被称之为化学阿里是因为他使用了毒气。上校认为,目前制造暴力的是复兴党分子,那些忠于前政权的人,以及来自其他地方的雇佣军。他们在这里并不是因为过去的不公正。他们在这里袭击联军,摧毁所有人的生活。他们也攻击伊拉克人。伊拉克没有财富,因为萨达

失去伊拉克

姆吸干了这个国家的血。伊拉克一天仅仅出口 50 万桶石油，换来的钱甚至于都不够维持巴格达大街上的路灯用。过去所有的钱都用来建造宫殿，购买大理石和建造堡垒。所以没有钱给人民开工资。

会议结束了。他们都站起来，分别同所有的人握手。他们离开房间的时候说："相信上帝。"但不久之后，哈桑酋长和耶希亚·哈迪迪就不参加省委员会的会议了，他们认为库尔德人控制了这个省，以此表示抗议。

8 月份有一次，梅维尔上校和我坐在政府大楼我们的办公室里讨论基尔库克的形势，我认真地听梅维尔上校的想法：需要采取什么样的措施以阻止在这个省爆发冲突。我突然转向他说："你描述的是基尔库克的某种'特殊地位'。"他眼睛一亮。是的——那正是基尔库克需要的。我起草了一份文件，标题是《基尔库克：联军的挑战》，然后发送到了巴格达。

在这之后不久，布雷默大使意外地在基尔库克机场延误了几个小时。我们带他参观了这里古代的要塞。之后还有一点时间，我发现他的工作人员并没有把我起草的文件给他，所以我就直接给了他一份。我们在有空调的汽车里坐着等他的直升机，他就在那里看这份文件，我坐在他边上，紧张地看着他在一些地方标注评语。然后他又问了有关"特殊地位"的情况，之后要求我写一个简短的报告，具体说明"特殊地位"有哪些需要。

我很快就又起草了一份文件，发送到巴格达。我强调，"基尔库克问题"会使全国有关宪法的讨论搁浅。这个省确实存在爆发冲突的可能性，而且冲突会迅速蔓延到其他地区，冲突的扩大会引起外来势力的介入。某种形式的特殊地位会延迟五年决定基尔库克的最终地位，这样就可以留出时间和空间解决这些问题，在这个时间段可以加强地方领导能力和地方经济的发展。

我接到指示去面见布雷默。从基尔库克到巴格达不是一件容易的事,因为运输任务很忙。不过,比尔·奥斯特伦德少校把我归为"大使",这样就从官方程序中找到了解决办法。这意味着,我什么时候需要直升机,他们都会想办法给我准备一架。我攀爬上了直升机,系上安全带,戴上耳机,这时飞行员跟我说:"大使,早上好!",于是我发现了这个小计谋。飞机上没有别的乘客,所以我意识到飞行员在跟我说话。我按下了说话键:"飞行员先生,早上好,你怎么样?""不能再好了,女士。"飞行员回答说。"伊拉克的又一个好日子。"

我们降落在共和宫的前面,我径直到了前面的办公室。管理团队的一些成员也被邀请来了,杰拉米·格林斯托克先生也应邀来了。这是我第一次见到他。他最近刚刚抵达伊拉克,是英国的特别代表。他被描述为是他这个时代最了不起的外交官,之前曾担任英国驻联合国的大使。这个时刻终于到了,我们所有人都走进布雷默的办公室。 这是一间面积不太大的办公室,书架上摆放着书,桌子上有一个木制的标牌,上面写着:"大家都想把成功归功于自己。"

布雷默示意我坐在他的左边,让我把特殊地位的情况解释一下。然后讨论开始,一会儿赞成,一会儿又反对。杰拉米长官提出了一些条件,说一个地区被赋予特殊地位必须要满足这些条件。条件之一就是,这样的要求是否得到了当地老百姓的支持。我确信当地人民是支持这样的要求的。然而,管理团队的成员说,承认基尔库克的"特殊地位"有可能会国际化这个问题,从而引起外部的介入。他们还觉得,只有在危机的情况下,才可以赋予特殊地位,而且现在承认特殊地位会传递错误的政治信息。他们的观点获得了胜利。

在赶到直升机停着的地方之前,我在接待室急匆匆地喝了一些杜松子酒和营养饮料,以让我自己不感到很沮丧。可是当我攀爬上飞机,系

好安全带，戴上通话耳机时，机组人员向我表示抱歉，说我离开的时间得往后顺延，因为国防部长唐纳德·拉姆斯菲尔德很快就要启程。在特殊地位问题上没有获得大家同意，我感到有些不快，另外想试试我的运气，我告诉机组成员，我着急赶回基尔库克参加一个晚上 8 点钟梅维尔上校召开的会议。飞行员说："明白了，女士。"几分钟后我们就升空了，往下看就看到了唐纳德·拉姆斯菲尔德在走向他的直升机。

随着时间的推移，当地人对我们的存在变得越来越不能忍受，整个国家都是如此，尤其是那些感到自己被排除在新伊拉克之外的人。对联军发动的袭击与日俱增。2003 年 8 月 19 日，联合国驻巴格达的总部遭到炸弹袭击，20 人被炸死，包括联合国秘书长的特别代表塞尔吉奥·维埃拉·德梅洛。这次爆炸事件之残暴越来越引起人们的愤怒，特别是因为其专门针对联合国。对塞尔吉奥·维埃拉·德梅洛的悼念从各地传来，证明他有卓越的天才和声誉——一生致力于在世界范围内追求和平和正义，然而却惨遭如此毒手中断了生命。

伊拉克治理委员会也无济于事。这个机构被指责为是占领者的傀儡，而且主要代表伊斯兰分子和流亡者，同伊朗与美国的关系密切。新的领导人决心保证对全国的完全掌控，虽然其国内的支持率非常有限。他们游说联军临时指挥部，发动广泛的去复兴党运动，并解散伊拉克安全部队，从而惩罚那些曾经与前政权合作过的人，并阻止这些人返回公共领域。2003 年 5 月 16 日联军临时指挥部的第一号命令规定，所有在复兴党最高四个层级的人员都应该被解职，并且今后永远不能担任公职。显然，华盛顿这项政策的制定者参考了 1945 年在德国的经验，而且把去纳粹化的行动当作了模板。联军临时指挥部把去复兴党运动的责任交给了一个伊拉克的委员会，这个委员会的领导人是艾哈迈德·沙拉比。沙拉比在执行此政策的过程中做过了头，结果被这项政策影响的伊拉克人远远超过了联军临时指挥部原来的预想。最终，许多逊尼派伊拉克人同新伊拉克离心离德，他们感觉到被迫集体为萨达姆的罪行担责，仅仅因为萨达姆本人是逊尼派。

9月的一个早上，瓦斯菲酋长来告诉我，基尔库克西南部的哈维贾（Hawija）有540名教师被解职。瓦斯菲的办公室总是堆满了人，向他反映问题，然后他就把问题反映到我这里来。去复兴党运动占了我们大量的时间。我告诉瓦斯菲酋长，联军已经不再介入去复兴党运动了，这个运动现在是伊拉克自己的事。去复兴党运动的责任已经移交给艾哈迈德·沙拉比领导的委员会。瓦斯菲酋长用不相信的眼光看着我。

"假如目前的抵抗会把联军从伊拉克赶出去话，我跟我的家人会加入。"瓦斯菲酋长对我承认。但是他认为，目前对联军的袭击只能延迟联军的撤离。

我感到无能为力。我给巴格达发去一个又一个报告，告诉他们去复兴党运动在这个省产生的影响。但我没有接到任何反馈。坐在巴格达联军指挥部的人用不着见那些无法养家糊口和付不起房租的基尔库克的男人和女人。他们感受不到这项命令对人们生活产生的破坏性影响。他们似乎也没有意识到这项命令对于社区关系的影响。在基尔库克省，去复兴党运动非常成问题，因为其增加了阿拉伯人与库尔德人之间的紧张局势。这场运动成了政治迫害，而不是为过去的错误伸张正义的一种手段。清除那些曾经犯有罪行的复兴党分子非常重要。但是某种和解机制也是必要的。假如我们把大量的人排除在体制之外，又使他们的家庭没有了生计，结果只能导致产生动乱。

梅维尔上校与我都一致认为，作为占领者我们有责任保证儿童能够接受教育。我翻阅了日内瓦第四公约。这个公约有条款规定，占领当局应该保证儿童接受教育，而且还规定，因为人们在前政权之下持有的观

点而起诉他们是非法的。

奥迪耶诺将军理解，如果在他控制的地区开展去复兴党运动，那么医院将没有医生，学校也将没有教师。人们也会起来造反。在没有向更高一层权力机构汇报的情况下，他对所有第四层级的复兴党成员颁布了赦免令，为的是让教师和医生返回工作岗位。他的命令很快就被翻译成了阿拉伯语，为人们广泛传播。

但是工资单是巴格达控制的。按照体系规划，所有四级或者以上层级的复兴党成员都被清除出了工资的序列，即使他们得到联军或者去复兴党运动办公室的赦免。不过，很快173旅就让教师们回到学校，用军队中给"看门人"预算的钱给他们发了几个月工资。可是这些钱用完之后，就没有办法再给教师们发工资了。

我们开始接到信息，外国的圣战分子进入了这个地区，带来了他们不宽容和极端的观点。政府大楼开始出现传单，警告说"不虔诚"的西方在播撒教派斗争和反对伊拉克人的种子。

为了解除人们的恐慌，梅维尔上校决定发布媒体声明。我正好看到了1917年3月19日英国军队占领巴格达之后斯坦利·毛德中将发布给巴格达市民的《巴格达公告》。我把公告拿给梅维尔上校看，一个小时之后，我们稍做修改把公告更名为《告基尔库克省的人民》发布了。正如梅维尔上校说的那样，这份讲话是没有时间性的，基本上用不着修订。梅维尔上校增加了大街上美军的人数，因为地方军队的能力还是有些令人担忧。

一批美国高级官员，有军人和文职人员，在那些日子里，访问了基尔库克。英国官员往往去巴格达和巴士拉，因为英国军队驻扎在那里。

联军在伊拉克的最高指挥官，也是奥迪耶诺将军的上司，桑切斯中将在仲夏时节来到了基尔库克。梅维尔上校与我开车到飞机跑道上去接他。我们把他带到警察司令部,听他讲述伊拉克警察部队的发展情况。他突然问我联军临时指挥部给这个省投资了多少钱。我记不起来了,向梅维尔上校看过去,求他帮忙,可他也帮不了我。我告诉桑切斯中将,在他离开之前我会再向他汇报。我在我的棕色记事本里详细地记载了联军临时指挥部的项目,可我把这个记事本落在我的一辆车里了。有许多的项目,数百万元已经花进去了,更多的钱用泡沫塑料包装着又到了。似乎每一次我们花完分配给我们的数百万元,就会再分配给我们钱,直到不再来钱,那时我们就感到没有钱花。

我们带着桑切斯中将游览了基尔库克。看到商店在营业而且市场都是人,他感到给他留下了很深刻的印象。我开始给将军解释阿拉伯化和那些流离失所的人的问题,认真地说明目前在战略上需要特别小心,以管控人们的期待和维护稳定。桑切斯转向我问道:"腐败问题怎么样?"他似乎在暗指基尔库克人都是腐败的,我对此并不买账。我回答说:"长官,美国士兵并没有那么坏。"大家都沉默不语。我们继续驾车前行,有10分钟谁也不说话,这时一位少将对桑切斯说:"长官,我觉得她在开玩笑。"桑切斯放松了下来,转向我冲我咧着嘴笑了。我也试图咧着嘴笑。那天真是糟透了。

桑切斯想要知道哪些主要项目需要资助。我们告诉他机场的情况,还有排水系统的问题,穆拉·阿卜杜勒电厂和铁路,以及学校、卫生中心、政府大楼和水泥厂等。对我而言,不安定主要是由于政治。而桑切斯中将想要听的是项目和经费的问题。他向我们讲了在伊拉克各个地区面临的挑战,以及美国军队撤出伊拉克的条件。结果我们觉得他来访的目的有点不太清楚了。难道他是想要把173空降旅撤走,还是打算撤走附属于这个旅的某个营?他真让人不可理解。不过有一点我们可以肯定:他一点都不幽默。

不久之后，布雷默和美国国务卿科林·鲍威尔在基尔库克做了简短的停留。他们在这里换乘飞机前往哈拉布贾，从那里返回的时候也在这里换飞机。梅维尔上校与我在早上陪着他们从 C-130 到他们换乘的直升机，下午再陪着他们从直升机换乘 C-130。

"谢谢，艾玛，感谢你到这里。"布雷默说。

"没有问题，长官，这是我的职责。"

"你可以派一个礼宾官员来就行了。"布雷默回答说。我笑了。我纳闷他以为我手下有多少人啊。

科林·鲍威尔器宇轩昂，非常富有感染力。他同梅维尔就空降进入伊拉克北部开玩笑，还谈到当时天气异常的糟糕，以及梅维尔上校在最后时刻做出跳伞的勇敢决定。他都是在美国看到这一切的。

科林·鲍威尔走到我面前。"你就是我听说的那个英国女子，同 3500 名美国伞兵住在机场上，"他一边同我握手一边说。他还亲吻了我的脸。"你是怎么跟这些人相处的？"

我耸了耸肩笑了。我想起过去，曾经在男生寄宿学校，全校就我一个女生。这里的经历跟那时还真有点相似。不过这些美国士兵比当时那些英国男孩子要文明得多。

我在这里的三个月过去了，英国文化委员会给我发来邮件，说我需要回去工作。我回复邮件说，我现在不能离开伊拉克——我在基尔库克的责任重大，对于基尔库克这是一个关键的时期，假如我离开，没有人来替代我。他们让我不要自我吹嘘，尽快返回英国。按照要求，我写了一篇有关我在伊拉克工作的文章交给英国文化委员会的内部杂志。但这篇文章被拒绝刊载，理由是如果发现有人介入了对伊拉克的占领，这个组织的人会感到受到冒犯。英国委员会当时只是同意临时调我去做公民社会发展工作，而不是"殖民管理者"。

英国文化委员会的答复让我感到异常愤慨。我在这里没日没夜地工作，我在英国委员会工作时学到的所有技能和知识都派上了用场，可他们却丝毫也不感兴趣。我迅速地赶回到英国，向英国文化委员会请求，让我再在伊拉克待一段时间。他们默许了。

我如释重负地返回了伊拉克。我离开期间也一直在担心着基尔库克省的事情。我把从英国带来的衣服悉数整理了一遍，最初来的时候我带的只是夏天的衣服。我把一包衣服交给胡赛因·卡拉，让他拿到他在城里发现的一家洗衣店。这家洗衣店洗过、熨过之后，把衣服叠得非常整齐，比在飞机场上军队的洗衣服务好多了。卡拉是出生在土耳其的库尔德人，是美国公民，是我遇到的最善良和有道德的人。

几天之后，卡拉有点紧张地告诉我说，那家洗衣店被炸了，我的衣服也都没了。我觉得有一些衣服还是能够找回来的。可是最终一件也没有找回来。卡拉光顾了军队商店，让我穿上棕色的T恤衫、棕色的羊毛衫、黑色的丝绸内裤和黑色的长衬裤。他还给我弄了一双美国的沙漠靴子，一件黑色的羊毛夹克，夹克上有173旅的标志。我的衣柜里几乎全都是军队的衣物。

一天下午，卡拉带我到基尔库克城里。我们在餐馆里吃了饭，然后步行穿过市场。我待在政府大楼里就像待在笼子里，只能从那里观察伊拉克。从笼子里逃脱出来又进入中东的感觉真的很好，我深深地吸入咖啡和蔬菜的味道，让眼睛又看到各种颜色和各色人。我们坐在一家服装店里喝茶，询问店主人的日常生活，询问现在同萨达姆时代有什么不同。我想要听到人们说他们如何看待对伊拉克的占领，如何看待这个省的省长，如何看待省委员会。卡拉和我走了好几英里，发现了城里的一些新区。我们很高兴走过一个非常老的城区，穿过狭窄和弯弯曲曲的小巷，仔细观看那些漂亮的老房子。住在这个区的居民大多数是土库曼人，他

们的传统可以追溯到几个世纪之前。这是卡拉跟我第一次从军队里溜出来，真正成为在这个城市里闲逛的旅游者，后来我们俩还多次这样做过。

10月的一天早上，塔赫辛·阿里和阿巴斯·巴亚提来我的办公室见我。阿巴斯·巴亚提是我办公室的常客，我很重视他提的有关如何在基尔库克取得他称之为"平衡"的建议。他是一位什叶派土库曼人，伊斯兰土库曼联盟的领导人。塔赫辛是基尔库克委员会的主席，属于伊斯兰土库曼联盟。在我们上一次会面的时候，巴亚提说伊拉克的问题是缺少国家认同。他告诉我说，政党的建立不以种族和宗教为基础在伊拉克起码需要10年。他笑着对我说，英国人建立伊拉克这个国家的方式是问题的根源所在。英国人在所有的派别中偏向逊尼派。他建议说，基尔库克在超越种族和宗教的发展进程中可以成为一个试点。

你们好吗？在做什么？我问他们。他们两人坐了下来，脸上带有忧虑的样子，而不是往常的笑容和笑声。他们说，出现了一个极大的误会：他们党的一个成员，也是什叶派土库曼人而且是他们的密友，被联军部队抓起来了，现在被关押在机场。这个人的名字是哈希姆·扎阿发，是荷兰公民，是伊斯兰土库曼联盟在荷兰的代表，23年来一直是反对派的领导人。

我承诺说会尽最大努力，之后返回到173旅去打探消息。我被告知，哈希姆·扎阿发和他的八个助手在图兹附近挖战壕，因此被逮捕。最近几个星期空降兵受到了来自这些阵地的袭击。

几天之后，我又见到了塔赫辛。空军举办了一场演出，我和委员会的成员应邀出席。体育馆为了演出被改装成了剧场，我们作为嘉宾被安排坐在前排。这种场合非常少见——从我到这里来之后就没有组织过任何娱乐活动。演出开始了。舞蹈演员出现了——空军的男女士兵，他们的任务是给部队提供娱乐。男的都穿着紧身裤，女的穿着短裙。女舞蹈者在前排我们面前列队,她们跳舞的时候,衬裤露出来,短裙也掀了起来。他们跳到他们男伴的胯上。

对于西方观众,这只不过是非常一般的挑逗。但对于穆斯林,这就是色情表演。我看看我周围的委员会成员。塔赫辛坐在那儿,看着自己的膝盖,不敢抬头。之后整个我们这排站起来走了出去,我跟在他们后面。在外面很冷的空气中,他们中的许多人都赶紧去抽烟。我感到非常不好意思,赶忙向他们道歉。"这不是我们的文化。"他们中的一个人对我说。"这也不是我们的文化,"我回答说。"感谢联军邀请我们,不过请不要再邀请我们了。"一位省委员会委员说。

出于对我们同塔赫辛与阿巴斯关系的尊重,同时也是对斋月的友好表示,梅维尔上校下达指示,释放哈希姆·扎阿发和他的团队,并让我负责监督整个过程。我开车去了关押犯人的地方,那地方在机场的边上。我过去从来没有来过这里,需要得到指引。我经过移动楼房,在这座楼房外面穿着黄色跳伞服的人坐在铁丝网后面的地上。我把车停在另外一栋楼的前面,走到那个有铁格子的门,问是否有一个叫作哈希姆·扎阿发的人关在这儿。有人喊了一嗓子,一个人走到了前面。我做了自我介绍,告诉他说塔赫辛·阿里和阿巴斯·巴亚提为他们的释放做了努力。士兵们让这组人从关押他们的房子里走了出来。我们到了另一个房间,在那儿他们签字取回自己的东西和汽车。

哈希姆·扎阿发穿着脏兮兮的长袍子站在我面前。他愤怒地问为什么把他抓起来。他还问:为什么在如此糟糕的条件下把他关了15天?他觉得这样的经历让他受了奇耻大辱。我解释说,他被发现在挖掘看起来像作战阵地的战壕。"我们看上去像一帮恐怖分子吗?"他问我。我看了看他那一队混杂的工人,有阿拉伯人也有土库曼人,穿着破烂的衣服,脚上穿着塑料的十字拖鞋。"恐怖分子开宝马车吗?"他喊道,指着停在

楼旁边的汽车。我不知道怎么回答他。恐怖分子应该长什么样？我看了看我手里的名单。一个名字很显眼：萨达姆·侯赛因。"我们原以为我们抓到了萨达姆·侯赛因。"我说。气氛突然立刻变了。他们所有人都放声大笑，并用手指着萨达姆·侯赛因。原来这个萨达姆·侯赛因是一个20多岁只有一只眼睛的年轻人。

几天以后，塔赫辛和哈希姆来见我。哈希姆穿着漂亮的西服，还系着一条很时髦的黄绿相间的领带。在他的一只手上戴着一个镶着大绿宝石的戒指。我为所发生的一切再次道歉，我们的会面很友好。哈希姆告诉我他对新伊拉克抱有希望——他从荷兰来到这里访问是有意想在这个国家投资。结果所有这一切都弄得蛮拧。他现在想要的就是回家跟家人在一起。

阿卜杜勒－法塔赫·穆萨维这个名字逐渐在基尔库克变得越来越有名。人们在谈论他在胡塞尼清真寺的布道，用他的名字散发出去的传单，以及他向人民发布的指令，要求他们出席他的伊斯兰法庭。除了知道他是一位年轻的阿拉伯什叶派人士、穆克塔达·萨德尔的追随者之外，我对穆萨维几乎一无所知。我还知道他在战后抵达了基尔库克。穆克塔达·萨德尔之前被排除在伊拉克政府委员会，他担心他和他的追随者——贫穷的并被踩在脚下的什叶派工人阶级——会在新伊拉克被边缘化。他决心反对他认为的库尔德民族主义者和什叶派穆斯林对基尔库克邪恶的设计。他认为这两派跟联军结盟了。

10月份时，梅维尔上校和我做出决定，我们应该到胡塞尼清真寺去拜访穆萨维。阿加酋长经常光顾那座清真寺，他答应带我们去。阿加给我拿来他女儿的一件长袍，并作为礼物送给我。我们从车里出来，我穿上长袍，大家都觉得我穿长袍很好笑。阿加酋长脸上绽放出笑容，对我表示赞许。"你是我女儿。"他说。这是我在基尔库克第一次用长袍把自己包裹起来。

在清真寺的对面,墙上挂着两张纸:"不要让占领军指定人起草宪法,选举可以。""我们需要的宪法应该由伊拉克人并用伊拉克的思想来起草,而不是外国人的思想。"我们穿过清真寺的门,脱下靴子,进入一个不大的房间,盘着腿坐在地板上,阿卜杜勒-法塔赫·穆萨维就在旁边。

穆萨维显得很放松,看上去也就20多岁。他说他在尽自己的努力保持稳定:"我用自己的力量和能力来维持安全。所有人都听我的,并从我这接受指导。""美国超级大国,"他接着说,"在他们做的所有事情上都偏袒库尔德人。"省长是库尔德人,警察总监也是库尔德人。阿拉伯人被解职。阿拉伯人和土库曼人在基尔库克都生活在危险之中,受到库尔德人的恐吓和袭击。库尔德人在阿拉伯人房子的墙上写上:"保留"和"出售"。

梅维尔上校回答说,政府中也有许多人不是库尔德人。种族的代表性远比人们认为的要平衡得多。上校承认目前在警察部队确实种族代表性不平衡。联军在审查名单,会解决这个问题。上校说,他看到了库尔德人旗帜、标识和名字,他对此感到不舒服。

穆萨维等着梅维尔上校说完。他说,基尔库克在非正义之下遭受了35年的苦难。现在的安全水平在零之下,库尔德人从埃尔比尔和苏雷曼尼亚来到这里,每个人都担心随时可能被杀死。由于安全无法保障,人们都期望萨达姆回来。但是根据伊斯兰教义,他们被要求公平地对待所有人。任何人都不能夺取基尔库克。"我们热爱安拉创造的每一个人。"穆萨维最后说。

这次会晤不错,我们感到我们达成了一定程度的理解。在接下来的几个星期,我们接到命令,要求逮捕萨德尔分子。我们一直没有对穆萨

维采取行动。我们做出决定，最好能够跟穆萨维尽可能长时间的合作。

我们再没有见到穆萨维。然而，在我们上一次会晤后不久，一个人到政府大楼来见我。他自我介绍说叫穆德哈法·亚斯，是穆萨维的使者。穆萨维不能再跟我们直接会面了。上次会晤之后，人们编造了故事，并汇报到了纳杰夫。纳杰夫是位于巴格达南部的城市，是伊拉克什叶派穆斯林的中心。对于穆萨维而言，公开站出来反对占领军，然后再同我们会晤，这的确很困难。亚斯会秘密跟我们接触，穆萨维跟我可以通过亚斯进行交流。

亚斯对穆萨维评价很高。他说殉难者萨德尔二世缔造了一代年轻的宗教人士，这些人富有勇气待在伊拉克并起而反对萨达姆。亚斯解释说，什叶派领导人在萨达姆执政期间并没有号召圣战，因为他们不想让人们为了得不到的东西而被屠杀。伊拉克人的鲜血是伊拉克最重要的商品。亚斯把穆克塔达·萨德尔描述成一个像其父亲一样勇敢的人。"穆克塔达的什叶派马赫迪军是一群非常能干的诚实的人，他们可以管理这个城市。"他说，"他们并没有介入杀戮和战争。"

亚斯是一位什叶派阿拉伯人。他读过许多书，虽然没有去过西方，但英文讲得很流利。他本来是巴格达人，但他的家庭于1988年搬到了基尔库克，因为基尔库克的房子要便宜得多。他父亲是教师，挣钱很少。亚斯在伊拉克大学上过学，现在是电脑程序员。战争期间他在伊拉克军队服役。萨达姆倒台之后，大家都觉得这个国家会"很美好"。可是现在他们发现大街上有色情业和赌博。他们从来没有想到这个国家会是这样。

一个星期左右之后，亚斯又来了，带来了穆萨维提出的问题：一个人需要在基尔库克居住多久才能被认为是基尔库克人？他说，那些搬到基尔库克的人之所以到这里来是因为他们贫穷，并不是因为他们认为伊拉克的所有土地都属于阿拉伯人。我回答说，在英国，只要是公民就有充分自由选择住在他们喜欢的地方。不过,在中东,如果一个家庭在一个地方没有超过一个世纪的根基,就会被认为是"新来的"。我说,我希望在新伊拉克,人们能够居住在他们选择的地方。

另外一次,亚斯说,穆萨维想要知道我认为复兴党分子究竟是什么人。这问题很有意思。我回答说,我发现在中东的一些地方处于主导地位的政党和公共管理机构是密不可分的,实际上就是一回事。我说,有些人仅仅是那个系统的附庸,而另外一些人则对伊拉克人民犯有罪行,重要的是要区分这两种人。亚斯看上去对我的回答很满意。

伊斯梅尔·阿布迪博士来见我,表示他对这个省的失业问题很关切。我在见到他之前,已经听许多人说起过他。他属于阿拉伯什叶派,因为他公开发表反对地方政府的言论,所以省委员会的成员想要炒掉他。而173旅的美国军官们则建议,应该逮捕他。伊斯梅尔抱怨说,库尔德人在从库尔德斯坦派教师来,而基尔库克却有数百名失业的教师。他警告我说,如果我不着手解决所有这些问题,他就会领导30000名失业者举行示威反对我。他说完这些就走了。他根本就没有试图跟我表示友好。

虽然我们初次见面双方互有敌意,但我还是要求再跟他会晤一次,试图跟他建立良好的关系。我解释说,我们在努力保证公开和公平的工作招聘;我还解释说,我们在同巴格达商讨下放权力的问题。我问他就业办公室有什么计划。就如何在培训和就业市场之间建立联系,我们进行了长时间的讨论;我们也讨论了如何减少失业的问题。他总是有很多主意。

伊斯梅尔谈到了联军所犯的错误。他说,联军没有兑现对老百姓的承诺。人民并没有看到在电力和供水方面有任何改善,所以老百姓支持对联军的攻击。如果形势再这样继续下去,联军将无法在大街上出现了。伊斯梅尔说,他为安拉工作,他所做的一切都是为了让安拉满意。让他

同占领军合作，或者为不同宗教的人工作，是非常困难的。在入侵之前，他们对美国的认知是：美国是一个大的撒旦。作为公共部门的雇员，他得佩戴有美国国旗的证章，这表明他是美国人的"代理人"。这对他来说太难了。

我告诉他说，我也不愿意佩戴有美国国旗的证章。我说我并不是一个正常的"占领者"，在到伊拉克之前我工作的重点是消除穆斯林世界的贫困。但我目前的工作意味着我必须同美国人一起工作。而且我逐渐地了解了他们作为人的一面。我到过许多国家，逐渐认识到人基本上是一样的。我在所有的地方都看到人们努力奋斗，为了抚养家人而谋求生计。我相信共同的人性。伊斯梅尔点点头，用了一句来自伊玛目阿里的引言："如果你不是我的宗教兄弟，那么你是我创世的兄弟。"

10月的一个下午，梅维尔上校和我一起在基尔库克博物馆转悠。我们发现剩下的都是破烂的画框，而这些画框里面原来都是展品。上校心情不好，他的一个士兵阵亡让他心情沉重。他非常了解大卫·伯恩斯坦中尉。伯恩斯坦是西点军校的毕业生，是个运动健将，擅长游泳。我碰到过他一次——就是他遭受埋伏的前一天，他在那次埋伏中身亡。梅维尔上校跟我有同感，对于我们所做的一切抱有怀疑：生命在丧失，所做的一切几乎没有成功的可能性。为了让他高兴，我说："我跟你打50美元的赌，在今年年底之前我们可以把这个博物馆修复并让它投入运行。"他笑了，跟我握手，接受跟我打赌。

这座博物馆显然是1989年在这里开放的，当时的文化部在伊拉克全国建立了八个博物馆。这个博物馆的原址是一个有围墙的两层兵营，始建于1864年。回廊面对着一个大院子，这些回廊里过去驻扎的是奥斯曼帝国的士兵。

我们决定举办一场文化活动，以庆祝博物馆的重新开放。梅维尔上校和我最终决定,这些回廊里的房间将来会改成艺术家的工作室,成为城市艺术中心的一部分。我还希望在这个院子里种上树。树上挂上标牌,纪念那些把生命留在他乡一隅的空降兵。

我把任务交给了黑伍德·休斯敦少校。博物馆右边的一片空间,两边有院墙,被选用来改建成剧院。在接下来的几个星期,地面整平了,地砖也铺上了,遮阳棚子也搭好了。在远处的一端,搭起来一座平台当舞台使用。博物馆的馆长跟来自所有社区的人们签订合同,把他们家里保存或者其他地方弄来的艺术品拿来展出,反响很好。博物馆去找不同民族的音乐家们,让他们在博物馆开馆的那天晚上来演出。

列出来宾名单可不是件容易的事。我们给省长、副省长,以及基尔库克省委员会的所有成员都送去了邀请函;也给市长、镇长和这个省的所有镇委员会送去了邀请函;也邀请了警察总监和高级安全官员;邀请了各部门的头儿;邀请了宗教领导人;以及商业街的人士。但是很少有人回复来或者不来。因此我们没法确定会来多少人。大多数人即使来也不大可能带他们的夫人来,而有些人会。另外,我们还得保证安全——这样的活动会是恐怖分子袭击的重点目标。

博物馆重新开放仪式按时于 10 月 23 日举行。梅维尔上校与我一起走进了博物馆。过去凋敝地矗立在这里的博物馆,现在展品琳琅满目,馆内人声嘈杂。在每一个展室,都有人在讲解展品:一把阿拉伯刀,一本亚述《圣经》,一幅土库曼绘画或者一个库尔德人的皮革篮子。在库尔德展室,正在举行一场婚礼,来自不同民族的人们在高兴地观看婚礼。在展厅的外面,我们见证了雕塑的落成。真是了不起:设计描述了基尔库克多民族的遗产和工艺品,以及基尔库克的农业和工业,而基尔库克正是以其农业和工业著称的。雕塑家向围观的人们解释雕塑的每一部分都代表什么。大家都留下了深刻的印象。

梅维尔上校和我来到主桌,加入省长、副省长和主持人,以及基尔库克省委员会的一些成员。奥迪耶诺将军也从提克里特赶来同我们一起分享这个时刻。吃的拿了出来,我们开始享用。我们委托皇宫酒店为150名来宾烹制了所有四个民族的不同口味的食品。

在用餐的过程中,音乐开始了。我听出了麦克风上发出的声音,抬头望去,发现上校的翻译萨米德担任主持人。第一个节目是库尔德人舞蹈队的,舞蹈演员穿着非常漂亮的服装登上舞台。他们演唱传统歌曲,一会儿表演的是丰收的情景,一会儿表演的是男孩和女孩之间的调情。他们一上台就不愿意下来。我看到萨米德走到舞台后面,向他们示意让他们下来。

接下来走上舞台的是亚述人。他们的帽子上戴着羽毛,他们边唱边跳,庄重地在舞台上转圈。土库曼人演奏乌德琴,一个歌手在琴的伴奏下演唱传统歌曲,观众中的许多人都很熟悉这些曲子。

最后走上舞台的是阿拉伯人。他们表演的第一部分包括一个人穿着传统服装坐在舞台的后面唱歌。这个人戴着大黑太阳镜,奥迪耶诺将军称他为"60后的酋长"。后来我们才发现他是一个盲人。这个表演的最后一部分是叫作达巴卡(dabke)的传统舞蹈,所有四个民族都喜欢这个舞蹈。在这个舞蹈中,男人手臂挽在一起,前后挪动脚步,围成一个圈移动。

我朝周围看了看。观众在鼓掌和唱歌,在墙上的警察也在鼓掌和唱歌。每个人都玩得很高兴。伊斯梅尔·哈迪迪,逊尼派阿拉伯人副省长站了起来,走向舞台。科迈尔·克库基,委员会的库尔德成员,他的身上带着11发子弹的伤痕,同伊斯梅尔·哈迪迪一起站了起来,两人手拉手走上了舞台,跟跳舞的人一起跳了起来。土库曼人加入了进来,一会儿其他的库尔德人也加入了进来——他们在一起跳了起来。那个阿拉伯歌手用库尔德语和土库曼语唱歌。突然,梅维尔上校站起来,走上了舞台,加入了跳舞的行列。省长阿卜杜勒·拉赫曼·穆斯塔法跳起来,抢过来麦克风宣布说:"这就是基尔库克,基尔库克就应该是这样的:这是四个民族的城市,在这里四个民族讲彼此的语言并热爱彼此的文化。"

到了周末,所有的艺术品都拿走了,博物馆又空空如也了。然而,对博物馆那个美好夜晚的记忆却深深地刻在我脑子里。那个夜晚展示了这个最令人惊讶的省份的奇妙和潜力。基尔库克是一个所有人都愿意想象的地方。在那个晚上,库尔德人、阿拉伯人、亚述人和土库曼人手拉着手跳舞——而且美国人也置身其中。似乎太应该如此了。

第 4 章 争夺基尔库克

"基尔库克以土库曼人,水果和石油而闻名于世,所有这一切都极为丰富。这个小镇应该至少有 15000 名居民,是库尔德斯坦边境上讲三种语言的城镇之一。每个人都讲土耳其语、阿拉伯语和库尔德语,在集市上无论使用土耳其语或者库尔德语,人们都不会在乎。这小镇本身是一个土库曼人的城镇,在它的南边和西边是游牧的阿拉伯人,在它的东边是哈马旺得库尔德人的国家。"

引自《伪装进入美索不达米亚和库尔德斯坦》

艾力·班尼斯特·索恩(1912)

巴格达联军临时指挥部自己的事物已经忙得不可开交,根本不能理清各省面临的挑战,更不要说应对这些挑战了。每个省的省务协调者都觉得他们省对于伊拉克的未来是最复杂和最关键的。2003 年 9 月上旬,我同奥迪耶诺将军去巴格达参加指挥官和协调官员会议的时候,这个问题就非常清楚了。这个会议在拉希德酒店召开。所有其他各省来的省务协调官和最高级的将领坐成一个方块。

在这次会议上,布雷默列出了伊拉克获得独立进程中的七个步骤。三个步骤已经实现:建立伊拉克管理委员会,提名一个预备委员会以决定如何起草宪法,任命伊拉克各部长管理日常政府的运行。全部计划要求起草一部宪法并通过和批准宪法。在成立伊拉克政府之前举行全国大选，而这一进程可能需要若干年时间。布雷默确认了两项成功的标准：一个非集权政府，有一个中心制定政策指导纲领；一个活跃的私人领域。布雷默手里拿着一份一英寸厚的文件，他说这份文件是实现我们目标的战略计划。

大卫·彼得雷乌斯少将是所有将军中最善言的，他第一个做出反应。他说，在每一个人都没有就计划被征询意见的情况下，怎么可能给每人一份计划就去执行呢？他的问题没有得到答复。在没有得到联军临时指挥部指导的情况下，彼得雷乌斯自己一直在忙着以他自己认为最好的方式治理北方省份尼尼微，他为自己赢得了"大卫王"的绰号，他甚至行使自己的外交政策。坐在彼得雷乌斯旁边的是西罗·穆斯塔法，一个库尔德裔的美国人，能讲多种语言，他在尼尼微的工作跟我在基尔库克的工作一样。

布雷默在9月份列出的时间表对于华盛顿来说太慢了——对于伊拉克人来说也是如此。伊拉克治理委员会成员已经在做准备巩固权力了。

美国高级官员不断来访以获得"第一手的真实情况"，他们对伊拉克正在发生的一切感到越来越担心。我们被告知，保罗·沃尔福威茨即将在10月下旬访问基尔库克。20世纪90年代，一场新美国运动开始酝酿展开，美国新保守主义者鼓吹以单边主义、军事超强和先发制人为特点的后冷战外交政策。正是新保守主义者推动了伊拉克的政权更迭，先是给克林顿总统的一封公开信，然后通过1998年的伊拉克解放法案推动实施其政策主张。2000年乔治·布什在总统选举中赢得胜利，新保守主义者们谋得了政府中的关键位置，能够主张"肌肉"外交政策。9·11事件为入侵伊拉克和推翻萨达姆提供了必要的国内外环境和借口。

我们之间称沃尔福威茨为沃尔菲，他是国防部副部长，是最显赫的新保守主义者之一，也是主张发动战争的主要人物之一。就是他曾经保证说，战争可以在财政上自给，因为伊拉克可以为自己的重建埋单。当时伊拉克原油的储量估计有1120亿桶，虽然这个石油储量的数字后来实际上更大，但当时已经是世界上拥有第五大石油储量的国家。但我们很快就发现，石油产能低下，因为基础设施需要现代化和投资。而且叛乱分子不断炸毁石油管道。

梅维尔上校在机场迎接沃尔菲，然后在大批士兵的护卫下陪同他乘坐悍马到基尔库克市场。沃尔菲能够走出悍马，在大街上行走并同当地人攀谈，这很不简单。我在博物馆恭候沃尔菲。我向沃尔菲引荐了几位逊尼派宗教界人士——有阿拉伯人、土库曼人和库尔德人——他们围着一张桌子坐在外面。这些宗教界人士像平常那样抱怨了一番。不像大多数美国的来访者，沃尔菲其实对伊拉克人很感兴趣。同许多到我们这访问的国会代表团相比，沃尔菲是一缕清新的空气。

在离开之前，沃尔菲在我面前对联军临时指挥部的评价非常糟糕。显然他认为我们不应该管理伊拉克。他支持立刻把国家完全交给伊拉克人，交给艾哈迈德·沙拉比。艾哈迈德·沙拉比是被称作伊拉克国民议会的伞形反对派组织，是新保守主义者的宠儿。

不久之后，国防部长唐纳德·拉姆斯菲尔德访问了基尔库克。他来到战术行动中心听简单汇报。这次会议上拍的照片刊登在《时代周刊》封面，《时代周刊》年度人物为"美国士兵"。奥迪耶诺将军试图播放一系列的幻灯片，可拉姆斯菲尔德总是打断他，不断地向他提问题。这个战区有多少士兵？阵亡多少人？受伤的有多少人？他接着转向基尔库克和伊拉克北部地图，问道："伊朗在什么地方？"我本来以为他应该知道这种事。他为什么要问这样的问题？难道伊朗是下一个军事冒险目标吗？

布雷默被召回到华盛顿讨论问题。突然，晴天霹雳，七个步骤被第

15个11月协议取代。这个协议提供了一个时速更快的时间表,根据这个时间表,要举行过渡宪法的谈判,并由省一级举行会议而非投票推举出一个过渡性的全国立法会,再由这个立法会推举建立过渡政府。整个进程要在2004年中期完成。

然而,第15个11月协议很快就遭到伊拉克什叶派最高宗教领袖大阿亚图拉·阿里·胡塞尼·希斯塔尼的反对。希斯塔尼拒绝省级会议的建议。联合国秘书长派遣拉克达·布拉希米到伊拉克调停。在布拉希米的调停下,在11月协议的基础上产生了一个修正案,这个修正案取消了省级会议和过渡立法会,主张由联合国在2004年底任命一个临时政府取代联军临时指挥部。提出权力移交时间加剧了在基尔库克的压力,特别是库尔德人,在联军临时指挥部仍然存在的情况下,试图尽可能多的有所获得。

斋月给节奏带来了变化。梅维尔上校确保他的士兵们对穆斯林斋月有所了解,士兵被告知,白天不要在伊拉克人面前抽烟,吃东西和喝任何东西。政府大楼的工作时间为上午10点到下午2点,因为伊拉克人晚上会熬夜到很晚,而且下午要休息。大多数人都在把斋禁食,但我也注意到有些人会偷偷抽一支烟或者喝一杯茶。

我们决心为斋月做一些应该做的事。我们为省委员会、毛拉和孩子们提供了落日餐饮(日落之后开斋)。我们为清真寺捐了钱。我们还释放了一些我们关押的人,包括酋长瓦斯菲的两个亲戚。我们接受了基尔库克朋友的邀请,到他们家里同他们一起开斋。

一天晚上我们去了一家我们经常造访的孤儿院。我们同孩子们坐在一起享用开斋餐,有烤肉串和蔬菜沙拉,这些食品都是我们付费的。吃过饭之后,我们给孩子们分发了礼物。这些礼物都是士兵家属们送出来的,他们一直支持我们的工作。看到孩子们喜欢礼物和因为受到关注而

脸上放出异彩，我们感到很开心。梅维尔自然扮演起了父亲的角色，跟孩子们一起玩耍。

伊斯梅尔·阿布迪跟我之间的信任与日俱增。通过伊斯梅尔，我们对基尔库克的阿拉伯什叶派有了更多的了解。许多什叶派阿拉伯人都是在复兴党阿拉伯化进程中到基尔库克来的。他们被称为"10000第纳尔家庭"，他们拿到10000第纳尔之后搬迁到基尔库克。在斋月期间，伊斯梅尔带我们到侯赛因区、10000第纳尔家庭的居住区。这真让我们开了眼。我们过去好多次驱车经过这里，但从来没有真正进入这个区域。这个区的房子破败，人口很稠密。库尔德家庭侵占了学校的楼房，因为他们没有别的地方可去。结果这里的学生就无法上学，也没有公交车送他们到别的地方的学校去上学。在一个走廊里，有一个人病得很重躺在那里。我们同那里的一个家庭一起开斋，坐在地板上享用为开斋准备的食品。

伊斯梅尔邀请梅维尔上校和我到他自己家去吃开斋餐时，我们就明白我们之间的关系已经很牢固了。他住在基尔库克贫穷的霍泽拉伊（Hozerain）居民区一栋不大的房子里，我们在那见到了他的妻子和孩子。我们发现他拥有核物理的博士学位，曾经有一段时期他跟乌代·侯赛因有联系，是一个很成功的商人。但他后来跟乌代闹翻了，于是不得不逃离这个国家到叙利亚，把家人留在伊拉克。

开斋餐之后不久，伊斯梅尔·阿布迪的秘书急匆匆地来到我的办公室，告诉我说，他正跟伊斯梅尔走在到政府大楼的路上，突然一辆汽车在他们的旁边停下来，下来三个人，听口音像是库尔德人，抓住伊斯梅尔，把他拖上车，开车走了。梅维尔上校跟我都很担心。我们开车到了伊斯梅尔家里，尽量不引起他家人的怀疑，问他的妻子是否见到过他。他妻子说没有，她觉得他仍然在就业办公室。我们赶到他的办公室，发现门是关着的，工作人员也走了。我们又赶到基尔库克调查局，看看他们是否抓走了他。之后我们又到库尔德斯坦民主党和库尔德爱国联盟总部。梅维尔上校对库尔德人说，伊斯梅尔对我们很重要，我们要求不要伤害他并释放他。科迈尔·克库基和拉兹加·阿里都听说伊斯梅尔被抓走了，但他们宣称他们不知道是谁干的，他们说他们会进行调查。

我们做了所能做的一切，现在只能焦急地等待。我不时地想起伊斯梅尔年轻的妻子在等待他回家，不知道他为什么回来晚了，也不知道为什么我们到她家里去。第二天我们在政府大楼接到消息，伊斯梅尔被释放了。他到办公室来见我们，看上去受到了惊吓并有些紧张。看到他，我感到如释重负，也感到异常的高兴，我冲向前去，拥抱他并亲吻他的面颊。他惊讶地笑了，但感到很尴尬，对我摇动手指，告诉我说，绝不要再这样做了。

11月一个清凉的早晨，斋月就快要结束了，我们驱车到埃尔比尔，再从那里向东北方向行驶到巴苏尔的机场。就是在这个机场，梅维尔上校率领他的空降旅3月份在这里空降。我们下了车，沿着跑道行走。这个机场四面环山，山峰伸向明亮的天空。梅维尔上校告诉我，他们当初如何面对背面的山挖厕所，如何蹲在那里仰望令人叫绝的景色。他向西边指，那里有一个村庄，还有一个城堡。我们继续行走，突然他停了下来。这里，他告诉我，就是他跳伞落地的确切位置。

那天的天气一直很糟糕，已经下了好几个星期雨。在最后的时刻，雨暂时停了下来，梅维尔上校第一个跳伞。在他身后1000名空降兵从飞机里跳了出来，在机场附近飘动着落地。每一个参加了那次跳伞行动的人总是形容那里的泥。泥巴深到他们腰部，一些人困在泥里达数小时，才把自己挖出来。几个星期之后，他们才有机会晒干，洗个淋浴并换衣服。

我问梅维尔上校为什么他当时下令跳伞而不是让飞机着陆。是因为要表现勇敢吗？是因为那是一生唯一一次指挥这样的跳伞行动吗？他带我到跑道旁边，指着跑道告诉我，跑道无法承受重型飞机的重量。跑道周围的地面已经下陷，这就是原因。根据他获得的有关这个机场的信息，以及萨达姆军队的地点，他经过计算决定，他这个旅三分之一的士兵需要跳伞，其余的人随后赶到，飞机降落在机场。

美军特种部队在那个地区开展行动有一段时间，确保了对机场的掌控，同库尔德领导层也建立了联系。马苏德·巴扎尼在机场迎接梅维尔上校，把他当作解放者来欢迎。库尔德人当时意识到，美国人这次是认真的，要除掉萨达姆。

梅维尔上校带我到巴苏尔对我而言意味深长。那是173空降旅一段我没有与之分享的经历。几个小时之后，我们驱车穿越了景色令人惊叹的库尔德斯坦山地，这让我想起了摩洛哥的北部。我们一直向下沿着没有铺过的山路，经过小扎布河边上的村庄，来到塔卡塔卡，走的就是当时一些空降兵向基尔库克进发时走的路线。我期望我们能多一些这样的旅行，期望我们有更多的时间来探索这片美丽的土地。

12月14日，梅维尔上校跟我同基尔库克省长一起到一个叫塔扎的村庄去帮助调解一起土地纠纷。在会议之前传来抓到萨达姆的消息，到处弥漫着特别激动的情绪。库尔德爱国联盟宣称在哈维加抓到了萨达姆。但我们最初并没有太注意，因为我们不断接到报告，说萨达姆乘坐一辆出租车或者汽车在哈维加附近，我们把这样的报告称之为"见到猫王"（有美国人认为猫王没有死，是躲起来了，有人甚至说见到过猫王），是一种幻觉。

我们返回到基地时，所有的卫星电视都在播放抓到萨达姆的新闻。布雷默出现在电视上，他说："先生们，女士们，我们抓住他了。"萨达姆终于被抓住了。九个月来，他一直在躲避抓捕，让联军显得很无能，而伊拉克人感到害怕，担心他会回来。

第二天，我飞到提克里特，我在那跟奥迪耶诺将军取得联系，然后跟他一起去巴格达参加每月一次的指挥官和协调官会议。在飞机上，我们用头上戴的通话器交谈。他告诉我说，经过几个月的搜索，他的部队在提克里特附近的一个洞里发现了萨达姆，这个洞就在奥迪耶诺将军司令部所在的那个宫殿附近。萨达姆显然从洞里出来并大声说："我是伊拉克总统，我希望谈判。"我告诉奥迪耶诺将军我们感到多么自豪，因为是他和第四步兵师抓住了最有价值的第一号人物，黑桃尖。我一脸严肃地对他说："长官，我最感到惊讶的是，看到您在电视上给萨达姆做医疗检查。"他一脸疑惑地看了我一会儿，然后直升机开始同他的笑声一起震动。整个世界都看到一个体形硕大，光头的美国士兵的背影，这个军人在检查萨达姆的眼睛，耳朵和头发。这个人很可能就是奥迪耶诺将军！

我们降落在绿色区域。我们进入会议室，奥迪耶诺将军被当作英雄受到欢迎。所有人都站起来鼓掌，大家涌过来同他握手，然后同他一起拍照。他会永远被称为抓住萨达姆的将军而为人所知。是彼得雷乌斯将军和他的101师击毙了萨达姆的两个儿子乌代和库赛。但萨达姆永远是头彩。

在给布雷默的周报告里，我提到在基尔库克人们听到抓住萨达姆的消息后热情极为高涨，鸣枪以示庆祝，结果导致6人死亡，大约100多人受伤。美国人在华盛顿和巴格达的士气大振。在经历了那么多的挫折之后，这是个巨大的胜利。但是，在现实中，我们面临的挑战一个也没有得到解决。

库尔德斯坦民主党在埃尔比尔举行了午餐会，对第四步兵师在解放伊拉克过程中做出的努力表示感激。活动场面很大，有大量的美食。桌子上摆着羊肉、米饭、肉串、沙拉等。考虑到我们在机场吃的食物，我

们对这样的宴会是深表感谢的。马苏德·巴扎尼坐在上桌的中心位置。他的顾问们常常穿西服，但马苏德总是穿库尔德传统服装：口袋式裤子，夹克衫和宽腰带（rank jogha katafi），头上系着红色的缠头。我们大家都在吃东西的时候，巴扎尼站起来发表了简短的讲话："我记得我第一次见到梅维尔上校。他从天而降，像是天使。"

  173空降旅于2003年3月空降进入伊拉克。我在7月份见到他们时，他们认为自己很快就要回国了。可是他们最后撤出的日期从来没有正式确定下来——只是快到年底的时候，才听说即将于2004年2月回国，到那时他们已经在伊拉克驻扎了接近一年。疲劳和紧张已经产生了严重的影响。这个旅一直在以难以置信的速率工作着，因为他们希望打完这场战争，就可以很快调遣回意大利的维琴察。高级军官没有休假，没有周末，也没有时间外出。在家乡，他们的家人还得忍受离别之苦。这些军人一年没能看到自己的孩子成长，而他们在伊拉克的经历将难以向他们的家人描述。

  梅维尔上校疲惫了，他的心思转向了撤离。我常常发现，他坐在办公室一言不发，盯着卫星电视上他家乡的船只在海洋上航行的画面。经过了这么几个月，准备离开，调整心态准备回家，也是很艰难的事。

  我问过一些士兵，既然现在离开的日子在望，他们对离开基尔库克做何感想。许多人在想到回家重新融入他们的家庭时经历的个人危机。一些人担心怎样才能适应自己的妻子。也有一些人则担心是否他们的妻子会理解他们对空间的需求，他们有时候需要一个人待着。一个军人在伊拉克的生活有责任，也有压力。但比起家庭生活的复杂性，这里的生活背景简单多了。一些人承认他们会多么怀念在基尔库克彼此在一起的日子。在伊拉克的经历已经永远改变了他们。

  与此同时，在基尔库克机场的生活并不容易。现在是冬天，又冷又湿，到处都是泥。许多个晚上，我跟文森特少校、奥利弗军士，在公共事务队一起喝佳得乐饮料，分享小吃，被军士奥利弗的猫惊吓。奥利弗军士长有一些1970年代的电视剧光盘，《流动军队外科医院》（一部描写朝鲜战争期间军队医院的电视剧），有一集特别让我难忘。朝鲜战争中的军队医务人员冷得要死，围着一个取暖器蜷缩在一起。最值钱的东西是长内裤，要得到它得付大价钱。到这个阶段，多亏了胡赛因·卡拉，我也得到了军用长内裤。

我住的那个区域好几个星期没有电。也住在这个楼上的宪兵不想抱怨，怕别人觉得他们不够坚强。每天晚上，我得冒风险回到我的兵营，爬上楼梯，倒在床上。一个小型手电只能放出一点绿光，勉强让我能找到我的房间和床。没有热水。尘土在我的房间积累得很厚，有来自沙漠的灰尘，也有战斗靴子带来的泥。我在战术行动中心的桌子上也积满了灰尘。军士长留了一个条子，说如果我不清理桌子，他就不给我邮件。这威胁起到了预想的效果。

圣诞夜，24岁的军士迈克尔·亚辛斯基在试图修理电源的时候触电，从楼上摔下去身亡。我到空降兵的小教堂参加唱赞美诗仪式，然后奔机场跑道。在一个寒冷冬天的夜晚，士兵们列队站在机场举行仪式，把军士的遗体放在传送带上，送上飞机。他的家人再也不能够享受圣诞节的快乐了。

游行示威是12月开始的。第一次示威是反对恐怖主义，2000名基尔库克人聚集在就业办公室外面的广场上。我搭了一个便车，来到了广场，混在人群中。示威的组织者感到悔恨，活动从反对恐怖主义的示威变成了库尔德斯坦民主党一次实力的展示。梅维尔上校和我到库尔德斯坦民主党的办公室去见科迈尔·克库基，建议他立刻跟库尔德斯坦爱国联盟取得联系，对发生的一切表示道歉，免得库尔德斯坦爱国联盟采取某种

形式的报复行动。这两个库尔德政党之间的竞争很激烈。

几天之后，在政府大楼外面又发生了一起示威活动，大约2000名库尔德人参加了这次示威，包括妇女和儿童。这次示威是库尔德斯坦民主党和库尔德斯坦爱国联盟联合举行的，被宣传为是庆祝萨达姆被捕，有标语牌，要求绞死萨达姆。一辆城市的消防车，由一位警察驾驶，是示威活动的中心，车上挂着旗帜，还载着示威者。到处都是库尔德旗帜（红白绿三色，中间是一个太阳），还有巴扎尼和塔拉巴尼的像。也有一些美国国旗。横幅标语宣称，基尔库克应该是库尔德斯坦的一部分；被流放的库尔德人应该返回家园；查姆查马尔、坎纳基和基福里（Kifri）应该是基尔库克的一部分。库尔德斯坦爱国联盟的拉兹加·阿里和库尔德斯坦民主党的科迈尔·克库基用库尔德语向示威人群发表了演讲。但是省长不为所动，他用阿拉伯语讲话，强调基尔库克作为一个兄弟城市的重要性，强调基尔库克是四个民族的家。

我离开政府大楼，来到了示威者聚集的地方。然而，我拒绝上台接受请求，以免我会被认为同意库尔德斯坦对基尔库克的兼并。

梅维尔上校对库尔德斯坦爱国联盟和库尔德斯坦民主党的愚蠢行为非常愤怒，拒绝出席库尔德斯坦爱国联盟的圣诞晚会。上校坚持，只有在其他民族参加的情况下，联军成员才能够出席。我跟梅维尔上校的副手乔治中校一起去的，以及一些173旅的成员。我们进入一个挤满人的大房间。突然我听到麦克风上有声音用英文宣布："欢迎我们的女主人，艾玛·思盖。"我被领到一个高的桌子边上，穆斯林逊尼派扎波（Jabour）部落的乃夫酋长坐在我旁边。他冲我笑，从他的袍子下面拿出一瓶威士忌跟我一起喝。我很快就有点醉了。很快就有人招呼我参加男人们的跳舞，他们手拉手围成一个圈在跳舞。许多我认识的人——阿拉伯人、库尔德人、土库曼人、亚述人——走上前在我旁边跳舞。我们转了一圈又一圈，一边唱着歌，大家玩得很开心。基尔库克就应该是这样的。

12月31日早上10点钟，大约3000名阿拉伯人和土库曼人聚集在基尔库克一个广场上。可以看到许多伊拉克旗子，红白黑三色，而且还有据称是萨达姆手书的用阿拉伯文写的"上帝是伟大的"几个字位于复兴党旗几个星之间。还有蓝色的土库曼旗子。标语牌上写着：阿拉伯人和土库曼人是一家；"一个国家，一个民族，不要民族联邦制"。我跟公共事务军官文森特少校搭了一辆车，去看看示威进展如何。在上午11点左右，大多数聚集的人都散去回家了。不过有大约300名示威者决定要到政府大楼去。他们都很年轻，组织得很严密，有领头的人保证所有人都在队伍里。

示威者抵达政府大楼时，梅维尔上校同我在政府大楼会面，同时在场的还有副省长伊斯梅尔·哈迪迪、主席塔辛以及瓦斯菲酋长。一些示威者很快经过政府大楼，朝另一条街道走去，但那条街道用蛇形铁丝网封锁了。大约在中午时，附近出现了枪声。

我感觉糟糕极了。瓦斯菲酋长在这之前请求我不要允许示威游行，警告说游行会引起麻烦。我也曾反复跟阿拉伯和土库曼示威组织者会面，劝说他们不要举行示威。他们告诉我，他们需要展示阿拉伯人和土库曼人是存在的，他们有自己的权利；他们说必须对库尔德人的示威做出回应。梅维尔上校和我斟酌了他们的理由，最终决定允许举行示威。

梅维尔上校召集了一个政党领导人和部落领导人会议，坦诚地讨论了当天发生的事情。"如果我们禁止示威游行，"上校说，"人民就没有机会表达自己的意愿，那样就跟萨达姆时代没有什么不同。但是，今天无辜群众要表达的信息在枪声中消失了。"有4个人被打死，24人受伤。这一天将作为种族之间暴力的日子被铭记。梅维尔上校敦促这些领导人共同努力，防止基尔库克省陷入内战。

那天夜晚是大年除夕，食物间举行了晚会。美国新闻电视网（CNN）库尔德语、土库曼语和土耳其语的报纸记者都被邀请来，见证173空降旅的士兵同土耳其特种部队在一起联欢（土耳其特种部队正驻扎在飞机场）。这场联欢是为了改善联军同土耳其的关系。空降兵们上演了一场奥斯卡大奖演出。经历了一天控制种族之间的紧张局势和城里的示威游行，梅维尔上校跟我在新年戴着好玩的帽子，吹口哨，享用无酒精的啤酒。

新年这天，梅维尔上校为稳定局势在大街上增加了美军士兵。上校对库尔德领导人发出的虚假声明极为愤怒。库尔德领导人宣称，上校同意重新界定这个省的边境，要把所有新来的阿拉伯人赶走。幸亏有BBC的监听服务，我收到了所有组织的媒体每天播发的读出数据。上校告诉库尔德领导人，他们的行为破坏了库尔德省的稳定，而且可能引发对美军士兵的袭击。上校要求，库尔德每一个政党在基尔库克只能有一个办公室——像其他政党一样，而不是现在我们估计的100个左右办公室。

几天之后，梅维尔上校命令173旅对基尔库克库尔德人的组织进行一次检查，看是否执行了命令。结果有无数大楼宣称是库尔德学生会、库尔德妇女联合会等政治组织的办公场所。在检查库尔德斯坦侏儒协会的时候，卡拉西洛中校从他们的楼里清除了火箭弹。"这里没有小型武器，"中校诙谐地说。

我听说布雷默大使要来北部，拜访贾拉拉·塔拉巴尼和马苏德·巴扎尼，他中途会在基尔库克停留同我们一起吃午饭。军事频道上没有任何大事，梅维尔上校知会了奥迪耶诺将军。果然，布雷默的直升机在大约午饭的时候降落。奥迪耶诺将军已经提前从提克里特赶到这里为我们提供支持，在飞机悬梯迎接布雷默大使，而梅维尔上校跟我因为没有能及时赶到飞机降落区，就在战术行动中心的门口迎接布雷默大使一行。陪同布雷默大使的有杰拉米·格林斯托克和罗恩·史利彻大使，后者最近接手伊拉克北部事务。布雷默还带来了两位管理团队的成员：梅格汉·奥苏利文和罗曼·马蒂内兹。

梅维尔上校和我并排而坐。我们事先已经就汇报达成一致。我先说，他为我提供支持。我简明扼要地介绍了出现的问题。"库尔德人要在联军在这里期间昭雪35年的种族清洗。但是库尔德人想要基尔库克成为库尔德斯坦一部分的企图遭到了阿拉伯人和土库曼人的拒绝，导致阿拉伯人和土库曼人从土耳其和叙利亚寻求支持。"

梅维尔上校更详尽地介绍情况："库尔德社团的回归，以及他们影响这个省事务的程度，引起了非库尔德社团强烈的反对。"上校描述了我们的本地战略应该如何跟基尔库克所有不同的社团接触，推动政治对话，与此同时，建立一个共同的安全和和平框架。在全国的层面，基尔库克是一个政治足球，埃尔比尔和苏莱曼尼亚在一边，巴格达在另一边。"联军扮演的是裁判的角色，"上校说，"虽然实际上联军是在地狱里做裁判。"

我对库尔德人的战术做了解释。库尔德人在这个省的公共部门担任了重要的职务，控制了基尔库克的安全系统，建立了一个影子政府。他们推出了库尔德语作为母语的教学内容，把非库尔德学生从过去的混合学校驱赶了出去。他们鼓励库尔德人返回基尔库克，与此同时给"新"阿拉伯人施加压力让他们离开。而且他们试图恢复这个省1976年之前的边界线。所有这一切的目的是保证库尔德人在这个省占有压倒性的多数，从而他们可以实现把这个省兼并进库尔德斯坦。

布雷默询问了基尔库克基督教的情况。我回答说，基督教徒在各个委员会的代表性很高，因为其他组织认为他们是中立的，常常接受他们作为妥协的候选人。

布雷默然后征求意见问，以后该怎么办。我提出建议：巴格达的联军临时指挥部应该同各民族的高层伊拉克人一起，得到他们对于基尔

克作为一个多民族社区的承诺。我提出要求，我们应该帮助伊拉克人认同这样的机制，通过这样的机制基尔库克的未来就能够定下来；而且我们应该尝试一个战略，让流离失所的人民返回家园并重新融入社会，同时应该归还地产。在地方层面，我说我们仍然要继续在不同的社团之间建立沟通的桥梁，这样他们才能相互理解各自的观点和各自关切的问题。我们需要让所有人都相信，联军的角色是诚实的调停者。

汇报进行得很顺利。能有这样一个最后的机会向联军最高层提出我们对基尔库克的关切和担心，梅维尔上校和我都很高兴。在会议结束的时候，布雷默要求我作为他基尔库克问题的顾问加入他的管理团队。其实是梅维尔上校向我提出建议，认为我应该到巴格达为布雷默工作，专门研究北方问题。他知道我想留在伊拉克。但在他的旅离开之后，他不想让我留在基尔库克，我自己也不想在173旅离开之后留在基尔库克。他向奥迪耶诺将军提出了这个问题。奥迪耶诺将军，罗恩·史利彻，杰拉米长官都很高兴——其实他们之前都做了工作，向布雷默提出这样的想法。我跟布雷默握手，接受他的邀请。我内心很复杂。在基尔库克独立工作这么久，对在巴格达可能会受到的限制，我内心并不期待。但我觉得，我会有机会推动基尔库克得到必要的全国政策。

在三个月的时间里，我同各个选举区举行了一系列谈判，为的是确认能够在省委员会取得更好的"平衡"的办法。"维持不变"不是办法。在我的桌子上，有10000人签名的请愿书，要求解散省委员会。我决定保留目前所有的委员会成员，但要从省里不同的镇选出代表，进入省委员会。我明白，这样做会使委员会更具代表性，而且联军对此会感到高兴——而这样做我们预计会让所有的基尔库克人不高兴，但没有充分理由表示反对。

一天下午，伊拉克管理委员会的土库曼成员桑古尔·奥马尔兴高采烈地走进我的办公室。她宣称布雷默告诉她,她需要在基尔库克花更多时间同那种认为巴格达的管理委员会脱离民众的看法做斗争。她要求在基尔库克的中心有一栋房子,有办公室而且有资金来维持她的非政府组织。让我更担心的是,她宣布说她本人要监督基尔库克现任省长的替换的问题。我告诉她,我收到数以千计来自这个省各地有关伊拉克管理委员会的抱怨和投诉,特别是有关她的。难道她想要我把这些投诉转给布雷默吗?她盯着我看了一会儿,我也盯着她。然后她摇了摇头,走了。

1月14日,在举行省委员会纳新仪式前的晚上,梅维尔上校与我同省长、副省长、委员会主席以及其他委员会成员在皇宫酒店共进晚餐。我们在仲夏的时候开启了这样的习惯,每隔几个星期,我们会把这些人召集在一起讨论基尔库克面临的问题。这是我们最后一次举行这样的论坛。我们在吃饭和讨论的时候,我环视桌子周边的人,我不仅越来越信任和尊敬这些人,而且很在乎这些人。我们在政府大楼周围大街上布置了坦克,布置了伞兵,委员会纳新仪式进行得很顺利。这个仪式在新装修过的体育馆举行,全省的政要都出席了仪式。

我为奥迪耶诺将军起草了讲话稿。但天气非常不好,他没法来出席仪式。所以梅维尔上校发表了这个讲话。他讲道,他记得8个月前就是站在这个体育场,省委员会宣誓就职。跟今天比起来,那时基尔库克是多么不同的地方,天空中仍然在飘荡着战争的烟云。现在萨达姆被关在监狱里,他的支持者被打败了。人们在过正常的生活。现在基尔库克省委员会要扩大,吸收新的成员,这些成员将代表这个省所有的城镇。

梅维尔上校特别夸奖了省长和副省长,说他们不知疲倦地工作,表现了极强的领导力。他开始拍手。在场的其他人也同他一起拍手,这让我确信他们得到了联军临时指挥部要求的三分之二的人的赞成。

大法官主持了省长、副省长以及省委员会36位委员的宣誓就职仪式。

虽然我们特别热衷于强调，这个省的所有地区在省委员会都有代表，但当地社区依然是通过种族来看待省委员会的代表性，改组过的省委员会有12名库尔德人，9名阿拉伯人，8名土库曼人和7名亚述人，另有四个席位是空缺的。

对于梅维尔上校和我，省委员会纳新标志着我们一起在基尔库克工作的结束。这是我们伙伴关系的终结，我们该说再见了。

伞兵旅开始向第二十五步兵师的第二旅交接。看到另一个旅接管基尔库克是难受的。他们会像空降旅那样关切基尔库克吗？一天晚上，在战术行动中心举行的战役最新情况吹风会上，梅维尔上校站起来，谈到我所做的工作，每天要接受投诉和解决伊拉克人的冲突，还要处理这个省的所有问题。我站起来，环视周围这些在过去的七个月里我与之亲密相处的军人。我说，我在此之前从来没有跟军人一起工作过，更不要说美国军人。我说，他们并没有我担心的那么糟糕。实际上，这对我是一段了不起的经历。我说，战争是糟糕的事，但是，是他们这样的军人打了这场战争，这让我感到高兴，因为他们有他们的价值观，有他们的人道主义观。之后，这些军人一个一个从我身旁走过，同我握手，祝我好运。

在开始新工作之前，我回了趟英国休了一个星期的假。在我曼彻斯特的家，坐在烧着木柴的壁炉前面，我感到筋疲力尽，情感上也感觉到枯竭了。我觉得伊拉克的经历让我有了大的改变。我原本到伊拉克是为战争道歉的，然而却同美国军队肩并肩工作了——而且喜欢上他们。我不是一个作壁上观的批评者，而是身置其中的践行者，于是要应对所有必然的挑战和妥协。不过我并没有因为任何事情而怀念最后那几个月。那个阶段太艰难了，我只是太明白有那么多的工作需要做。

不过，我确实获益匪浅。我的所有信仰和推定都受到了挑战。我原本打算向每一位伊拉克人道歉，为了战争，为了虚伪，也为了制裁。结果，我发现伊拉克人用宽广的胸怀和热情接受了我。我原本到伊拉克是为了和平建设做贡献。可我一到那儿，每一天都面临道德困惑。

我抵达基尔库克之后，很快就意识到，只有通过影响美国军队而不是脱离他们自己行动，我的工作才能够最有效。同173空降旅一起工作同我以往的经历太不同了。我享受跟他们工作的每一分钟。梅维尔上校把我带入了他这个旅的核心，给了我机会能够从军队的内部来了解这支军队，同时理解军队是如何看待自己的。空降兵们保证我吃得饱，安全并为我出行提供方便。他们给了我一个可以运作的平台。碰到我的伊拉克人明白，美国军队是我身后的坚强后盾。同这个旅在一起，我看到了一个组织在学习和适应能力方面可以做到最好——在穿军装的人的个人品质方面，我看到了美国最好的一面。

二月初，我接手了在巴格达共和宫的工作。我开车回了一趟基尔库克，参加那里的权力移交仪式。我经过了图兹、达库克和塔扎，在接近基尔库克城时，我感受到了汽油燃烧气味在嘴唇上产生的那种瘙痒感。伊拉克安全部队昂首挺胸，穿着新军装感到很自豪。他们防守在检查站，在大街上巡逻。大街上已经看不到一个美国士兵了。

我跟梅维尔上校一起到皮埃罗特·塔拉巴尼家去吃饭。皮埃罗特住在一栋很可爱的老房子里，就在塔拉巴尼清真寺的旁边。他们在这栋房子里已经住了几十年了。皮埃罗特是贾拉拉·塔拉巴尼的侄子，在萨达姆时期被关押过一段时间。他和他的姐姐郝瑞与比拉都没有结婚。他们是一个很快乐的家庭，让我们感受到我们是这个国家真正的客人——而不是占领者。皮埃罗特准备了很丰盛的菜肴，梅维尔上校应该在他们家度过在伊拉克的最后一个晚上。

第二天早上，梅维尔上校同胡赛因·卡拉6点钟来接我。我们开车

到巴巴古尔"永远燃烧的火焰"。这个火焰是由于岩石中释放出了天然气，已经燃烧了好几个世纪，甚至于希罗多德都提到过这火焰。1927年就是在这里，伊拉克发现了石油。我们在这里观看了基尔库克的日出。我们站在那里喝茶，看着燃烧的火焰，看着我们已经非常熟悉的基尔库克的景色。

权力移交2月19日上午在机场举行。我们在基尔库克的所有朋友都来了。173空降旅列队出席仪式，还有伊拉克安全部队，以及第25步兵师的第2旅。奥迪耶诺将军、梅维尔上校和梅尔斯上校坐在主席台上。出于对奥迪耶诺将军的尊重，173空降旅戴上了第4步兵师的大臂章，空降旅的臂章在上面，这象征着这个独立旅接受奥迪耶诺将军为他们的养父。

奥迪耶诺将军讲述了173空降旅取得的成就。这个旅空降进入伊拉克北部——这次空降是空降历史上历时最长的战斗行动，跨越了1800英里从维琴察到伊拉克。在他们的徽章上，他们现在可以加上一颗金星，这金星以"芥末印迹"而著称。这个旅在这里部署期间有9名士兵丧生，在战斗中有95名士兵受伤。奥迪耶诺将军念了那些不会回家的士兵的名字：军士肖恩·雷纳德，下士贾斯丁·赫伯特，专业人员克雷格·埃弗雷，专业人员凯尔·托马斯，中尉大卫·伯恩斯坦，一等兵约翰·哈特，一等兵雅各布·弗莱彻，军士约瑟夫·米钮齐，军士迈克尔·亚辛斯基。奥迪耶诺将军特别提到我同这个旅在一起的工作，说这是军民关系的一个典范。

梅维尔上校对他的继任者米尔斯上校表示欢迎，期望他们在基尔库克省一切都顺利。梅维尔上校对我表示了敬意。这时我无法抑制自己的眼泪。我坐在那儿看着173空降旅的军旗收起来装进盒子里。这一切都结束之后，梅维尔上校、奥迪耶诺将军和我走到战术行动中心的后面最后一次在这里坐下，两个男人一起抽雪茄。我一直把梅维尔上校送到他乘坐的汽车旁，汽车再载他去乘飞机。我们相互告别。

梅维尔上校离开之后，我整个下午都在伤心地哭泣。几个月之前，我告诉这些空降兵，没有人会喜欢那些入侵别的国家的人——可现在他们走了，我却感到肝肠欲断。晚上卡拉带我出去到基尔库克北边的库尔德斯坦咖啡店。几个月之前，梅维尔上校让他们把他们的大招牌拿下来，可现在他们又把牌子挂了上去，而且还挂了一张库尔德斯坦的大地图，地图上把巴格达以北包括巴格达都包括进了库尔德斯坦，还有土耳其的一半，叙利亚的四分之一以及伊朗的一部分。晚上我在给梅维尔上校的邮件中写道："梅维尔上校，也许美索不达米亚总是让那些来这里喜欢她的人们拿她没有办法。"

第 5 章　在共和宫的日子

啊，伊拉克人民，不团结和虚伪的人民。我就是那个撒落黑暗和攀爬高耸巅峰的人，当我拿开遮脸的布，你们就会认出我。我肯定已经有头颅等待被砍掉，我就是那个砍头的人。

引自：哈加依伊本·优素福，
七世纪倭马亚王朝时期伊拉克的省长，在库法清真寺

共和宫同上一个夏天比，已经是个完全不一样的地方了。那里已经有了空调，可以调出冷风，也可以有暖风。人们也不在过道和厅堂里睡觉了，所有人都到活动房间去睡觉。而且在宫里有了能够使用的抽水马桶。

绿色区域已经成了巴格达城内一个四平方英里的奇特区域，周围有高的混凝土防冲击波墙以及带刺铁丝网，外国人很少冒险外出，而伊拉克人必须得有美国发的胸章才可以通过检查站。除了共和国宫，绿色区域内有拉希德酒店、会议中心，管理委员会就在这个中心开会。国防部和许多曾经属于复兴党成员的别墅都在绿色区域内，现在这些别墅被联军临时委员会和新的伊拉克官员占用了。

英国最高级官员在伊拉克的住所被称为冒德公馆，是一栋别墅，离共和宫只有 10 分钟的路程。我最开始被安排同另外一个英国人住在一

个小的移动房间内,这个移动房子在冒德公馆的停车场上。不过我很快就设法拿到一把美国移动房间的钥匙,这房子本来是为联合国人员预留的。在新的移动房子里,我有自己的卧室,一间会客室,另外还带一个淋浴间,有抽水马桶和热水。按照绿色区域的标准是有点奢侈了!毫无疑问,我留心打探联合国工作人员回来的消息。我非正式住所的位置非常好:到我的桌子只要两分钟,到健身房只要一分钟,到食品间需要三分钟。健身房有令人惊讶的整套健身器械和一帮肌肉发达的家伙。我开始每天进行锻炼了,进行固定的有氧和减肥运动。

在基尔库克机场时食物的量很小,而在共和宫食品的量却大不一样。这里有早餐、午餐、晚餐和夜宵。所有的食品都是深加工的,有很多添加的辅料,用塑料盘子和塑料刀叉。炸鸡和"自由薯条"——大多数时候一天四餐三餐都有——很快就吃腻了,我就改吃从海外进口的水果和蔬菜。萨达姆曾经的舞厅改为餐厅。每天有数百名工作人员和为联军工作的伊拉克人在这里排队用餐。

布雷默热情地跟我握手,欢迎我到管理团队工作。这是个由大多为美国指定的政治人员和美国国务院外交官组成的小团队。这个团队主要为布雷默提供政策方面的咨询和意见,无论白天或者晚上任何时候就任何问题,布雷默可以向这个团队征询意见和建议。很显然,有一个核心圈子。我身为外部圈子的一员,负责协调有关伊拉克北部的政策,特别侧重于基尔库克。

管理团队办公室在共和宫北端的一个房间,这房间曾经是厨房。这个房间很长,桌子都排放在两边。我的座位后面是斯科特·卡朋特和德雷克·柏林。迪恩·皮特曼、罗曼·马提内兹和坎·凯罗在我的左边。拉里·戴蒙德在的时候坐在我的前面。摩根汉·奥苏利文、埃尔凡·思蒂其和莉迪亚·卡丽尔坐在房间的另外一端。我有一台电脑,可以连接互联网。我还有一部手机，这手机有一个美国号码。伊拉克的人想要跟我通话，得通过美国转接，这样伊拉克人给我打电话费用就很高。

每天早上 9 点钟，杰拉米·格林斯托克会召集一个所有在联军临时指挥部工作的英国高级工作人员会议。这些人大多是来自英国外交部和国防部的文职人员。杰拉米长官会大致介绍政治领域的主要事件，然后在屋里转悠，给我们每一个人机会提供相关重要领域或者特别感兴趣领域的情况。在这些会议上，他会跟我们分享对于这个国家新近情况，以及对联军临时指挥做出的一些决定。

杰拉米担任外交官 40 年，曾经在阿拉伯地区工作，也在联合国工作过，他广博的知识给人印象很深。观察他组织会议的方式，分析政治形势和谈判的方式，真是让人受益匪浅。他的愤世嫉俗与布雷默总是乐观的态度形成了鲜明的对比，布雷默从来没有表现出任何疑虑。我真期望他们能和衷共济。很显然，伊拉克的形势并不好。但很少有人提出任何可供选择的战略。安妮太太陪杰拉米先生来到巴格达，在民主团队工作。杰拉米前面的办公室里是西蒙·舍克里夫，一位给人印象很深的年轻外交官，和雷德·卡迪瑞，牛津毕业的博士，其父亲是伊拉克人。

我来巴格达的第二天，正在访问伊拉克的罗伯特·布莱克·维尔要求见我。布莱克·维尔是国家安全委员会康多莉扎·莱斯的副手，对联军临时指挥部的政策很有影响。他很难打交道，这一点人所共知。

我管他叫布莱克·维尔，我在布雷默办公室后面的一个小房间见到了他。他跟我说是保罗·沃福威茨建议他见我。布莱克·维尔不想听基尔库克的情况介绍。他开门见山问我，库尔德语属于哪一个语系。他之后又询问了不同民族的艺术和音乐。他们都吃什么食物。在谈话中，他突然问我："假如有八个人在房间里全身裸体，你能区分他们是哪一个民族吗？"我不能确定这是一个合适的问题，特别是一位美国官员提出这样的问题，感到有些困惑，我说，我自己不能，但有时候基尔库克人可以。尴尬很快过去了。我们很快全身心地投入到讨论之中，讨论公共政策、正义的不同概念和历史问题。这让我想起在牛津的导师。我们谈到恐怖主义，我说我们的行为引起了反应。他询问在伊拉克五年之内内战的可能性。我说，我觉得很有可能会发生内战。

我很快就意识到，要在伊拉克取得任何成就，我需要建立联盟。信息是很不容易得到的，要获得获取信息的渠道需要洽谈。有许多人为了开创事业到伊拉克来服役。为了让基尔库克的问题获得应有的关注，需要同别人建立关系。我在过道里转悠，向别人做自我介绍。我发现在共和宫最让人印象深刻的人中有三位美国外交官——罗恩·施利彻、克里斯·罗斯和罗恩·纽曼。他们三人大部分职业生涯都在中东度过，喜欢中东文化，并对这里的人有强烈好感。

罗恩·施利彻在同意来伊拉克的时候正准备去悉尼担任美国驻澳大利亚大使。他负责省外联办公室。管理团队打算同伊拉克管理委员会的25名成员沟通时，省外联办公室已经同伊拉克其他地区有了联系。施利彻阿拉伯语讲得很流利，很适合做这项工作。他一直在努力使联军在大搜捕中抓捕的那些伊拉克人获得释放。

克里斯·罗斯曾经担任过美国大使，还担任过寻求共同点非政府组织的执行主任，已经退休。克里斯在美国国务院担任过一系列重要职务，包括反恐协调官，驻叙利亚大使和驻阿尔及利亚大使。他英语和阿拉伯语讲得都很好，因为他在中东地区长大。

罗恩·纽曼是美国驻巴林的大使。他被从那里抽调来在伊拉克外交部工作。我跟他讲，基尔库克需要特别的对待。我们有道德责任：我们入侵了伊拉克，把萨达姆搞掉了，承诺给伊拉克人民更好的未来。如果这个国家陷入内战，没有人会感谢我们。我们在基尔库克失去了七名士兵，为了他们和他们的家人，为了所有在基尔库克服役过的人，我们应该确保基尔库克成功。

他向我讲述了有关他的朋友死在越南的事，还有他的朋友在人质事件中的遭遇。他说那不构成我们采取行动的理由。我们采取行动是因为这样做符合美国和英国的利益。他说，我们在这个国家已经把其他事情都搞砸了，所以我们应该至少把一件事搞对。问题是如何搞到特殊地位的"授权"。他说，他有一些主意，他会去努力。他说，"我热情的关切本身就会激励让大家都做点事情。"

二月即将结束，有关过渡宪法的讨论变得激烈起来，这部宪法也被称为过渡行政法。我朝管理委员会大楼走去。见到基尔库克领导人的熟面孔是令人高兴的事。我在会议之外跟贾拉拉·塔拉巴尼和巴哈姆·萨利赫交谈。我一开始没有认出马苏德·巴扎尼，因为他没有穿传统的库尔德服装，穿的是西服。好一会儿我才意识到那个冲我笑并招手的妇女是桑古尔。她用现代的套装取代了保守的装束，变成了一个金发女郎。作为伊拉克管理委员会成员，她显然很享受生活。这一次，我很高兴见到她。

在幕后，对于库尔德人，基尔库克是临时行政法讨论的一个重点。最终，过渡行政法包括了几条与基尔库克有关的条款，特别是第58条。这条说，伊拉克过渡政府将采取措施，"保证这些个人重新定居下来，可以从国家获得补偿，可以通过政府在他们的住宅附近获得新的土地，或者可以获得迁移补偿。"我知道，这可以解释为是对反种族清洗的认可。但是，在省管理委员会的所有阿拉伯人对这一条款在基尔库克会如何解释并不敏感。

二月底签署过渡行政法的最后期限错过了，签署仪式推迟到3月6日。那天媒体聚集在会议中心。省长和部长们都到了现场，外交使节也都到场,孩子们穿着最漂亮的衣服准备唱歌,但是却看不到治理委员会的成员。在治理委员会大楼,什叶派成员对第61项条款不满意。这项条款说,如果三个地区三分之二的选民投反对票,最终的宪法就不能获得通过。这条对库尔德是极为重要的,他们需要向伊拉克人民表明,库尔德人的利益不能被大多数人忽视。委员会的全体成员已经同意了这一段。但在纳杰夫通过讨论之后,什叶派担心少数民族又能够把他们的意志强加给广大什叶派人民。

接近午夜的时候,布雷默对治理委员会讲了话。他告诉委员会成员,过渡行政法是现代伊拉克历史上最富革命意义的文件。不能够准时签署这个文件就对伊拉克和治理委员会造成了真正的伤害。但如果他们能够及时修正错误,历史会宽恕他们。3月8日,我到会议中心见证过渡行政法的签署。签署活动比先前想象的规模要小。在前厅搭起了一个台子。叫到哪位管理委员会成员的名字,这位委员就走向前,签署文件,然后在台子上落座。该讲话的讲了话,该唱歌的唱了歌。马苏德·巴扎尼先用阿拉伯语然后用库尔德语令人感动地说,"我一生中第一次感到自己是伊拉克人。"管理团队感到很高兴,过渡行政法终于签署了,而且为里面的内容感到自豪,里面包括了权利法案。然而,整个过程并没有征询伊拉克公众的意见,公众也没有参与这个过程。所以很快就有许多抱怨,这是再正常不过了。马克塔达·萨德尔要求废除过渡行政法,解散伊拉克管理委员会。过渡行政法忽视了土库曼人的存在。亚兹蒂斯人很不高兴,行政法没有提及他们。作为回应,联军临时指挥部开始准备材料,要让公众接受过渡行政法。但问题是谁来做这项工作呢?总不该是联军临时指挥部吧。但是治理委员会普遍不受欢迎。

3月31日我们治理团队的所有成员都聚在电视周围,电视报道说四名美国安全承包商被杀死,这消息令人感到恐怖。他们被诱骗到了法鲁

贾，遭到了伏击，他们被从车里拖了出去，被肢解和焚烧的尸体被悬挂在幼发拉底河的桥下。

第82空降师的部队在2月份就基本从法鲁贾撤出，不再在那里巡逻，安全责任就落在了伊拉克安全部队的身上。目前美国施加了巨大压力，要求在军事上做出反应。美国海军陆战队派出了一支部队，有坦克和火炮，在城市周围准备发起一次战役，彻底歼灭大约2000名叛乱分子。结果，海军陆战队一进城，新成立的伊拉克安全部队就开小差了。管理委员会还没有来得及向联军临时指挥部施压，使其同意停火进行谈判，就有数百名伊拉克人被杀死。联军临时指挥部把注意力全部放在了对法鲁贾的包围和不断发生的叛乱上。恐惧可以感觉得到，一些文职人员都离开了。

伊拉克的暴乱在稳步升级。对于绿色区域的袭击也在上升。每一次，"大声音"（广播）都会发声，告诉大家隐蔽。人们会跑入防止炸弹的掩体。我会靠墙站着，以免被在过道上奔跑的海军陆战队员撞倒。急救直升机每天都把伤员运进来。同伊拉克人的接触在减少，绿色区域越来越变成了一座城堡。几个星期之后，大喇叭停止播放了。我不知道是大喇叭坏了，还是这样播放影响士气。没有了警报，也不用再往地下掩体里跑了。

在共和宫，谣言很多。盛传有人把武器运进绿色区域的阴谋。有一个士兵脖子上被捅了一刀，袭击者立刻被说成是反叛者。结果这人是同性恋三角恋爱中被拒绝的一方。

所以英国人都搬到了拉希德酒店对面会议中心旁边的住所。一排排移动房间安置在地下停车场，水泥房顶和混凝土墙壁在遭受火箭弹和炸弹袭击时可以提供保护。经过命名比赛，"海洋悬崖"被认为是最有智慧的名字。作为在伊拉克待的时间比较长的人，我有自己的移动房间，有床，带抽屉的柜子，衣柜和冰箱。我的移动房间挨着盥洗间，离酒吧也不远。附近还有一个公共间，有时候晚上那里会放电影。

每天早晨，我醒来都会听到轰鸣声，或者是导弹的声音，迫击炮的声音，或者是我移动房间空调的声音。我们早上等汽车去共和宫的汽车站被炸弹炸了，每天往返的汽车停止了运营。我开车往返，被告知每次上车之前要看看车下有没有炸弹。可我总是忘了看。

运输车队被袭击之后，食品供应减少了。给我们提供的食品都被切成各种形状和大小不同的份，以保持我们的情绪。新鲜水果和蔬菜断供了，叉子和碗也没有了。幸好我们还有水。发布了新的安全条例：在绿色区域要穿防弹衣和戴头盔；不要去绿色区域中不安全的场所，包括健身房和零售店；不要在绿色区域内跑步和骑自行车（白天和晚上都不行）；随时携带手机，包里要带收音机。

伊拉克出现了不同的圣战者组织和1920革命旅（为纪念1920年反对英国的起义命名的组织）的传单。传单警告伊拉克人不要同联军合作，威胁说要杀死那些在新伊拉克安全部队服役的人。他们宣布要发动袭击，为纳杰夫和法鲁贾的烈士们报仇雪恨。

我在给梅维尔上校的邮件中，说出了我的担心。梅维尔上校已经回到了意大利。我越来越担心，联军根本不明白他们在同谁作战。伊拉克出现了一年之前还没有的一些因素。地方对于占领的抵抗同伊斯兰武装分子结合了起来。许多伊拉克人曾经怀着感激之情看待我们，因为我们把他们从萨达姆统治下解放出来，但现在想要我们尽快离开。联军发言人仍然把暴力归罪于外国政权、萨达姆主义分子和"走投无路的亡命之徒"。当美国军队误炸了一个婚礼使40多人丧生时，军队发言人居然狡辩说，"坏人也可以结婚。"

大卫·里士满取代格林斯托克成为驻伊拉克英国最高长官，他给所有英国人发了邮件,感谢我们的"勇气和坚忍不拔"。他说,我们都是志愿者,我们并没有任何压力一定要待在伊拉克。但他没有说,通往巴格达机场的道路被宣布是不安全的,除了乘坐直升机,别无逃生之路。几天以前,我乘坐直升机去过机场,坐在拉克达·布拉希米旁边。直升机俯冲摇摆,兜圈子,为的是躲避袭击。

拉克达·布拉希米成了共和宫里面一个熟悉的面孔。科菲·安南任命布拉希米为他的特别代表驻伊拉克,负责建立临时政府,以取代联军临时指挥部。布拉希米是阿尔及利亚人,是广受人们尊敬的国际外交官,曾经在阿富汗帮助建立了国民大会。5月9日,约翰·麦克考尔中将请布拉希米吃饭,我应邀出席。麦克考尔将军在阿富汗的时候就跟布拉希米很熟悉。麦克考尔将军刚到伊拉克,是在伊拉克级别最高的军官。第二天,我陪同麦克考尔将军到伊拉克北部视察。在埃尔比尔的坎萨德酒店(Khanzad Hotel),他问我:"你认为我们面临巨大的战略失败吗?"我回答说,我认为显然是这样。但他问这样的问题仍然让我感到惊讶。这样的疑虑在联军临时指挥部是几乎没有人提起的,所以也就不可能做出其他战略选择。不过,联军从一开始允许出现这样一个政治和安全真空,就根本无法自拔。现在的目标是到6月30日移交,让伊拉克人为自己的国家负责。

在伊拉克联军临时指挥部内部,有许多黑色幽默,还有人有预感伊拉克可能成为下一个西贡。每天晚上6点钟,管理团队的所有成员都到健身房。我们的老板斯科特·卡朋特开玩笑说,我们在强健我们的上肢,这样派直升机来营救我们时,我们就可以把自己吊在直升机上;锻炼我们腿上的肌肉可以用来踢开那些想要爬上飞机的人。

我们被封锁在绿色区域,而外面在异常混乱,由于不断受到攻击,人们在寻找出路。除去在健身房锻炼,喝酒也是一种解脱。在游泳池周围人们聚会喝酒,在拉希德酒店每周都有迪斯科舞会。中国人在绿色区域内开了一家中餐馆。这样我们可以时常换换口味。

我斗胆在共和宫内剪了头发。经 Kellogg Brown &Root 公司允许,剪发没有掏钱,有人估计美国纳税人要为此支付大约 600 美元。我参加了一个智力竞赛之夜活动,结果得分很差,因为我记忆中跟伊拉克无关的很多东西都不知道丢到哪儿去了。伊拉克之外的一切都好像与我无关。

有一天晚上,我参加了移动房子的晚会。包拉·霍瑟萨尔,英国最高将军的政治顾问,一拳挥过来,结果我的眼睛完全看不见了,坐在沙袋上根本没有注意到头顶呼啸而过的火箭弹。我花了 40 分钟找我的车,但没有找到。我走回到被称作海洋悬崖的会议中心地下停车库。幸运的是,检查站的士兵认出了我是谁——喝醉了酒的女士,不是自杀式袭击者,让我过去了。我们在伊拉克的生活是超现实的,越来越多的有关"伊拉克鸡为什么要穿越马路"的笑话说明了我们这种生活的性质。

为什么这只伊拉克鸡要过马路?
联军临时指挥部:
这只伊拉克鸡穿过马路这一事实
清楚表明,决定权已经在原定 6 月 30 日权力移交之前
移交给了它。从现在起,
这只鸡要为自己的决定负责。
哈里伯顿:
我们被要求帮助这只鸡过马路,
既然过马路本身存在风险,
而且鸡又稀缺,这项行动
只会花费美国政府 326004 美元。

穆克塔达·萨德尔：

这只鸡是邪恶联军的工具，

会被杀掉。

美军宪兵：

我们接到指示让这只鸡做好准备过马路。

作为准备工作的一部分，士兵反复碾压了这只鸡几遍，

然后拔了它的毛。对于发生侵犯鸡权利的事情，

我们深感悔恨。

自由斗士军（Peshmerga）：

这只鸡过了马路，还会继续过马路，

以表现其独立并运送其保卫自己需要的武器。然而，

将来，为了避免出现问题，这只鸡将被称作鸭子，

而且还要戴上塑料嘴。

第一骑兵师：

这只鸡并未得到授权在未出示两种形式的

画面身份的情况下穿过马路。所以根据标准行动程序，

这只鸡被以合适的方式扣押并搜查。对给这只鸡造成的任何难堪，

我们表示歉意。这次不幸事件之后，司令部制定了性别敏感

训练项目，将来对所有鸡的搜查都将由女兵执行。

半岛电视台：

根据目击者，这只鸡被迫在一伙占领军士兵

的枪口下被迫多次穿过马路。在另外一次

对无辜伊拉克鸡的虐待过程中，这只鸡遭到故意射击。

黑水公司（雇佣军和保安公司）：

我们没法确定介入了鸡过马路事件。

翻译者们：

鸡它过马路，因为它违反规定不好。

未来的鸡提议反对我的要求。

美国海军陆战队：

这只鸡死了。

在国际媒体上，政治和军界人士对于正发生在伊拉克的事情发出了警告。有许多批评，但建设性的批评却很少。美国人和英国人之间的关系也变得紧张了。英国军方表示了对美国战术的担心：过度使用武力，把伊拉克人当作"下等人"，美国不愿意接受伤员，同当地社团的关系不佳。

4月29日，50名英国前外交官和高级官员给托尼·布莱尔写了一封公开信，信中说战争的行为表明并没有一个后萨达姆时代的计划。他们提到，所有中东问题专家都曾经预言，联军部队占领伊拉克一定会遇到抵抗。政策应该充分考虑到伊拉克的性质和历史。联军的军事行动应该在政治目标的指导之下。他们得出结论，没有任何理由支持注定要失败的政策。

布什和布莱尔当初并没有在国际社会赢得共识，而现在正遭受恶果。我们面临的危机一个接一个，国际上那些当初就对入侵伊拉克抱怀疑态度的人对联军的失败幸灾乐祸。

随着伊拉克国内局势越来越紧张，布雷默采取了新的"外展"战略，邀请不同的社团和组织到绿色区域来见他，因为他离开首都被认为安全风险太高。我陪着他去见30多位前伊拉克军队的高级军官。他讲述了布什总统对伊拉克的愿景。经济需要重新获得活力，需要建立有活力的个体经济。伊拉克需要从独裁转向民主，在2005年举行大选。伊拉克必须

实行法治。安全应该在专业警察部队和新伊拉克军队的掌控之下。美国正在花费千万美元训练和装备伊拉克安全部队，但目前安全威胁非常严重，伊拉克安全部队需要帮助。

一位伊拉克将军指责布雷默提到的是美国愿景，而不是伊拉克人对自己国家的愿景。他引用了布雷默的话，"军队这一职业是荣誉事业"，说联军应该尊重一支被打败的军队，而不是解散这支军队。另一位将军说："联军承诺政权更迭，但却造成政权垮掉。"伊拉克现在边境得不到控制，国内也没有安全可言，服务糟糕，经济停滞，许多家庭没有收入，许多人没有工作。暴力的环境已经产生了。民主不能在这样的环境下生存，民主也不可能在这样的条件下在几天之内得到发展。

最后一位讲话的将军表达了他的惊讶：美国这样一个有着所有知识和技能的国家居然犯这样的错误，他指的是：伊拉克管理委员会里那些不能让人接受和不诚实的人；糟糕的过渡行政法；去复兴党政策；造成许多家庭没有收入。美国伤害了伊拉克社会的感情。新伊拉克军队建立的方式也成问题。怎么能期望这样一支军队忠于美国，并且同伊拉克人战斗？军队的主要责任是保护国家，而不是打击恐怖主义。

我坐在旁边做记录。我在基尔库克的时候就听过类似的言论。我注意到，伊拉克人用阿拉伯语称我们为"占领军"，而翻译却翻译成"联军"，我们自己才称我们为"联军"。布雷默总结发言说，伊拉克的失业率已经比战争刚结束时低了许多，而且经济在改善。前军队人员正在被招募回新的伊拉克安全部队。就去复兴党问题，布雷默说，政策是没有问题的，但执行的不太好。

不管伊拉克人抱怨什么，布雷默都非常镇静。他提醒这些伊拉克人说，他们现在拥有"自由"——伊拉克军官们对这一点看上去感到迷惑不解。他给出了有关发电、石油出口和军队征兵的一系列数字。毫无疑问，他认为这些数字真实地反映了取得的进步。他对这些伊拉克人说，萨达姆在过去的35年毁掉了这个国家，重建这个国家不可能在一年就完成。他们需要耐心和恒心。

公平地讲，布雷默在最困难的情况下使出了浑身解数来领导联军临时指挥部，同时又要管控来自华盛顿相互矛盾的议程。部署在伊拉克的军队只有150000人，因为拉姆斯菲尔德坚持部署最少的军队，而且想要立刻降低规模，以避免军队介入伊拉克的"国家重建"。陆军参谋长埃里克·辛思吉被解职，因为他提议稳定伊拉克需要三倍以上的军队。布雷默向拉姆斯菲尔德提出增加军队的要求也被无视。

而且，战争之前部门之间的内斗仍然给战后政策的实施带来了许多问题，同时也给联军临时指挥部的存在带来了伤害。联军临时指挥部是从无到有创建起来的，必须要迅速建立自己的程序和结构以及进程。联军临时指挥部总是缺人手，最多的时候，也只有1200人在管理这个国家。填充到各个岗位上的文职人员总是不够，所以不得不把军人派遣到这些岗位上。而且许多安置在岗位上的文职人员都太年轻，缺乏经验，也没有战后重建的经历，而且这些人大多签的都是短期合同。

布雷默虔诚和坚定的宗教信仰似乎让他能坚定地度过最艰难的时期。他特别依赖那些跟他有同样看法但却缺乏地区经历的人。他边缘化了那些有经验和能力的外交官，因为他们对时局有疑虑。

四月份爆出美军在阿布格莱布监狱虐待被关押者的丑闻，这对试图跟伊拉克人建立良好关系的努力是沉重的打击。伊拉克人裸体，被捆绑着和叠罗汉的图片让我们感到极为震惊。军队里有许多人也对这些施虐者感到愤怒，认为这些人亵渎了军旗和他们身上的军装。伊拉克人的反应很复杂。有些人很愤怒。但有些人跟我们说，我们应该对这些人更狠一些，同萨达姆统治之下他们遭受的一切相比，这些根本不算什么。但是在国际媒体上，特别是在阿拉伯世界的媒体上，这些照片对联军的形象造成了不可估量的损害。在萨达姆统治之下，阿布格莱布监狱就以严刑拷打而臭名昭著，现在成了联军野蛮和残忍的象征。由于这个丑闻，更多的人加入叛乱者的行列。

5月5日，联军临时指挥部派了5名官员到阿布格莱布监狱，去了解可以采取什么样的监控手段，我在其中。陪同我们一起去的还有一大轿子车的新闻记者。我们在门口经过了安检，穿过里面的高墙，进入了监狱里面，美国士兵在瞭望塔上俯视我们。我们抵达的时候受到杰奥夫·弥勒少将的迎接。他最近刚从关塔那摩海湾调过来负责清理这里的监狱。

弥勒将军是个很乐观的人。"欢迎你们到中东办得最好的监狱来。"他说。我们站在灼热的阳光下，他接着告诉我们监狱所有的"好消息"。然后又告诉我们不好的消息，媒体上出现了对监狱严刑拷打的指控。"我们感到震惊和尴尬。"他说。他跟我们说，现在这里的军人都已经调防，都是1月份才新来的，局势已经得到了控制。

我们上了一辆大轿子车，在监狱中巡视。我感到很惊讶，已经一年了，但被关押的人仍然在帐篷里，没有房间。被关押的人涌向铁丝网，用阿拉伯语呼喊，有一个人挥动着他的假肢："打倒占领者！""正义在哪里？""我们要我们的权利！"他们中的一人有麦克风，用流利的英文喊出他们的要求。显然，每一个帐篷里都指定了一名"头儿"，并给了一个麦克风，这样方便与看守的军人交流。

我们被领着去看了医疗设备，是一家令人印象深刻的美军野战医院。一些关押人员在反叛者向监狱发射火箭弹时受了伤，仍然在接受治疗。我们接着去了被关押人员裸体照片拍摄的地方。这是一个两层的区域，一排一排的小牢房，过去被关押的人就挤在这里。现在只有五个妇女在这里，一个人一间牢房。他们扯着嗓子喊，说她们遭到虐待，而且还担心将来她们会被如何处置。我们随后又来到审讯室。在这儿，我们得知审讯被外包给了职业的审讯专家。这让我感到惊讶。我觉得审讯当然是政府应该承担的责任。米勒将军告诉我们有53种审讯方式，这些方式都写在美国审讯手册上，网上可以查到。

几天之后，我正好碰到了桑切斯将军，我告诉他我到过阿布格莱布监狱。我告诉他，看到有五名妇女被关在监狱，我感到格外的震惊。他告诉我现在那里只关着三名妇女。"长官，我们把另外两个处决了吗？"我不怀好意地问道。"不，艾玛，"他急着回答说，"我们没有处决她们。"

在阿布格莱布监狱，我看到了人性最坏的一面的证据。由于监狱的监督很差，一些美国军人利用手中的权力在那里制造了一个不正常的世界，通过虐待囚犯获得某种心理满足而打发他们枯燥的日子。这真的让人感到恶心。阿布格莱布是产生邪恶的地方之一。

第 6 章　阿加酋长被暗杀

"伊拉克是一出以悲剧终结的希腊喜剧。但我们认识所有的演员——他们的死亡并没有被搬上舞台。"

引自　梅维尔上校

我正坐在共和宫我的桌子旁,突然看到新闻说阿加酋长遭到暗杀,当时他正在去往基尔库克省委员会的路上。早些时候的报道说,他的车子遭到伏击,伏击者从两辆车上向阿加的车开枪。他的保镖进行了还击,但寡不敌众,他们自己也中枪身亡。阿加酋长,阿加酋长……我清楚地记得他的样子、他的微笑、他说话时那种卡通式的样子。阿加酋长,我在他的陪伴下度过了许多时光。阿加酋长,他曾把我称作他的女儿、贝尔女士。阿加酋长死了?这不可能。

我飞到了基尔库克。我在机场熟悉的土地上转悠,思念过去的复杂情感油然而生,让我心理感慨万千。草长起来了,到处是一簇簇的野黄花。这让我想起毕业之后返回学校的情景。我对这里的每一寸土地都熟悉,但我已经不属于这里。

我同省长以及基尔库克委员会的成员去阿加酋长住的 Hozerain。帐篷里都是悼念者,安静地坐在那里,手里拿着念珠,背景是可兰经的咒语。我走进去听到有人说"艾玛·思盖来了",人群里在传递这个话。我向阿加的儿子表示问候。那个小儿子，曾经常常在政府大楼周围转悠，看上去突然老了许多。我说了几句话："安拉保佑他。""我们都来自上帝，然后回归上帝。"阿加的家人跟我说："你是我们的姐妹。""你是我兄弟的女儿。"阿加酋长真好，跟他的所有家人都提到了我。我从巴格达赶来参加葬礼，他们很感动。

空气里满是悲伤。与悲伤同在的是恐惧。我坐在帐篷里，这里都是男人，只有我一个女人。我想起跟阿加酋长进行的所有谈话，他怎么样跟我描述他被联军逮捕并被扔到铁丝网上，梅维尔上校怎么假装还给他车钥匙，阿加酋长拥抱梅维尔上校，他如何让我们捧腹大笑。

部族开始围着圈跳舞，挥动手中红色和黑色的旗子。他们感到难过和愤怒。我被领到一间房子的里屋。我在那里坐了三个小时倾听。阿加酋长的死让阿拉伯人更深刻地感到库尔德人对他们的恐吓和驱逐。瓦斯菲酋长的房子在前一天晚上遭到了袭击，他现在不敢回家。阿加酋长的死让他获得了生前没有获得的人们的爱戴。

我回到巴格达之后，安排了一个基尔库克阿拉伯人代表团来见布雷默。 我希望这样会减少阿拉伯人报复、示威游行和抵制省委员会的可能性。阿拉伯人担心联军有某种阴谋，要把阿拉伯人从基尔库克赶走，这种担心迫使他们选择陌生的同伴，并被动地为那些袭击联军的人提供庇护。我想要减轻他们这种担心。

我安排在拉希德酒店和会议中心之间的第二个检查站接代表团。过去那里曾经有一条很漂亮的路，现在那里是混凝土障碍物，大滚筒和带刺的铁丝网。美国军人从戴防护的障碍物后面向外面张望。一位军人旁边站着一个翻译，检查要从这里进去的伊拉克人。也许有狙击手正在街对面瞄准着我，但我努力不去想狙击手的事。

伊斯梅尔·阿布迪第一个出现。我们坐在那儿聊了半个小时，其他

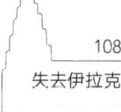

人才抵达。瓦斯菲酋长走在最前面,穿着他最漂亮的袍子很显眼。陪着瓦斯菲的不仅有拉坎、亚西亚和奈福酋长,还有瓦斯菲的亲戚卢克曼(我们关押了他和他的叔叔哈特姆酋长50多天)。卢克曼是瓦斯菲办公室的头儿,也是警察。我对他们说,很高兴见到他们所有人,不过我没有得到许可带额外的客人进入共和宫。

我带他们通过检查站,检查站的人对他们搜身,保证他们没有携带武器。然后他们五个人挤进了我的汽车,我开车带他们到共和宫,我指给他们看,在我们的左边是管理团队。他们每个人都向我诉说了他们最近的情况。我把车停在共和宫前面的停车场,带他们到另外一个检查站,他们在那里照例接受了安全检查。

我把代表团领到布雷默的办公室,在那儿参加会见的还有莱恩·史力彻。瓦斯菲酋长率先发言,详细地阐述了基尔库克的阿拉伯人对战后形势的感受,也谈了他们担心联军把基尔库克交给库尔德人。其他人谈了他们各自的看法。布雷默耐心地听每一个人讲完。我在开会之前给了布雷默一份基本情况介绍。布雷默明白问题的复杂性,最后宣布他会组织一次情况调研,去的人有莱恩·史力彻和我,到基尔库克调查那里的安全情况以及为减缓紧张局势而采取的措施。

会议之后,我陪着基尔库克来的客人到绿色区域的边缘。他们异常地激动,问我认为会议举行的如何。我告诉他们,我认为会议开得很好,他们非常雄辩地阐述了他们的担心。瓦斯菲酋长忍不住咧着嘴笑了。我承诺说,我会很快在基尔库克见到他们。

莱恩·史力彻和我很快来到了基尔库克,会见了所有关键人物。我们向布雷默汇报说,我们对基尔库克的紧张局势感到很不安,这里局势一触即发。造成这种局势主要是由于阿加酋长被暗杀,以及库尔德人对他们在过渡行政法上取得胜利过分得意。阿拉伯人现在已经不参加省委员会会议，土库曼人也加入了阿拉伯人的行列，亚述人也在抵制省委员会会议，显然是抗议一位亚述人警官被杀。省委员会成员宣称，库尔德人做得太过分，而库尔德人的问题又得不到解决，在这种情况下，他们如果参加省委员会会议，他们代表的选民就威胁要暗杀他们。

伊拉克人整天看电视，惊恐地观看联军和伊拉克人之间的战斗。在我随后的访问中，基尔库克人谈论的都是这些。基尔库克副省长居然要求联合国介入，来保护法鲁贾的民众，让他们不致遭到联军的伤害。我见到伊斯梅尔·阿布迪，他对联军和萨德尔分子之间的冲突感到十分震惊。他说："联军不应该致力于消灭什叶派马赫迪军。什叶派马赫迪军不是职业军队。这战斗更像是媒体和公共关系炒作。"

我从驻基尔库克的美军旅那儿听说，穆萨维在他清真寺的房顶上设置的工事。我给清真寺传递了一个口信，要求会见穆德哈发·亚斯。他立刻来到了政府大楼，疲惫不堪，而且不高兴。他抱怨说，联军做出了那么多的承诺，但任何承诺都没有兑现，也没有给人们带来任何东西。他说他认为美国人在伊拉克会待下来。美国人到这来并不是解放伊拉克人。他说，所有这些杀戮让他惊恐万分。目前的一切麻烦暴露了占领的真实面貌。

亚斯说，穆克塔达·萨德尔呼吁美国人撤出伊拉克，释放被关押的人。伊拉克管理委员会并不代表伊拉克人民。至于基尔库克省委员会，亚斯抱怨说，其实已经四分五裂了。这个委员会没有任何权力，也没有事情可做。他说，巴扎尼和塔拉巴尼宣称他们跟布雷默有协议。联军没有任何回应，因此人们认为他们真的跟布雷默有协议。在尼尼微、基尔库克和迪亚拉省，据估计有10万阿拉伯人流离失所，他们大多都是在当年复兴党阿拉伯化政策时来到北方的。

亚斯告诉我，萨德尔分子担心清真寺的安全。他说，联军占领了清真寺周围所有的阵地。我劝他冷静。我不断告诉他，基尔库克的联军不是他的敌人。

以瓦斯菲为首的省委员会中的阿拉伯成员跟我取得了联系，坚持要见我。他们抱怨说，他们没有看到调研取得任何结果。

"阿拉伯人整天都在呼喊和抱怨，看不到所取得的任何成果。"我冷静和坚定地告诉他们，掩饰了我这几个星期以来感到的挫败感。"在过去的几个月里，我出席了你们同布雷默的所有会议，以及你们同史力彻和联合国方面的会议，我都没有发言，现在轮到我说话，你们应该听我说。在过去的统治之下，最受益的是逊尼派阿拉伯人，其他教派都受到了歧视。战争一结束时，权力平衡发生了变化，其他派别占了上风而你们处于下风。然而，你们现在的处境比战争刚结束时已经好了许多。"

我赞扬了他们在取得这一切时的领导力；也赞扬了他们在阿加酋长被暗杀后保持了这个省的平静。"现在悼念期已经过去了，"我说。"你们应该回到省委员会，因为这个省的人民需要你们。"基尔库克人民前面的道路很艰难。基尔库克的领导人需要创造对未来的愿景，把这个省建设成一个繁荣的省，有兴旺发达的经济社团，有一个民间社会，有一个能够分享权力的稳定的地方政府体系。

这些阿拉伯人点头表示同意。但他们要求获得帮助，让他们所代表的选民同意他们返回省委员会。我指出，现在离主权移交只有 80 天了。如果他们拒绝在一定前提条件都满足之前返回省委员会，那么他们就会浪费宝贵的时间，因为在此期间有许多重要的议题需要讨论。结果，在接下来举行的省委员会会议上，库尔德人、阿拉伯人、土库曼人和亚述人成员悉数出席。省委员会又恢复了正常工作。

莱恩·史力彻和我给布雷默发了一系列的信息和行动备忘录，给华盛顿发了电报。我们强调说，对于库尔德人，拥有基尔库克会极大地增强他们经济的自主性,也进一步迈向他们梦寐以求的独立。正因为如此,土耳其、伊朗和阿拉伯国家政府对库尔德人的基尔库克志向是抱有怀疑态度的。

建立一个基尔库克基金会是基尔库克最终实现和平的关键战略。这个基金会应该成为防止冲突的工具。基尔库克基金会旨在把基尔库克所有社团的领导层聚在一起为基尔库克建立一个共同的愿景。通过一亿美元的资助,基金会能够为实现这个愿景提供客观的资源,这个愿景的实现需要国际的帮助和监督。要把政治格局从目前时间表驱动的"数字游戏"转变为以寻求更广泛相互利益为基础的对话,基金会是一个主要的工具。

在布雷默办公室同他会面时,我描述了基尔库克特别地位的两个选项——重的和轻的。我们的共识是,我们不会通过大量国际投资而对基尔库克实现国际管理,因为这样做会对伊拉克的主权构成一种明显的例外。在第二个选项上,我描述了如何让一个特别联系人每隔几周就到基尔库克去一次,承担中间人的角色,这样各不同组织可以向这位联系人倾诉他们的意见和怨愤。布雷默说,他喜欢这个选项。我跟她说:"长官,6月以后您要找工作。也许您可以考虑这个职位?"他笑了,翻着他的记录本说:"艾玛,瞧瞧我6月份之后有多少事情要做啊。这不是我要做的事。"

我们给华盛顿发电报要求在基尔库克最终地位问题上得到指导,但华盛顿并没有答复;就联合国安理会给予基尔库克特别地位和特别联系人的问题也没有答复;由国际显赫人物在基尔库克基金会担任职务的建议同样未得到答复。在修订的联合国决议中基尔库克"特别地位"的提法居然不见了。

5月中旬,我来到巴格达已经三个多月,布雷默大使同塔拉巴尼和巴扎尼在库尔德斯坦会晤讨论基尔库克问题终于要实现了。这次访问正好赶上布莱克·维尔返回伊拉克"帮助"拉加德·布拉希米选择临时政府。布莱克·维尔成立了自己的办公室，制造了一种秘密的气氛，显然担心对华盛顿的泄露可能会使整个过程泡汤。英国大使大卫·里士满提出陪布雷默北上访问，但遭到拒绝。高级英国官员现在被排除在重要会议之外。这一切都发生在我级别以上——我少说话多做事。

布雷默同意麦格汗·奥苏利文和我应该作为工作人员陪同他一起去北部，我们为他准备了讲话要点和情况介绍内容。我步行到了直升机降落地点（一天之前这里遭到了迫击炮炮轰），我在黑鹰直升机上坐到了我的位子上。焦急地等待布莱克·维尔，担心他会要求我这个非美国人下飞机。可他上了飞机，戴着棒球帽，看上去很平和，也没有发表任何议论。

几个小时之后，我们在萨里拉什城降落。天很凉，还下着雨，这让我想起了家乡。马苏德·巴扎尼来迎接我们，把我们带到接待室喝茶，然后我们才进入一个单独的会议室。麦格汗和我分别坐在布雷默的两边，巴扎尼在我们对面。布雷默完全按照我们准备的讲稿讲。他谈到联军同库尔德人的密切关系，双方都认为伊拉克未来应该是一个民主和多元的国家。他还谈到美国致力于同库尔德人发展持久的关系。他说，基尔库克对伊拉克，整个地区，美国和国际社会都具有地理战略重要性。

布雷默描述了库尔德斯坦爱国联盟和库尔德斯坦民主党的一些"过激行为"如何增加了基尔库克的紧张局势。布雷默承认，前政权在基尔库克做了许多不义的事情，包括迫使库尔德人离开家园，强迫人们改变民族，使人们没有工作和生活来源。他说，有必要将库尔德"影子政府"融入基尔库克的地方管理机构。他承认，这些问题不是一夜之间就能够解决的。

巴扎尼安静地坐在那里，他的眼睛一会看着布雷默，一会儿看着我。

他感谢我们的关心，希望库尔德人和美国的关系继续发展并在未来发展得更好。他说，他和贾拉拉·塔拉巴尼在基尔库克的问题上面临来自库尔德人的很大压力。找到正确的解决方案很重要。我们到库尔德斯坦民主党的客房去用午餐。拉加德·布拉希米和他的团队也在那里，他们在私下讨论新临时政府的人选问题。

吃过饭之后，我们飞往杜坎湖。去年我们曾经在这个度假的地方庆祝美国独立日。贾拉拉·塔拉巴尼和巴汉姆·萨利赫在直升机降落的地方迎接我们，之后我们立即赶往库尔德斯坦爱国联盟的会客室去谈正事。布雷默的前面没有放他的手稿，但他把同巴扎尼的会晤掌控得很好，我觉得我没有理由担心。他上来就讲联军如何爱戴库尔德人，但他略去了下一个环节——那一部分他应该强调库尔德人遭受的苦难——直接谈到库尔德人的不当行为。

贾拉拉·塔拉巴尼坐在那儿很不安。布雷默一讲完，塔拉巴尼就转向我，脱口而出："你向着阿拉伯人和土库曼人！"然后，他就开始向我们讲述库尔德人的苦难，村庄被毁掉，整个民族被边缘化。他提到1920年的奥斯曼帝国和联盟签订的塞佛尔条约如何给予库尔德人独立的希望，但这个协定从来都没有获得批准，结果被1923年洛桑协定所取代，而这个协定根本就没有提到库尔德人。英国人原本并没有打算镇压库尔德人。丘吉尔一开始想要让库尔德人独立，但之后又轰炸库尔德人。英国人试图通过马哈茂德酋长来统治库尔德人，但马哈茂德领导了一系列起义反对英国人。"你知道人们怎么称呼你吗？"他问我。"格特鲁德·贝尔！"当然，同阿加酋长这样称呼我不同，他这样称呼我并不是一种褒奖。他指责格特鲁德·贝尔把库尔德人兼并进了伊拉克。"你是反库尔德人的！"塔拉巴尼高声说。

布雷默大吃了一惊。接着塔拉巴尼就跟我展开了一场"历史的讨论"，这时布雷默站起来，走到桌子那儿拿了一盘甜点和水果。伊拉克人开始谈论历史，他很快就觉得烦了。他想要让伊拉克人展望未来。塔拉巴尼继续抱怨安全部队中的复兴党分子：穆克塔达·萨德尔、伊拉克土库曼阵线和阿拉伯化的阿拉伯人结成了联盟反对库尔德人。"阿拉伯化阿拉伯人必须离开"，他说。他宣称库尔德斯坦爱国联盟给 7000 名"好的阿拉伯人"开工资。他承认有库尔德极端分子在基尔库克制造麻烦，到处涂画库尔德斯坦旗帜，这让他感到很恼火。他打算暂时做出妥协，让基尔库克成为一个"独立的行政区"。但是五到六年之后，他们会谋求基尔库克独立。

抒发完了胸中这一切，塔拉巴尼觉得好多了。在我离开房间的时候，他走过来，把他的手臂搭在我身上。"艾玛……你叫什么来着？""艾玛·贝尔，"我回答说。这让他很高兴。"是的，"他说，"艾玛·贝尔。"吃饭之前，布莱克·维尔、巴哈姆和我在外面散步，我们站在游泳池边，欣赏杜坎湖的景色。巴哈姆转向我说，我应该同意把基尔库克交给库尔德人。"过去交易就是以这样的方式达成的，在喝酒的时候或者在阳台上。"他逗我说。

吃饭的时候，布雷默、巴哈姆和我坐在一边，对面是塔拉巴尼、布莱克·维尔和麦格汗。塔拉巴尼仍然准备战斗——我是他的目标。"你必须把基尔库克给我们！"他对我说，接着他又谈到了历史，谈到 C.J. 埃德蒙兹和旋转舞。"基尔库克是库尔德斯坦的一部分，你必须把这地方交给我们！"随着夜色渐深，大家喝了不少酒。布雷默平时是不喝酒的，但也让自己放纵一下喝了一点，好放松放松。巴哈姆央求我："你，英国人，教训教训我，给我个护照……把基尔库克给我。"布莱克·维尔开玩笑说，他看到巴哈姆和我晚饭之前在阳台上握手达成了协议。巴哈姆强调说，每个人都预计基尔库克会陷入内战，可是内战却没有发生。"我必须承认是艾玛没有让基尔库克成为一只斗狗,"他说。

晚餐就要结束时,塔拉巴尼站了起来,举杯为布什总统祝福,说他希望布什总统再次当选。大家都跳了起来,高升喊道:"听听,听听!"我惊恐地看着巴哈姆。他笑出了声,小声对我耳语:"谁都不应该干涉别的国家的内部事务。"他举起酒杯,"为女王陛下干杯。"我们起立举杯为女王陛下干杯。

晚餐结束时,我说:"贾拉勒先生,代表女王陛下政府,我首先对创立伊拉克这个国家表示道歉。其次,对把库尔德人并入这个国家表示道歉。"塔拉巴尼脸上绽出了笑容,过来拥抱并亲吻我。他送给我一副很漂亮的象棋。

五月快要结束的一个下午,我返回了基尔库克。我那天晚上住在基尔库克北方石油公司,伊斯梅尔·阿布迪过来见我。我们坐在房顶上聊天。他回忆起我们第一次见面的情景。他说我当时只给了他三分钟时间。我不记得那次会面了,不过可能他说的是对的,因为当时每天有数百人到政府大楼,报告萨达姆的下落,大规模杀伤武器和复兴党分子的下落。我们回想当时伊斯梅尔是愤怒的极端什叶派人士,公开反对省长和省委员会,反对联军对伊拉克的占领。所有人——包括联军部队都想把他关起来。

我们回忆起他被绑架的情况,梅维尔上校和我如何全程到处寻找他。在他被释放之后,我如何拥抱和亲吻他,他当时笑了,高兴但感到窘迫,告诉我说以后再不要这样了。我们还回忆起新年除夕的示威游行,他在组织示威游行中发挥的重要作用,示威主要是表达阿拉伯人和土库曼人对基尔库克成为库尔德斯坦一部分的反对。我们怎么能忘记那样一次重要的示威呢?我当时曾试图劝说他不要组织示威,在那次示威中四个年轻人被射杀。

伊斯梅尔·阿布迪仍然记得萨哈先生，一位记者，也是伊斯梅尔的朋友。他最近借了伊斯梅尔的车，结果遭到暗杀，暗杀的人以为车里的人是伊斯梅尔。最近逮捕了一批阿拉伯什叶派人士，我们讨论了这一问题。几天前，联军驻基尔库克的军队袭击了城里12个不同的地点，包括胡塞尼清真寺。穆萨维当时不在清真寺。美国士兵在清真寺缴获了AK-47突击步枪、机关枪和手榴弹。伊斯梅尔宣称，他们并没有谋划武装暴动。穆萨维和我之间的那个信使也被逮捕了。伊斯梅尔请求我做工作，争取让萨德尔分子获得释放。

伊斯梅尔谈了他在就业办公室的工作。目前有50000人登记为失业者。已经有10000找到了工作，附属于就业中心的职业培训中心为许多失业者提供培训。我夸奖他的工作时，他咧着嘴笑了。

我们还谈论到6月30日的最后期限，占领即将结束。我告诉他说，我也要离开了。"不，告诉我这不是真的。"他说。我们俩在黑暗中坐在房顶上，脸上都流淌着泪水。"这一年完全改变了我的生活，也改变了我的想法。"他对我说。他接着讲述他如何意识到联军在这里是帮助重建伊拉克的；他还说我是他第一个女性朋友。我也讲述了在伊拉克的这一年如何使自己发生完全的改变。我告诉他，我们的友谊会持续许多年，我们可以写信，通电话，也可以经常到对方的国家探访对方。

第二天早上8点钟，按照约定，基尔库克逊尼派阿拉伯人副省长伊斯梅尔·哈迪迪开车来接我。我又一次打破了所有的规矩，前往逊尼派三角地，逊尼派的核心地带，那里正在发生叛乱。跟我们同行的有伊斯梅尔的助手（土库曼逊尼派），他开车，还有管电力的负责人阿布·卡拉巴，是土库曼什叶派人士。跟在我们后面的是穿得脏兮兮的一组政府大楼安全保卫人员。我们跟这些保卫人员通过无线电联系。我们走的是小路，路上碰到农民和他们放羊的牲口群。我们有时候会碰到认识的人，这时就停下车来，跟认识的人打招呼。我通过他们的眼睛观察他们的世界。我们看不到联军部队。警察穿着新军装守在检查站。在这片土地上出现了一切正常的感觉。

我们出现在哈维贾委员会会议上。副省长坐在市长阿布·萨达姆旁边会议主席的位置。我坐在边上。"艾玛·思盖，你好！"大家和我打招呼。我把右手抬到额头表示敬礼，然后把手放到胸前。副省长宣布开会。他先发言，说在新伊拉克每个人都有自己的工作，没有人被边缘化。他说："我们今天有一位客人，艾玛·思盖，你们都认识她，她为你们所有人辛勤地工作。"大家齐声说："谢谢你，艾玛·思盖。"会议继续进行，讨论了电和农产品价格问题。会议没有提到联军占领，一切都是那么正常。

会议结束之后，我们前往参观一个沥青厂，这个厂运转很好；污水处理厂是美国资助的；足球馆是通过一个非政府组织帮助建立的。他们正在商量跟附近的阿拉伯城镇举行比赛。伊斯梅尔说，他们也应该跟北部省份的迪比斯和阿尔顿·考普雷城进行比赛。我在哈维贾走得迷路了，伊斯梅尔说，我会让他们付出沉重代价。我们所有人都笑了——但我们都知道我是暗杀的主要目标。一辆警车一直把我们送到城市的附近。

我们驱车前往利亚德，一路上跟着收音机唱歌。我们在车里拿不同的民族开玩笑，车上有阿拉伯人、土库曼人和英国人。"你是什叶派还是逊尼派？"他们问我。"犹太人。"我回答说。他们放声大笑，并一起拍手。伊斯梅尔说一个他们经常重复的笑话。在利亚德，我们会见了当地的委员会，讨论了电力情况并倾听了他们的需要。

到了哈桑酋长家，他和他兄弟显然在基尔库克为阿拉伯社团抢占了一栋楼房。他们的另一个兄弟跟我们说，他们很快就会回来，说我们应该等他们回来一起吃午饭。我们坐在大房间里聊天，歪倒在垫子上。一个小时过去了，我们一个接一个睡着了。两个小时之后，哈桑酋长回来，发现我在他的起居室里缩成一团。

"艾玛女士，很高兴见到你。"他说，我们握手时都笑了。我们坐下来一起用餐，我们俩人无视屋里的其他人，一会儿用阿拉伯语一会儿用英语交谈。我上一次见到他还是三个月之前，那次就在这个房间，召开了阿拉伯部族会议，有什叶派也有逊尼派的人士参加。我们相互了解最新的情况。我问他怎么样。"不怎么样。"他说，摇了摇他的头。他很担心。

哈桑酋长问我梅维尔上校的消息。我告诉他，我最近跟梅维尔上校通过话，把梅维尔上校的情况告诉了他。我看到哈桑眼睛一亮。"梅维尔上校是我的朋友。我喜欢梅维尔上校……"我们相互不断打断对方的话。我告诉他，梅维尔上校总会问起他，想要知道他的消息。

哈桑酋长抱怨说，库尔德人有塔拉巴尼和巴扎尼，但在巴格达没有人代表基尔库克的阿拉伯人。我向他保证，阿拉伯人的声音已经被听到了，而且得到了理解。我建议他考虑建立一个新政党，代表所有基尔库克人，而且对未来有一个积极的愿景。他可以吸引许多独立的库尔德人，阿拉伯逊尼派和什叶派人士，以及土库曼人。"塔拉巴尼已经邀请我去见他，"哈桑酋长告诉我。"你必须去。"我鼓励他说。我告诉他，许多他的库尔德兄弟都被从这个省驱逐了出去，他们现在想要回来。他应该欢迎他们返乡，帮助他们重建自己的村庄，同他们一起工作。他点点头说，"我们一点也不反对他们。"

我本来应该跟哈桑酋长多待几个小时，但我的同伴把我拽走了。由于他的家庭纠纷，我们没法告诉哈桑，我们要去拜访他的叔叔安瓦尔·阿西酋长。阿西酋长是欧贝迪斯至高无上的酋长。我走之前，哈桑酋长说他会来巴格达看我。我们吃过了饭，也休息好了，精神抖擞地驱车向南直奔安瓦尔酋长的家。我们路过了一个交通岗，警察在熟睡——正是下午睡觉的时间（热带国家有下午睡觉的习惯）。我们接近哈马林山系的时

安瓦尔酋长

候,乡村逐渐变成了沙漠。我们行驶在提克里特的路上。已经好几个月联军没有人走这条路了。这条路太危险。行驶了40分钟之后,我们转到一条通往拉米尔村的路上,在村子里一栋主要房子前面停了下来。这时是下午5点左右,村庄里万籁俱寂,所有的人都在睡觉。

伊斯梅尔·哈迪迪走进了房子,大声告诉房子里的人"艾玛·思盖来访"。我脱下靴子,站在入口。安瓦尔酋长出来了,笑着跟我们握手。"艾玛·思盖,你好,你好!"他问我在这一带做什么。我告诉他,我在这儿是一个旅游者。"旅游者,旅游者,这里除了沙子,没有东西可看!"我们大家都笑了起来。我告诉他,我到他这里来就是作为一个客人来看他,而不是作为一个占领者。

瓦斯菲酋长走进屋里，我起身跟他打招呼。我跟他说，我今天到了哈维贾、利亚德和亚赤——他已经听说了这个消息。我告诉他说，虽然我与伊斯梅尔·哈迪迪同行，但没有遭到暗杀。瓦斯菲酋长称伊斯梅尔·哈迪迪为库尔德人的朋友。安瓦尔酋长说，我可以到这个地区任何我喜欢的地方去旅行，没有人会伤害我。他说，如果我是美国人，情况就会大不一样了。我们两人心里都明白，事实并不是如此。我认识的两名日本外交官就在几个月前遭到了暗杀。让我免遭毒手的是我的阿拉伯朋友。没有人会想象得到，他们的车里会有一个外国人。

我们又一次讨论了英国人和美国人的不同之处。安瓦尔说，英国人理解伊拉克人，而美国人什么都不懂。这种看法反映了当时英国人与部落一起工作时留给他们的印象。我指出，我们国家的人上一次在伊拉克做得并不够好；伊拉克是一个很难管理的国家；美国人有更多经验会做得更好。"哦，别这么说！"他们嘟囔道。

联军占领这个国家已经一年，我问他们对此怎么看。他们说的还是他们平常所指出的联军的错误。他们问我怎么想。我告诉他们，我认为在当今时代外国军队占领一个国家是不会成功的。我接着说，我希望伊拉克相比过去有一个更好的未来。他们问我在巴格达的生活。我说"很糟糕。"向他们描述了我如何住在地下。

安瓦尔酋长回忆起第一次见到我时的情景。那是在政府大楼。他回忆说，那天都是梅维尔上校在说，我一句话也没有说。不过他没有说，那天会面是因为他的亲戚哈特姆酋长和鲁克曼遭到逮捕。我并没有把这些人看成是对美国的威胁。他们不是全球反恐战争的一部分，他们只不过反对外国军队在他们自己的领土上而已。

伊斯梅尔·哈迪迪称赞梅维尔上校，说他具有领导者的素质。安瓦尔酋长点头表示同意，然后说："梅维尔上校让我头疼！"我们都笑了。梅维尔上校的确给了他许多的压力，甚至有一段时间把飞机开到他房子上面，劝说他停止攻击联军部队。安瓦尔酋长说，梅维尔上校阻止了他手下的一名军官摧毁他们所有的村庄，他说他对这一点非常感激。他报告说，同新来的联军部队关系处得很好。新来的部队表现得很温和。他提到梅维尔上校邀请他到美国去看看那里的民主。"如果这是民主（他指的是混乱），"安瓦尔宣称，"我们并不想再看到任何这样的民主。"

我穿上我的美国靴子，大家都出来挥手跟我们告别。安瓦尔酋长说："她是作为客人来的，可她穿的仍然是美国靴子！"我笑了，告诉他，30天之后这靴子也要离开伊拉克了。安瓦尔酋长说："你友好来访，我们永远欢迎你，艾玛·思盖。永远平安。"

我们驱车返回基尔库克，经过拉沙德时停留下来观看了一场足球比赛。两支球队都穿着颜色鲜艳的新球衣和球鞋，热情的球迷为他们欢呼。我们在电力部门停下来，测试电力系统。整个地区的电力系统都很好，只在附近有些问题。在我们驱车往回走的路上，阿布·卡拉巴环视周围的乡村田园风光，说道："生活中最重要的是安全，不是水和电，最重要的是安全。托福安拉，这个地区是个安全的地方。"

第二天，大约100人聚集在政府大楼，跟联合国选举团队的代表卡洛斯·委内瑞拉讨论选举的进程。我待了半个小时，就跟副省长溜了出去。我们去访问失去家园的库尔德人，并评估他们的生活条件。副省长决定跟我一起去。我们组织了一个车队，前面是一个骑蓝色摩托车的警察。我跟副省长、阿布·卡拉巴和库尔德斯坦爱国联盟的阿布·巴拉迪亚坐在汽车里。我们行驶过桥，我们的左边是公寓大楼，什叶派阿拉伯人住在这里，车向右拐驶入一个区，这个区到处都是库尔德斯坦爱国联盟和库尔德斯坦民主党的涂鸦，然后我们进入了体育馆。

体育馆的入口有一个牌子，上面写着"库尔德斯坦体育馆"。我跟省长到处走了走，观察帐篷和这里的生活条件。比起我上次来到这里，情况变得更糟糕了。临时搭建的房子里很脏，无精打采和生病的孩子们坐在里面，房子周围都是排泄物和苍蝇。没有非政府组织的牌子。我们从一个临时搭建的房子转到另一个，媒体跟着我们。省长问住在这里的人，他们从哪儿来。阿布·巴拉迪亚为我把库尔德语翻译成阿拉伯语。联军临时政府敦促失去家园的人们在他们现在待的地方再待一年，承诺会实施一项让他们返回家园的项目，实施建房项目并提供援助重建萨达姆毁掉的村庄。我悲哀地意识到，我们永远也做不到承诺的一切。

我们跟省长告别，驱车前往夸兰吉尔村，这个村在同苏雷曼尼亚省交界的地方，库尔德人正在那里忙着重建村庄。我们走进地方镇长法拉赫的办公室。伊斯梅尔·哈迪迪坐在那儿跟法拉赫攀谈，我环视屋里，看到一张库尔德斯坦地图，这张地图上的库尔德斯坦包括伊拉克北部，扎别尔·哈姆伦（Jebel Hamrin）山脉，土耳其的一半和叙利亚北部。

伊斯梅尔把我送回到基尔库克。他指着陪同我们的警察笑着说，他们原本都是"自由斗士"。"非常感谢自由斗士。"我用库尔德语对他们表示感谢，再次把手举到额头，然后放到心的位置。我同陪我旅行的同伴们告别，他们有阿拉伯人、库尔德人和土库曼人。伊斯梅尔跟我握手说，"再见，再见，再见。"只有在伊拉克这个国家，"再见"跟英文中"hello"的发音是一样的。

第 7 章　跟这一切告别

> 饥饿来自南方，
> 争斗来自西方，
> 暴风雨警报来自北方，
> 风斗士来自东方，
> 风斗士像刀子扎在你身上。
>
> 摘自：詹姆斯·芬顿

伊拉克的局势在继续变糟，整个国家的安全局势在日益恶化。可我们在巴格达感到无能为力，什么也做不了。因为无法影响这个国家未来向何处去，大家喝酒，数着日子等待离开。我的思绪也转向了伊拉克之后的生活——我自己的家，而不是临时房屋。老朋友、寿司……我明白我不会得到像接待英雄一样的欢迎。恐怕我回到英国就像越战的老兵，因为参加了一场非常不受欢迎的战争而遭到社会的摒弃。

联军临时指挥部的告别晚会在共和宫的游泳池边上举行。这个晚会举行得比较早，因为大家在 6 月份不同的时间离开，包括治理团队的大多数成员。我享用外面的烧烤，也享受晚会的气氛。大卫·里士满宣读了一封布莱尔的信，对我们所做的辛勤工作表示感谢。晚会上还播放了布什总统的视频，赞扬美国人的工作。布雷默走上台，首先提到英国人。

我们这些直率的少数发出了雷鸣般的欢呼。布雷默大使的发言显然是他自己写的，充满了幽默。他提到了我们经历过的所有磨难，从食品和住所到不断受到的袭击。在以后的日子里，他说，我们会记住我们如何为伊拉克的民主建设做出了贡献。

我们可以听到枪声。在伊拉克的日子，有太多的经历会让我永生难忘，但是民主建设并不在其中。

伊拉克管理委员会很难接受自己即将解散的事实，坚持要让加齐酋长，而不是美国人选择的阿德南·帕查基成为伊拉克总统。艾哈迈德·沙拉比跟美国人关系彻底搞糟了。5月份有传闻说，伊朗的情报部门曾经操纵美国，让美国搞掉萨达姆，而他们就是通过沙拉比传递了假信息。沙拉比的情报收集项目也向伊朗人通报了美国人所做的一切，把秘密情报传给了伊朗人。国防部停止向沙拉比支付34万美元的月薪，而且他也没有被提名在临时政府中担任重要职务。

6月1日，临时政府举行宣誓就职仪式。我陪同各省来的伊拉克官员参加仪式，直到最后时刻才披露这些人来自哪里。我碰到了伊斯梅尔·哈迪迪，他是基尔库克省的副省长，还见到了基尔库克省委员会的主席塔赫辛。我们正在深入地交谈，附近发出了巨大的爆炸声。我们对这样的情况都已经习惯了，但这爆炸声还是让一些外国外交官决定离开，他们嘟囔着说，联军不能够提供必要的安全保障。

看着新临时政府宣誓就职，我们有一种强烈的解脱感。伊拉克人正式自己管理自己的国家了。联军临时指挥部再有不到一个月就要解散了。

我陪同布雷默会见了加齐·亚瓦尔酋长。几个星期之前，我同布雷默和加齐一起去了摩苏尔。我们乘飞机飞回到巴格达时，布雷默的车等在机场，可是却看不到加齐酋长的车。我告诉加齐酋长，我们俩得搭车了。他拉起他的白袍子，露出他的左腿，与此同时用他的右腿跳，布雷默的车子驶过时,他挥动着拇指。我们都笑了。现在加齐·亚瓦尔是伊拉克总统了。

布雷默会见伊始就提到加齐最近出席了在美国召开的八国集团首脑会议。加齐说他太高兴了,他过去从来没有想象到会有一天当上伊拉克总统,在一个星期之内他还要会见美国总统。布雷默提到了基尔库克基金会的事,邀请总统同他一起去基尔库克宣布这个基金会成立。加齐听到基金会这个概念非常兴奋,他立刻明白他作为总统可以发挥作用,使基尔库克实现和解。他自己来自摩苏尔,所以他了解问题的复杂性。

我从会议室出来在过道碰到了阿雅德·阿拉维。我们相视而笑。我最近到他在巴格达的家吃过饭,他家在绿色区域之外,我们当时一边喝酒一边聊天,外面到处是枪声,人们在庆祝伊拉克足球队取得了比赛胜利。现在阿拉维是伊拉克总理。

6月23日,我同布雷默和加齐一起飞往基尔库克。我们降落在机场之后,走进一个大集装箱里,这个集装箱临时用作举行会议的地方——由于安全的原因布雷默不能够冒险到基尔库克的政府大楼。基尔库克的重要人物都聚在一起参加这个会议,会议笼罩在秘密的气氛中。我站在边上,看着库尔德人、阿拉伯人和土库曼人这些熟悉的脸孔。

布雷默在讲台上发言。上个星期我跟布雷默讲稿的撰写者在一起,确保讲稿中出现关键的词语,并把"作恶者"的提法拿掉,要不然这个提法会贯穿整个讲话。他讲到,构成这个国家丰富多彩的人类图案,伊拉克所有不同民族和派别都在基尔库克,他们是库尔德人、阿拉伯人、土库曼人和基督教徒。他告诉他们,基尔库克人民是这个省最宝贵的资产,他们是点亮这座城市不灭的火焰。他宣布成立基尔库克基金会,伊拉克预算拨出1亿美金作为第一笔馈赠。他以自己标志性的口号——祝贺新伊拉克诞生!伊拉克万岁!——结束演讲。

布雷默讲话之后，带着他的随行人员离开，象征着联军的退出，新临时政府入主。加齐酋长之后做了一个小时的发言。他还高兴地接受了基尔库克人的提问，并雄辩地回答了他们的问题。

对我而言，这是向这个省的人民说再见的最后机会。我不知道什么时候还会再见到这些人中的任何人。不过我对自己做出承诺，有一天我会回来，同他们一起聊聊他们历史上这段非同寻常的时期，正是在这个时期，我们的生活如此地相互交织在一起。

我们分别乘坐直升机飞回到巴格达。加齐酋长从他的直升机上一下来，就把我叫过去，也把联军发言人丹·瑟纳叫过去，然后他就开始吐槽。他回来时坐在直升机上，直升机的门是开着的。风把他头上的盖头吹掉了，把他的袍子吹得乱七八糟。他对我们咆哮，倒不是因为他作为一个人受到羞辱，而是作为伊拉克的总统受到羞辱。他真的发怒了。我向他诚恳地道歉，说这显然是失误，绝对不是故意的。我后来到他的总统办公室，被告知就是因为这次旅行，他的一条腿出了毛病，听力也受到了影响，鼻窦也出现了问题，所以他拒绝接听电话。

经过几天的修养，总统再次出现，主持了基尔库克基金会董事会的第一次会议。董事会需要迅速行动在特拉华建立基金会，把1亿美金转到英国的一个账户，然后在6月30日实现政权的移交。我在离开伊拉克几个星期之后才知道，基金并没有及时转走，因为联军临时指挥部提前移交了伊拉克的主权。经过这几个月的忙乎，这个基金会居然没有建立，这真是令人气愤。

一个下午，加齐酋长给我打了个电话。"总统你好，"我说。"不要这样叫我，"他回答说，"叫我加齐。"我笑了。他给我打电话是想要表达他的愤怒，他说他的安全警卫，最近接受了美国海军海豹突击队的训练时，居然被美国士兵摔倒在地上。我再次为上次乘坐直升机的事向他道歉。我鼓励他要有耐心。伊拉克恢复主权，联军临时指挥部结束历史使命，也就是几天的时间了。他提到了共和宫。这个宫是伊拉克主权的象征，但美国人却没有把这个宫移交给伊拉克临时政府。美国人把这个宫改造成美国大使馆，"对伊拉克这是多大的羞辱啊。"他不无遗憾地说。

6月30日即将到来，对绿色区域的攻击也上了一个档次；像以往一样，我们很少接到信息，告知火箭或者迫击炮弹落在哪里。伊拉克安全部队出现在越来越多的地方，可是餐馆仍然是禁区，即使在绿色区域内，不乘坐有装甲的车辆也不可以随便到处走动。

6月27日周日，我把东西都整理包装好了。第173空降旅的纪念物品仔细地跟皮革做的老秤（这些老秤后来都改为挂篮）、塔拉巴尼送我的象棋和基尔库克人送我的礼物放在一起。国际快递告诫我们，周日是最后一天，他们会工作到管辖权交接之后——大家都预计叛乱分子会在主权交接那天发动特别的袭击。

就在那天晚上，在海洋悬崖的酒吧外面，别人小声告诉我，我需要在早上同布雷默和特别选出的一组人一起离开。我们离开的日子提前了两天。我赶紧一大早赶到共和宫，因为有邮件要回复，有文件要存在存储卡，文件夹要挪到共享的服务器里。再见了！可我们的离开是秘密的，怎么说再见呢？

我站在直升机降落的地方。一架支奴干直升机是接新闻记者的，另外一架是接布雷默一行的。巴哈姆·萨利赫，现在是伊拉克的总理，也来了。我们拥抱。"你也走吗？"他问我。我点点头。"我会想念你。"他说。我的眼里满是泪水。我真的怀念这些人，我真的会怀念伊拉克。

布雷默、大卫·里士满和其他人在15分钟之内都上了直升机。支奴干直升机起飞了。我的脸上流淌着泪水。我哭泣是因为要离开"这个两河流域之间的土地"。我是为伊拉克人民哭泣，萨达姆暴政的枷锁从他们的身上摘了下来，结果他们却看到了国家的崩溃，感受到了外国统治下的羞辱，遭受到任意的暴力袭击。我为基尔库克和我的朋友们哭泣，他们期望有一个美好的未来，但却担心遭受到暗杀。我清晰地记得那些已经死去的基尔库克委员会成员们的面容：他们是阿加酋长、奈福酋长和亚西亚·哈迪迪，他们都是被暗杀身亡；穆斯塔法·科迈尔和尼扎姆·阿尔丁·加里死于汽车撞车事故。

巴哈姆拿出一张纸，给我写了一个条，说今天是伊拉克占领者离开的日子，陪同一起离开的有"伊拉克的前主人"，塔拉巴尼喜欢这样称呼英国人。他把条子拿给布雷默看。我们看完条子都笑了。照相机捕捉到了这一瞬间。

我们抵达了巴格达机场。我们在这里跟桑切斯将军做最后道别。大家到处转悠闲聊。我开玩笑说，我们是电影"音乐之声"中的冯·崔普家庭——在电影中，家里的每一个人都在等待大的演出，但根本就没有演出了，因为我们，像电影中的崔普家庭，出走了。

我转向布雷默跟他道别。他夸奖我工作特别努力，尤其是在基尔库克做了大量工作。我实在想不出来说什么。因此，我感谢他提供给我机会在他手下工作。一切都在几秒钟之内结束了。我看着布雷默和巴哈姆·萨利赫走向一架飞机，握手并相互说再见。这个瞬间通过媒体报道传遍了整个世界。人们不知道的是，布雷默穿过那架飞机，走下悬梯，又上了另外一架飞机。这是出于安全考虑做的安排。

我乘坐大力神 C-130 运输机离开。飞机升空之后，被击落的危险已经很小了。我的思绪转到了我身置其中的联军，这是由空想者和理想主义者组成的现代版的十字军，他们无知、傲慢和天真。这些人相信他们能够给伊拉克带来自由民主，从而给整个中东带来自由民主；他们认为萨达姆跟拉登有联系，于是认为这场战争是反恐战争重要的一部分；他们认为伊拉克人会永远为摆脱萨达姆暴政获得自由而感激不尽；他们还认为伊拉克人会喜欢美国。许多美国人由于9·11恐怖袭击而志愿来到伊拉克，以这种方式为他们的国家效力，让美国更安全，让美国人在本土不再流血。我开始为那些所有在这场战争中丧生的人而哭泣。

几个小时之后，我坐在科威特喜来登酒店舒适的房间里。我乘坐C-130运输机的日子结束了。第二天，我乘坐英国航空公司航班舒适的公务舱返回英国。我拿起一张英文报纸，报纸的头版上是萨达姆在法庭的图片。他穿着西服，胡子也修剪过了。他看上去比刚被逮捕的时候气色好多了。我看着这张照片，他怎么会对人类犯下如此罪行呢？最近发现的大墓坑里，萨达姆把数万伊拉克人埋葬在里面。

我不知道这个审判对伊拉克和整个中东会产生什么样的影响。会起到心灵净化的作用吗？会有助于伊拉克人消除他们在萨达姆统治下遭受的恐惧吗？会加深阿拉伯人和库尔德人之间，以及逊尼派和什叶派之间的裂痕吗？这片土地上已经流了那么多的血，什么时候流血才能停止呢？无论多少萨达姆的雕像被推到，无论多少萨达姆的标语被撤掉，对萨达姆的感觉仍然留在每一个伊拉克人的心里。在他死以后的很长时间里，人们仍然能够感受到他的存在。

我终于回到我在曼彻斯特的家。穿上黑色的美军短裤，棕色的T恤衫去跑步，跑过长满植被的街巷，又跑到墨西河岸边。我深深地吸着新鲜和潮湿的空气，尽情地欣赏绿色的田野和在水面上游动的鸭子的景色。我熬了过来，现在自由了，终于回到了家。

第二部
增兵

2007年1月—2007年12月

第 8 章 重返巴格达

> 我们是朝圣者，主人；我们
> 总是要向前走一点；也许
> 就在带着雪的最后那座蓝色山脉之后，
> 穿过那咆哮和粼粼发光的海洋。
> 在白色的王位上，在守卫着的洞穴里，
> 住着一个先知，他可以理解
> 男人为什么会出生，但我们一定非常勇敢，
> 我们经历金色旅途抵达撒马尔罕。
>
> 摘自：詹姆斯·埃尔罗伊·弗莱克尔

2004年6月底，我又回到曼彻斯特，坐在我过去的旧桌子前，在英国文化委员会做我的老本行。但是我却没法重新进入工作状态。那里没有人愿意谈论伊拉克，也没有人愿意听我讲在伊拉克的经历。伊拉克和阿富汗的战争仍然在继续，其他一切好像都与我不相干。英国文化委员会同意临时派遣我到伦敦的战后重建单位（PCRU）。这是一个新建的跨部门单位，同时属于外交部、国防部和国际发展部。这个新单位旨在保证英国拥有富有能力和接受过训练的文职人员，这些人员能够随着军方被部署到发生冲突的区域，这样我们就不至于再面临当年曾经在伊拉克

遇到的问题。当年在伊拉克为联军临时指挥部配备文职人员时就遇到了问题。

跟曾经在伊拉克服役过的人一起工作太好了，这些人在乎新闻中发生的一切。可是在伦敦几个星期之后，我就开始有一种幻灭感，因为三个部门之间的内斗使这个新单位的工作在每一个环节上都不顺利。结果，这个新单位被要求招聘一名顾问，到耶路撒冷待六个星期，作为对美国支持中东和平进程新使团的派出人员。我显然应该是最佳人选，因为我曾经在耶路撒冷待过 10 年，而且有同美国军方打交道的经历。

亚西尔·阿拉法特去世之后，美国决定重新与巴勒斯坦人接触，任命基普·沃德将军为中东和平进程安全协调员。我在耶路撒冷待了九个月，担任基普·沃德的政治顾问，用美国军方的说法，把我叫作 POLAD（政治顾问的缩略语）。我们监督了以色列从加沙地带脱离和清除犹太人在那里的定居点。但是以色列决定在没有同巴勒斯坦领导机构达成协议的情况下单方面从加沙撤出，导致不同的武装组织抢功，说是自己把以色列赶出了加沙。

沃德将军的外交使命完成之后，我于 2006 年年初来到喀布尔担任毛罗·韦基奥将军的发展顾问。韦基奥将军是意大利人，担任驻喀布尔的国际安全援助部队的指挥官。国际发展部决心派遣一名顾问进入意大利人领导的北约指挥部，这个指挥部的前指挥官是土耳其人，意大利指挥官任期结束之后，指挥权将移交给英国。在这个阶段，英国文化委员会不准备再临时派遣我做这项工作了。因此，要接受国际发展部的短期合同，我就得辞掉我长期的和能够拿到养老金的工作。这有点冒险。我不知道在阿富汗六个月的工作结束之后我会做什么。

这是我第一次到阿富汗。我抵达那里的时候天气很冷，零下 25 度（华氏零下 13 度）。一位意大利上校在机场接我，他满脸笑容跟我打招呼："我们500个意大利男人，跳舞连个女人都没有。"我到这里来究竟是干什么，我感到疑惑。到喀布尔几个小时之后，我设法从意大利人那儿逃了出来。我的老朋友梅维尔上校在巴格拉姆机场担任美国两星将军的参谋长。他立刻派车来接我。我们已经两年没有见面了，需要好好聊聊各自的情况。梅维尔上校然后让我上飞机到坎大哈跟他的空降兵见个面。

  一见到那么多熟悉的面孔，我的紧张和混乱感觉立刻消失了，我们又可以一起乘坐直升机和悍马。第173空降旅急切地要向我全面地介绍他们的职责范围。我乘坐黑鹰直升机抵达赫尔曼德省的首府拉什卡尔加，飞机飞得很低，跨越田野。在这里飞机不用像在基尔库克那样忽高忽低飞行躲避电线——在阿富汗全国只有百分之六的地区有电。我向下观看田野，不知道田野里是不是都是罂粟。我穿着保暖的长裤和保暖上装，灯芯绒裤子，还有一件大毛衣，还有北脸牌的内衣和外套，以及帽子和围巾，但我仍然一路上冷得浑身发抖。行程大约半个小时，但显得很长，我觉得我下来体温会过低的。

  第173旅带我去参加同赫尔曼德、坎大哈和扎布尔三个省的省长会面。寒暄和喝茶之后，负责安全的官员向省长们通报了安全形势。他们描述说他们没有足够的武器和速度足够快的车辆来面对敌人。我问坎大哈的省长，他们指的"敌人"是谁。我们在同基地组织、毒品走私者、塔利班、犯罪分子、贫穷，还是一个孱弱的政府在作战？我在接下来的几个月里都在努力寻找答案。

  在意大利当军人也许并不会为他们赢得什么赞誉，但他们士气和福利却是有名的。他们的食品——面食和猪肉很独特。基地的亭子里出售比萨饼和卡普奇诺咖啡，还建起了一座非常高档的健身房，军人穿着古驰风格的军用夹克，戴着戏剧胡须和修过的眉毛列队行走。交流的语言是英文，或者说是意大利版的英文。有一个公告非常详细地解释基地为什么没有水,结尾这样说:"请耐心,我们几乎不工作。"(本来应该是我们在努力工作)另外一个布告宣布,停车场会暂时关闭,"为无节制"而表示抱歉(英文拼错,应该是"为给大家带来不便")。

意大利军队被联盟快速反应部队所取代,指挥官是英国的大卫·理查兹中将。理查兹将军邀请我跟他一起用晚餐,一同用晚餐的还有指挥部的其他人员和这个地区安全救援部队的领导人。将军大方地为我祝酒,我环视周围举起的酒杯和一张张笑脸。对英国、德国、法国、意大利和其他国家的军人如此相互之间互动,我忍不住觉得好奇,好像这是这个世界上最自然的事。也就是在两代人之前,这些军人还在相互作战。那时很少有人能够梦想到有这么一天,欧洲的军人和美国军人,在世界各地为执行维护和平和稳定行动而肩并肩一起工作。当然,对于那些过去死在战壕里和死在欧洲煤气室里的人,还有比这更好的敬意吗?也没有比这更好的激励,使有过战争历史的人民可以把过去置于身后,共同和平地生活,并在其他事业上合作。

完成了同国际安全救援部队的工作之后,我同罗里·斯图尔特在绿松石山基金会度过了极为美好的一个月,我住在罗里的城堡里,同他一起到阿富汗各地漫游。这让我对阿富汗有了不同的感受,这种感受与我过去从军方视角看阿富汗大相径庭。我最初是在伊拉克遇到罗里,那时在塔利班垮台之后他已经游历了阿富汗。同联军临时指挥部一起工作的经历深深地刺痛了他,他开始意识到宏大的国家建设计划在伊拉克和阿富汗这样的国家是不会成功的。他现在致力于恢复喀布尔有历史意义的那一部分,同时复兴阿富汗美术和工艺的传统。

我于8月回到英国,把曼彻斯特的房子卖掉,在伦敦买了一栋维多利亚时代的小公寓,全身心地恢复这栋公寓的原样。用砂纸打磨地板和装修厨房对于消解战争带给我的一切真是太好了。我访问朋友,规律地锻炼。我下厨做饭,开始进入战争之后的正常生活。当然,我也在思考。

在这样平静的生活中,我突然收到雷·奥迪耶诺将军的一封邮件。他已经是三星上将。邮件说:"亲爱的艾玛,我又回到了巴格达。你愿意做我的政治顾问吗?"

这是我最不愿意考虑的事。我刚刚开始在伦敦的国王学院作研究员。我沿着泰晤士河走了很长的一段路,考虑如何答复奥迪耶诺将军。我有许多理由可以拒绝,尤其是我刚从阿富汗回来一个月,完全没有准备再在外面待一年。军人接到命令到哪儿,就得去那,而我不同,我可以选择。伊拉克已经陷入如此的灾难,为什么一个脑子正常的人会选择到那去呢?但奥迪耶诺直接提出需要我的帮助。如果换了别人,我也许会拒绝,我不想让奥迪耶诺失望。如果我拒绝了,我会感到失去了一次机会。我想要帮助奥迪耶诺将军,努力使伊拉克的局势不那么糟糕。

几天之后我才做出决定,决定几个星期之后返回伊拉克,不过只待三个月。我跟国际发展部联系,问他们是否有兴趣跟我签约让我做这份工作。他们同意了。

我第一次到伊拉克是向伊拉克人民为战争而道歉,并帮助这个国家重建。结果我爱上了这个国家,学会了同美国军方一起工作。我同意返回伊拉克并不是因为我对伊拉克的局势会逐渐好转保持乐观态度,而是因为我特别尊重和非常喜欢的那个人请求我这样做。

比起我2003年第一次到伊拉克,我对这个国家已经比较了解了。而且,在此期间我努力去了解美国军方,理解他们的文化和传统,以及他们观察世界的方式。我阅读了他们推荐的读物,阅读了有关打击叛乱的书,津尼和鲍威尔将军的自传,也读了安东·麦拉尔的小说《曾经是一只鹰》。这本小说在20世纪60年代末出版之后,深得美国军人和妇女的喜爱,这本书也对拥有野心而没有原则提出了警告。

2007年1月初,我又出现在柏莱兹诺顿皇家空军基地。航班延误了几个小时,是一架君主航空公司的包机,300名英国军人将搭载这架包机到卡塔尔,然后再到伊拉克。在飞机上,空姐穿梭在机舱里,出售免税商品。在降落的时候,飞行员感谢大家搭乘君主航空公司的航班,祝大家前面的航程平安,有点超现实。如果是在美国航班上,飞机上会有许多星条旗的标志,空姐会祝大家好运,并为他们的安全祈祷。

我从卡塔尔乘大力神C-130运输机飞往巴士拉,从巴士拉,我跟布雷根少将一起飞往巴格达。布雷根少将是新任的伊拉克多国部队的英国副指挥官。我们早上4点抵达巴格达,驱车半个小时到胜利营地,然后穿过泥泞的道路再走10分钟到我住的活动房子。我已经忘了满身泥巴。那天早上晚些时候,我正在收拾办公室,奥迪耶诺将军过来看我,他给了我一个大大的拥抱,欢迎我回来。我们上次见面是一年半之前在耶路撒冷,当时他担任美国国务卿康多莉扎·赖斯的军事顾问,正在耶路撒冷访问,我们在一起吃了饭。

奥迪耶诺将军邀请我到他的办公室参加同国务卿经济发展助理的会面。国务卿经济发展助理带来一帮美国商人,这些人有兴趣在伊拉克投资。我坐在一边的椅子上。一位美国官员问,总的来说,穆斯林,特别是伊拉克人,为什么对我们为他们在伊拉克和世界各地所做的一切不感恩戴德?奥迪耶诺将军身子向后靠在椅子上说:"艾玛,你能回答这个问题吗?"我立刻接上了话茬。研究表明,穆斯林尊重美国和美国所取得的一切。但是他们不喜欢美国的对外政策。我讲述了美国的所说(有关自由和民主)和所做(入侵了两个伊斯兰国家而且支持专制政权)之间的差距。那位官员惊待了。就那位官员对世界的认识而言,任何人只要认为美国不好,那么他就是坏人。

奥迪耶诺将军告诉我,他想要我参加他所有的会议,并陪同他到他去的所有地方。他对他的随行人员讲清楚了这一点，他解释说我对事物会有不同的观点。但是，我清楚我得证明我的能力，得表现出我值得他对我的信任。考虑到伊拉克的形式如此糟糕，我同意回来对奥迪耶诺将军很重要。我同意回来，把我自己置于危险的境地，是因为他要求我回来。奥迪耶诺将军对这一点很感激。忠诚对于奥迪耶诺将军意味着一切。

2007年初，伊拉克的暴力事件失去了控制。数以万计的伊拉克人死于暴力事件，数千人逃离了他们的家园。巴格达的安全形势变得十分糟糕，整个城市分成不同武装派别的领地。与此同时，在美国国内，公众对这场战争的支持在减退，而在英国这场战争比以往任何时候都更遭受人们的厌恶。

2006年11月30日，布什总统在安曼会见了伊拉克总理努里·马利基，告诉他美国打算在政策上有大变化，增加美国驻伊拉克的军队，制止暴力。这种做法违背大多数专家的建议，包括伊拉克研究小组的建议。伊拉克研究小组是一个很具活力和能力的专门小组，领头人是美国前国务卿詹姆斯·贝克。但是，布什分析认为，美国把安全责任移交给伊拉克安全部队的战略注定会失败，所以要尝试采取新的行动。

在安曼会见后的新闻发布会上，布什说，马利基决心让所有违反法律的人承担责任，无论他们是罪犯、基地组织的人、民兵，或者什么人，这让他感到放心了。布什对马利基非常肯定，称他为"伊拉克需要的人"。"他已经任职六个月了，我可以看到一个领导人出现了。"布什说。

马利基承诺对军事行动不会有政治干扰，他还承诺极端分子和各种信仰的民兵组织都是伊拉克和联军部队打击的目标。他觉得已经稳固地建立了自己的权威——根据伊拉克的新宪法，总理既是总执行官，也是武装部队总司令——于是于2006年底处决了萨达姆。对于马利基而言，暴力的根本原因是复兴党分子不愿意接受什叶派的统治。他认为什叶派民兵的力量被夸大了。他需要美国的支持，来建立和训练伊拉克安全部队，从而保证什叶派的统治。但美军的存在也给他带来了困难，尤其是使伊拉克同伊朗的"和解"变得更复杂。突然增加美国驻军会是暂时的，是最终减少美国驻军的第一步。

1月10日，布什总统正式宣布在伊拉克再增加20000美国军队，这是战略的变化。奥迪耶诺将军完全支持这个决定，反对大多数美国高级军方人士的判断，那些人争辩说，美国军队的存在是问题所在，他们认为美国应该继续把安全移交给伊拉克安全部队。

美国第五集团军最早于2003年在巴格达机场附近的法奥宫建立了基地，并把基地命名为胜利营地。这个名字一直沿用了下来，没有任何讽刺的意味，伊拉克开始分崩离析之后很久，这个名字也一直使用。

胜利营地的法奥宫

萨达姆下命令修建这个宫殿，以庆祝在伊朗—伊拉克战争中重新夺回法奥半岛。我在那里没有听到鸟叫声，也没有听到孩子们的笑声，更没有看到鲜花。这是一个鸡不生蛋鸟不拉屎的地方。一座人工湖围绕着宫殿。湖里有鲤鱼，由于军人们用剩下的能量棒和其他食物喂鱼，那段时间鱼都变肥了。一位军人用手机拍视频，捕捉到鲤鱼在鸭子身下狼吞虎咽的瞬间。

宫殿坐落在带风景的别墅区，那里的许多别墅过去曾经是伊拉克名流们度假的第二套房子，现在住的是联军将领们。我们其他人只能住在移动房屋里。同其他的上校一样，我被分配了一间"湿间"——集装箱屋。在这房子里，我有一间自己的房间，同另外一个人分享一个室内的卫生间，我只听说过跟我分享卫生间的人，但没有见过此人。级别更低的军人合住移动房间，使用室外的卫生间。

胜利营地本身已经变成了一座城市，住着大约20000名联军军人和承包商。只有很小一部分人会离开"铁丝网"，冒险出去到伊拉克别的地方去。从绿色区域到营地开车需要25分钟，乘直升机只需要10分钟。

在某些方面，胜利营地像一座监狱。营地周围有铁丝网，有检查站阻止人们进去或者出去。而在另外一些方面，营地更像是一个康复中心，在这里我们的所有需要都得到了关照。拿到洗衣房的衣服会被洗干净，几天之后就可以去拿。巨大的用餐设备由克鲁格·布朗鲁特（Kellogg Brown&Root）公司运营，为住在营地的数万人提供餐饮服务。这个气氛让你感觉到美国一切都过剩。这里有大量的食品，种类也很多。除了美国所有种类的汉堡和炸薯条，还有沙拉和中东的食品（其实是印度菜肴）。在附近有一个大健身房，里面总是有许多军人在做力量拉伸和在跑步机上跑步。同胜利营地相连的是自由营地——也是一个名不副实的名字。这里有一个军人服务超市，还有一家比萨饼店，汉堡王，绿色豌豆咖啡

胜利营地的移动房间

店,以及一家穆斯林哈吉商店。美国士兵禁止称呼伊拉克人为"哈吉",但这里商店的名字却仍然在使用。

这里通过美国军队网络控制人们的思想,这个网络播出潜意识信息,让人想起乔治·奥威尔的"老大哥"。虽然这个网络播出的内容在过去三年中丰富多了,但其发布的许多东西仍然好像是针对智商不正常的人。不要喝酒开车;超速致命;永远要系安全带;不要忘了军队的军规;不要自杀;决不把倒下的同志留在战场上;国家感谢你捍卫自由;世界上最强大国家的最强大武装。强大的军队!伟大的美国!美丽的美国!没完没了的爱国主义信息,夹杂着体育报道,通过洗脑保持步调统一。福克斯新闻并不是强制的,也没有这个必要。这是自由选择的新闻频道。

穿短裙捯饬得千篇一律的漂亮女人播出的东西，反映的仅仅是这个世界狭隘和有偏见的一部分。

军人得遵守许多规矩。他们对色情、性和酒精都很着迷——军队第一号总则在军中禁止这一切。不过对杀人却没有限制，作为"斗士"使用暴力是职业所在。有一系列的规则，规定在什么时候杀戮是被允许的，这些规定的总称叫作"交战规则"，委婉语称这套规则为"运动"和"接触"。

军人穿着像睡衣一样的制服有目的地操练步伐，在老远的地方分不清他们是谁。近处一看，领子上和袖子上的标识可以看出军衔的大小。左袖子上的臂章表示所在单位和兵种，比如空降兵、森林特种兵、特种部队。右边袖子上的臂章表示过去的战斗经历。他们在基地相互之间敬礼，但在屋里就不必要敬礼了。他们有时候会呼喊出自己单位的格言，"长官，朝他们的脸上射击。""军士，为了荣耀好好干。"这些格言似乎能够提高士气，紧密战友间情谊。

承包商的生活在形式上是最低级的。他们不需要穿制服，但他们强制自己穿上工装裤和Polo牌子的上衣。他们住在基地的边缘地带，他们中间有各种类型的人。有一些是搞技术和情报分析的，其他人有开咖啡店和洗衣店的。

营地到处都是"掩体"，这些掩体是钢筋水泥的建筑物，在里面可以躲避火箭弹的袭击，经常有人向营地发射火箭弹。半夜经常有召唤到掩体躲避的广播，我从来也不响应这些广播。睡眠在这里是奢侈品。刚到这里的一天晚上，我吓得从床上跳了起来，听到一种震耳欲聋让骨头都感到十分难受的声音。我后来发现是反火箭炮弹和迫击炮系统发射。这个系统应该能够在导弹落地之前侦探和击落他们。根据营地遭受打击的次数来看，这个反制系统的成功率不高。

我到处寻找第173旅的空降兵，但没有找到。营地很少有佩戴游击兵臂章的，也很少有佩戴空降兵臂章的。大多数都是骑兵、炮兵、坦克兵，从我逐渐比较了解的部队分出来的不同分支。我得到了一本军队规则的绿皮书，我可以在这本书上做标记。之后我搞到了一个迷彩的套子，可以把绿皮书放进去。所有人都把自己的名字和单位臂章缝在套子上面。我觉得这很酷，也如法炮制。我想要告诉别人，我之前也在伊拉克服役过，而且是同美国军队中最精锐的部队之一在一起。我跟副参谋长沃伦斯基要了一个他的名字标识，把前面的字母都刮掉，只留下最后三个字母，给我自己起了一个名字，在我的想象中，英国移民早先对我的东欧祖先就是这样做的。我要第173旅的奥斯特伦德少校寄给我一个第173旅的臂章。他给我寄来了臂章，还有一个肩章，他写信告诉我，"第173旅都是受过森林作战训练的"。我到营地的一个店里，把名字和臂章缝在套子上面。后来，我把我名字的臂章固定在我穿的军装和戴的头盔上，前面加了一个B，表示我是英国人。

　　我注意到，如果我遵守礼节，这个星球上的人都非常包容。人们最为重视礼节。礼节意味着尊重。人们称我为"女士"，但我坚持让他们叫我艾玛。对德克萨德来的一些人，这很难。他们无意之中就会叫我"艾玛小姐"。我跟他们说，这么叫我让我听起来很古老，有点像戴西小姐。他们回答说，"女士"是我们那儿南方人的表述方式。

　　我认为不学习规则也没有问题，大多数时候一切顺利。但我违反了一条规则：跑步的时候头上戴着耳机。我会在营地的东边，围着"失去的湖"跑步，头上戴着耳机听音乐。湖的周围几乎没有车辆往来，大多数时候，我都不在路上跑，我穿过棕榈树林，想象着我自己在什么别的地方。但我好几次被别人拦住，而且批评的指令传到了我的"指挥链条"上。"这规定太蠢了，军士长！"我对军士长内尔·斯奥脱拉抱怨。他坚持说，这是为了我的安全。"我在伦敦大街上戴着耳机跑步，也没有被车撞着。"我告诉他。"在伊拉克我会以许多种方式受到伤害,我觉得戴着耳机跑步风险非常低。"最后他祈求我:"求你了,艾玛小姐,就当是为了我,请不要戴耳机跑步了。"

每天早上,我从我住的移动房子走到用餐的地方,拿一个塑料盘子,把咸肉和水果放在盘子里,然后走到法奥宫,向两组卫兵出示我的证章。我一边检查邮件,一边快速地用完早餐。奥迪耶诺将军接受情报汇报之后,从他的办公室出来,穿过法奥宫的前厅,到联合行动指挥部,一个大厅堂。我注意听着他的声音,迅速地从我的办公室出来,跟在他后面一起进入联合行动指挥部。坐在联合指挥部一排排的是来自不同单位的参谋人员和联络官,这些不同单位构成了伊拉克多国部队。奥迪耶诺将军领导这支多国部队。在胜利营地有数以百计的参谋人员,我不知道这些人都做些什么。多国部队包括好几个师:东南部多国师,由英国人指挥;中部多国师,由波兰人指挥;巴格达多国师和北部多国师,由美国军队掌握;西部多国师,由美国海军陆战队指挥。每一个师下面有几个旅附属于这个师。

奥迪耶诺将军走进联合指挥中心,所有人起立敬礼,直到他坐下。他的副官杰拉米·威尔逊给他拿来咖啡。最新战况评估在早上 7:30 开始,多国部队总部会跟所有部队和各个师建立联系。2003 到 2004 年期间,我在第 173 旅参加过旅一级的每天的最新战况汇报,所以我对于这个概念是熟悉的。我不习惯的是司令部的规模,以及从系统传到指挥部的数量巨大的信息。

奥迪耶诺将军有特别的能力,听取来自所有下面指挥部的大量信息。我没有这个能力。最初那些报告对我几乎没有什么意义。我已经掌握了旅一级的特别用语。现在我又要学新的术语、缩写和概念。他们用他们国内的名字命名道路,比如,机场路是爱尔兰路。他们在说到伊拉克城市名字时，发声是当地居民听不懂的。摩苏尔就变成"莫如尔"了，塔克达姆被说成 TQ。有无数的数据和统计数字说明有多少敌人被打死，采取过多少次行动，自己的伤亡是多少。

待了一段时间之后，我担心大量的信息会让我的大脑超载，最后爆炸。通过数字看到的伊拉克不是我所认识的那个伊拉克，完全不同于人的层面的认识。我发现最有用的信息来自伊拉克的媒体，来自我们关押的叛乱分子的审讯报告，来自周五清真寺的礼拜仪式。联军会把礼拜仪式录下来，然后再翻译过来。

在最新战况评估结束时，所有人都站起来，敬礼，然后齐声高喊"魅影斗士"，这是来自得克萨斯福特·胡德的魅影军团的格言。伊拉克指挥部就是来自这个军团。最新战况评估之后，奥迪耶诺将军去旁边的一个屋子开一个"小范围"会，接着是另一个"更小范围的"会，参加这个会的都是伊拉克多国部队的指挥官。然后，他会回到他的办公室召集高级指挥官会，反馈之前会议的讨论。

在奥迪耶诺将军办公室的墙上挂着伊拉克地图和士兵战斗的图片。将军坐在办公桌的首端，他的参谋长乔·安德森坐在另一端。我很快就了解到，安德森将军是奥迪耶诺将军的得力助手，他会把奥迪耶诺将军的意图转变成所有参谋人员要完成的任务，在这方面，他得心应手。各个部门的头儿都围着桌子坐。其他人坐在后面的座位上。将军办公的会议常常分为两部分，在讨论较为敏感的问题时，那些坐在不太重要位子上的人就要出去。在这个高度分隔化的圈子里，我被安排坐在参谋长的旁边，而且参加所有只有"留下来"的人才能参加的会议。即使小范围会议结束的时候，大家也要站起来敬礼并且高喊"魅影斗士"。

会议之后，我回到我的办公室，但仍然要让耳朵竖着。奥迪耶诺将军查看完邮件之后，他的副官威尔森少校会传递口信，指挥官要出行。

他会联系个人警卫的一切事宜,汽车会停在法奥宫前面,我立刻穿上我的防弹衣冲出去。我得在将军到达之前到车子那儿,把他的座位往前推,坐到后面的座位上,然后再把他的座位在他抵达之前拉回到原来的位置。之后,奥迪耶诺将军坐进车里。杰拉米跑到另外一侧,坐进车里。我们驱车到直升机降落的地点。奥迪耶诺将军第一个上直升机。我在他之后上飞机,我呈直角线坐在将军的对面,因为为给将军的腿留出足够的空间,对着他的椅子拿掉了。这是早上的例行公事,我们都把握得非常到位。

在记事用的日历上的每一周,每一天从黎明到黄昏的每个小时都安排了某个会议或者某项活动。没有"空闲"时间。奥迪耶诺将军说他想要去哪儿,参谋人员就会去打前站,计划"战场的巡视路线"。要被巡视的单位就会拿出一定时间准备汇报,准备他们想要让将军看的东西。我们通常接受的汇报包括行动和情报两部分。其他时候,我们会飞到绿色区域同伊拉克人一起开会。

我们在下午很晚回来之后参加最新战况评估会,听最新的各地情况汇报。然后,召开内部会议。在这之后,我一般都到餐厅,拿满满一盒食品,带回到我的桌子,边吃饭边查阅邮件,然后撰写将军召集会议的要点,告知所有的参谋人员,之后再确认随后的任务。大约在晚上10点钟,一天的工作结束,我走出法奥宫,穿过护城河,回到我的移动房子。我一般都筋疲力尽地倒在床上,几分钟之内就入睡。这就是我正常的"战场节奏",但在伊拉克没有一天是正常的。

在最初的几个星期,我几乎每个晚上都跟奥迪耶诺将军在一起,在他的办公室,或者出去在阳台上,他抽着雪茄。我们会花好几个小时讨论伊拉克问题,我会突然脱口而出:"长官,这是美国建国以来最大的战略性错误。"他的答复是:"那么我们怎么办呢?我们不能让它就是现在这样。"我上一次在伊拉克时,有关联军性质的谈话没有一次是愉快的。

我们逐渐越来越了解彼此,结果发现我们之间很少有共同的东西。如果不是谈论伊拉克,我们各自的世界绝对不会交汇。我们把彼此看成是来自另外一个星球的物种,但也发现有许多令我们捧腹的东西。他在新泽西长大,生长在一个稳定的中产阶级家庭,家里是来自意大利的美国人,家庭关系很密切。他到西点军校打美式足球(橄榄球),是个出色的运动员,但最后由于伤病不得不放弃这项运动。我跟他说,我想象不出他穿着橄榄球运动服的样子。他说他那时候的橄榄球运动服并没有裹在身上那么紧,而且他那时候比现在要强健得多。他1976年从西点军校毕业,在德国待了许多年,为当时的冷战从事训练。他从来没有料到自己在军队会待这么多年,但最终军队成了他整个职业生涯。他娶的是他"儿时的恋人"。奥迪耶诺将军不懂任何外语,读书也不广泛,也没有在非军事状况下到外面广泛的旅行。他喜欢啤酒和运动。

他询问我的情况。我向他讲述了我在牛津的情况,讲述了我穿越非洲和中东的旅行,告诉他我曾经在以色列和巴勒斯坦生活了十年。1991年海湾战争爆发,他曾带领坦克部队在沙特阿拉伯的沙漠中。我曾经在伦敦参加过反战示威游行,并签字当人肉盾牌(虽然从来没有实际做)。他很惊讶地看着我。他从来没有结识过有这样经历和持这样观点的人。他在杀戮敌人的时候,我坐在电视机前,看到伊拉克士兵沿着巴士拉道路上逃跑时被机枪扫射倒地的情景,泪流满面。"瞧瞧我现在,"我跟他说。"我成了占领伊拉克的一部分,当现代版的成吉思汗的顾问!"

我们承认我们两人都是理想主义者,只是不同类型的理想主义者。他忠于美国,忠于政府,忠于那个体制。他认为应该为他的国家服务,用生命捍卫国家,反对"外国和国内"的敌人。我把我自己界定为一个国际主义者,致力于抗争非正义和促进和平。我跟他谈到国家恐怖主义,谈到西方支持暴虐政权的对外政策，谈到那些处于边远地带的普通人。我认为我们的政策在制造敌人。世界上许多人把美国国旗看作是压迫的象征。

"他们的政客撒谎。"有一天奥迪耶诺将军说。

"美国的政治家不说谎？"

"不，我们的政治家不说谎。不故意撒谎。"

"那萨达姆的大规模杀伤武器是怎么回事？"

"他们在这个问题上并没有撒谎。他们只是错了。"

我试着用另外一种方式。"圣母处女是怎么回事？"

"你是什么意思？"

"你不认为她对约瑟夫撒谎吗？你听说过女人没有发生性关系就怀孕的吗？"

他用双手捂着头。"你这些想法是从哪儿来的？"

奥迪耶诺将军喜欢军队。他把军队当作自己第二个家，他热爱这个家几乎像热爱第一个家。他热爱得克萨斯，第四步兵师和魅影军团都曾经驻扎在那里的福特胡德。我从来没有去过得克萨斯。在我的心目中，得克萨斯是一个牛仔州，我总是把电椅和狂热的右翼分子同这个州联系起来，在我的想象中，那里的狂热右翼分子周末拿枪射杀试图非法越境的墨西哥人。我曾经看过一个此内容的纪录片，片子里的画面挥之不去。

奥迪耶诺将军承认，他第一次出来就意识到军队力量的局限性，也意识到理解别的文化的重要性，他同时认识到从军队之外寻求忠告和支持是非常重要的。他曾经看到我怎样同梅维尔上校密切地在一起工作。他承认他第一次驻军在外面把事情搞糟的时候，身边没有人能够坦率地向他讲。这也是为什么她要求我跟他一起重返伊拉克。但是，我跟梅维尔上校曾经是伙伴关系，而奥迪耶诺将军和我绝对不是伙伴关系。奥迪耶诺将军显然是我的老板，我的工作是尽力支持他。这意味着成为他与之倾诉的人，成为向"权力讲真话"的人——做他的"良心"。2006年汤姆·瑞克斯撰写的畅销书《可耻的失败：美国在伊拉克的军事历险记》严厉批评2003到2004年间美国军方在伊拉克的所作所为。瑞克斯对奥迪耶诺将军的评价特别刻薄，指责他实施严酷的战术，破门而入和大规模的逮捕，终于导致发生了叛乱。这种指责是很伤人的。瑞克斯的说法夸大其词，但损害了奥迪耶诺将军的名声。

我同奥迪耶诺将军谈到他的儿子，托尼·奥迪耶诺上尉。托尼于2004年在伊拉克战争中一只胳膊被炸掉了。这让奥迪耶诺将军本人感受到了战争的代价。军人担心受伤，担心失去肢体胜过担心任何其他的事。他不得不面对可怕的电话；担心失去儿子；不断地到野战医院慰问；长时间的恢复；作为一位父亲而不是将军同其他的父母坐在一起。我问他，让儿子跟他进入军队，结果儿子在军队受伤，他是否感到内疚。他不感到内疚，因为他热爱军队，儿子托尼也不觉得后悔。托尼作为军人已经赢得了很高的荣誉。他担任参谋长联席会议主席皮特·佩斯将军的副官，不过现在他得考虑离开军队在外面谋职了。托尼告诉父亲，他现在生活的每一天都是为了他的司机，他的司机在遭遇火箭弹袭击时身亡，而他则在那次袭击中受伤。

有一天晚上，我们就一篇文章展开了激烈的讨论。在这篇文章中，一位美国军人谴责那些抗议伊拉克战争的人，并号召所有美国人支持总统，支持战争，支持那些年轻美国人为了战胜伊拉克的"邪恶"而无私地奉献。对于西方社会，我最珍视的是能够走上街头抗议政府政策的自由。而奥迪耶诺将军最珍视的是，军人愿意到世界各地捍卫他认为的自由。

奥迪耶诺将军告诉我："我发现那些无论歌颂或者喜欢战争的人中，很少有人真正打过仗，这也是为什么许多人喜欢谈论战争。歌颂战争的人往往是那些从来没有经历过战争的人。今天，电视和互联网故事可以很快影响所发生的事。反对我们的人，不受任何法治限制，学会了使用这些工具来增加仇恨、暴力和助推恐吓和死亡。人们说话的时候，应该记住这些。这跟自由没有关系，而是要理解并对自己的行为负责任。没有人比那些在世界各地捍卫自由的人更理解所有形式的自由和自主的重要性。"

我告诉他："终有一天，我要让您承认这场战争是一个坏主意，政府被一个新保守主义计划所引导，美国在世界的地位已经大大地下滑，我们比9·11的时候更不安全了。"

他回答说："只要我在伊拉克当指挥官，就绝对不会这样。"领导士兵参加战争，指挥官当然不能怀疑自己从事的事业。

我们周围到处都是暴力。死亡悬在空中。我的每一根神经都被牵动：不停的爆炸声；轻武器射击的声音；汽车燃烧的气味，更糟糕的是肉体燃烧的气味；空无一人的街道，停业的商店和到处流浪的野狗；新闻中令人恐怖的内容。

我们的军人的死亡是新闻，也是图表上的统计数字。2007年1月，多国部队的死亡人数是86人。每一位阵亡者都得到了所有的荣誉，并举行遗体登机仪式送他们回家。每一位阵亡的美国人都用"天使航班"运送到特拉华州的多佛空军基地，在那里尸体经过认真清洗，穿上最好的制服，然后被送到最终的埋葬地点。

他们的死亡对于我们是那么的真实，但他们的生活却很模糊。在每一天最新战况评估结束时，我们起立向英雄致敬。这时会展示阵亡者的图片，他们穿着制服在旗帜前面，牧师会阅读对他们的简单介绍，说他们如何热爱家庭、热爱美国和热爱上帝。但介绍几乎没有这个人的详细情况，比如，这个人是如何阵亡的，这个人的死如何给家庭带来伤害。

我们然后为他们祈祷，为他们的家庭祈祷，为我们自己祈祷，为我们的安全祈祷。他们的阵亡激励我们为实现目标更努力地工作。

2007年1月20日，五名美国士兵在卡巴拉被杀死。这是个令人震惊的事件。12名什叶派民兵装扮成美国军人，驱车骗过了卫兵，进入了卡巴拉省联合协调中心。他们在中心杀死一名美国士兵，打伤了三名美国士兵，带走了四名美国士兵。被劫持的士兵后来被发现死在一辆被抛弃的汽车上。同一天，美军一架直升机遭到伏击，12名美军士兵丧生。反叛者用轻武器击中直升机，结果直升机不得不迫降，然后反叛者用火箭弹击中飞机，机上的人员全部遇难。

那些被认为是叛乱者的人被登记为EKIA——阵亡的敌人。一天在最新战况评估会上，情况介绍人报告在迪亚拉的行动中有五名EKIA。他接着解释说："长官，我们杀死了临时爆炸装置的安放者。"

"干得好！"奥迪耶诺将军回答说。

"气氛很积极。"情况介绍人接着说，他指的是当地的老百姓很高兴。

"另外四个被杀死的是什么人？"

"四个孩子，长官，他们当时在附近。"

大家陷入了沉静。之后，我对奥迪耶诺将军说："长官，我注意到情况介绍者说'气氛很积极'。您认为这些孩子是胖孩子，还是学校里功课不好的孩子？"奥迪耶诺将军摇了摇头，但黑色幽默是应对这种荒唐事情的唯一办法。我们杀死了一个也许为得到100美元而放置临时爆炸装置的人。可在行动中，还杀死了四名儿童。我们又制造了多少敌人呢？

每天我们都会收到伊拉克人死亡的报告，这些死亡的人在最新战况评估中变成了统计数字。那个月估计有3000名伊拉克人丧生，但准确的数字我们永远不知道，许多家庭永远没有机会埋葬他们的亲人。一家叫作"伊拉克尸体数字"的非政府组织提供的数字是最详尽的。这个组织会审核和对比伊拉克多国部队提供的伊拉克人死亡报告，伊拉克政府提供的相关报告，伊拉克医院和媒体对相关情况的报告或者报道。在越南战争期间，美国曾经错误地把敌人死亡数字同赢得战争相联系。因此，在这次战争中，美国军队从一开始并没有追踪伊拉克人的死亡数字。现在情况发生了变化，但数字是不完整的。

伊拉克人大多死于炸弹爆炸和暗杀。在巴格达的巴伯莎奇市场两枚汽车炸弹爆炸。报道称88名伊拉克人被炸死。他们是普通伊拉克老百姓，出来买东西却被炸弹炸飞了。许多尸体被发现在底格里斯河上漂着，一些伊拉克人不再吃鱼了，他们说鱼啃食人肉之后味道变了。死亡的动物被用来藏匿路边的炸弹。死亡的伊拉克人也被用来放置爆炸装置，亲戚们走向前去的时候炸弹爆炸。智力上没有自控能力的孩子被变成自杀式人体炸弹，而葬礼常常成为攻击的目标。停尸房堆满了被肢解了的尸体：如果头被割掉了，那就是什叶派的人；如果头上被钻了一个洞，那一定是逊尼派的人。伊拉克处于内战之中。但上边不允许我们承认这一点，因为华盛顿的政治家不接受这个事实。

我一直在想该如何理解伊拉克的暴力。一些人辩解说，这是由于"逊尼派和什叶派之间从古代延续至今的仇恨"。伊斯兰内部的分裂来自先知穆哈默德继承问题上的分歧，是应该通过血缘系，还是选择最适合统治的人。有些人认为最合适的继承人是阿里·穆哈默德的外甥和女婿。这些人以阿里的支持者（Shiat Ali）即什叶派而著称。而另外一些人则被称为逊尼派。经过三次权力转让，阿里成为第四任哈里发，在伊拉克的库法建立了自己的管辖地。阿里于公元661年遭到暗杀，埋葬于纳杰夫。他的主要对手穆阿维叶继承了哈里发，建立了倭马亚王朝，在大马士革建立的都城。他的儿子和继承人亚兹德于公元680年在卡巴拉击败了阿里的儿子侯赛因和阿巴斯。

然而，虽然什叶派和逊尼派之间历史上有这些争斗，但在什叶派和逊尼派在伊拉克共同相处的大部分历史时期派别之间发生暴力的阶段并不多。1979年伊朗发生的伊斯兰革命导致了对于极端什叶派扩张的担心，并导致逊尼萨菲拉派做出了回应。即使如此，居住在巴格达的什叶派和逊尼派穆斯林仍有百分之三十相互之间是通婚的。

伊拉克人骨子里就是崇尚暴力的吗？一些人说，伊拉克只能由萨达姆·侯赛因这样随时准备使用完全暴力的人来统治。萨达姆遗留下的恐怖和仇恨依然笼罩着伊拉克。在复兴党统治的30年里，伊拉克人被迫接受了三场战争，经历了社会的军事主义化，对持不同政见者的残酷镇压和在制裁下的贫困。萨达姆开始自己的统治时就清洗了他自己的政党，杀了许多复兴党成员，以保证其他人的忠诚。科威特战争之后，乔治·布什在1991年发表讲话，号召伊拉克人民起来推翻他们的政权，伊拉克人真的起来了。萨达姆对伊拉克人的起义进行了报复，在伊拉克南部杀死数以千计的什叶派穆斯林，而西方却袖手旁观，只是在伊拉克北部建立了禁飞区和安全区，以保护库尔德人。萨达姆建立了一个告密者的国度，使所有人都成为他统治的同谋者，通过恐惧而得到人民对其统治的默许。许多反对派组织都同伊朗站在一起反对伊拉克。

2003年入侵伊拉克之后，联军通过去复兴党运动和解散军队使这个国家崩溃。在随后的真空时期出现了人人为自己的一种状况。另外，联军临时指挥部扶植的精英集团并不具有包容性。命运不济的管理委员会决定了谁是赢家——把萨德尔分子和逊尼主流派排除在外，而流亡者得到了优惠的地位。在暴力的氛围和外国占领的情况下，新的政治进程拉开帷幕。管理委员会从一开始就将根据种族和派别分配职位制度化，使建设一个国家的希望变得渺茫。那些被排除在政治之外的人试图推翻新的秩序，把联军赶出去。那些流亡归来的政治家们，在国内并没有基础，他们通过宗派主义来发动选民。

什叶派穆斯林在 2005 年的大选中大获全胜（包括萨德尔分子），得到了阿亚图拉·西斯塔尼的祝福。然后他们与库尔德政党、库尔德爱国联盟以及库尔克斯坦民主党组成了联合政府，而这两个库尔德政党曾经是他们反对萨达姆时的同盟。整个伊拉克被当作一个拥有 257 个席位的单一选举区，这样的选举体制对大的和组织得好的政党有利。世俗的民族主义者既没有钱，也没有民兵，来推动他们非教派化伊拉克的愿景。大多数逊尼派抵制选举。唯一存在的逊尼政党是伊斯兰党，而大多数逊尼派穆斯林跟这个政党没有关系。逊尼派动员起来试图否决掉宪法，但没有成功。宪法是什叶派穆斯林和库尔德民族主义者在过渡宪法基础上起草的。逊尼派根据新宪法在 2005 年的选举中参加了投票，但这时什叶派和库尔德人已经"夺取"了政权。

反对占领者和占领者的盟友的叛乱演变成了逊尼派和什叶派之间的内战。外国圣战者进入伊拉克同"不忠诚"的美国军队作战，使这个国家垮掉，用逊尼派哈里发取代国家政权。阿布·穆萨布·扎卡维是基地组织在伊拉克的领导人，他认为什叶派是"拒绝主义者"，有意袭击什叶派的圣地、领导人和平民。通过自杀式爆炸、绑架、谋杀和砍头，扎卡维旨在挑衅什叶派，让其对逊尼派进行报复。

随着暴力的升级，美国没有足够的军队来维持安全，于是联军开始迅速地征召更多的伊拉克人参加伊拉克安全部队。新征召的士兵没有经过严格的审查，也没有足够的训练。逊尼派认为新的安全部队是什叶派和库尔德人的工具。什叶派民兵——曾经同伊朗站在一边反对伊拉克——被编入新的伊拉克安全武装，而旧伊拉克军队中的逊尼派成员则加入了叛乱。

2006 年 2 月，阿里·哈迪清真寺的金顶被炸。这个清真寺是什叶派最神圣的地方之一，在巴格达北部的萨马拉。这次爆炸进一步加速了派系杀戮的恶性循环。伊朗加强了对什叶派民兵的支持，支持他们对逊尼派作战，施加压力让美国军队撤出伊拉克。美国军队在阿富汗的存在对伊朗东部构成了威胁，而在伊拉克的存在则构成对其西部的威胁，因此，伊朗试图使美国在伊拉克的"行动"失败，来阻止美国对伊朗发动进攻。在伊朗的支持下，什叶派巴德尔军团暗杀了那些同前政权关系密切的人；萨德尔分子则发动了对逊尼派穆斯林的报复性攻击，在巴格达的所有地区对逊尼派穆斯林进行攻击；"特别小组"则专门针对美国军队发动攻击。

经过两个星期晚间的讨论，我把我的想法写下来，交给奥迪耶诺将军，我把它称之为对形势的"非垃圾性"评估。我们必须停止使用"敌人"的概念来界定冲突，不能再把所有暴力制造者捆绑在一起称之为反对伊拉克势力（AIF）或者反对联军势力（ACF）。我们需要确认不同的组织都是些什么样的组织，他们的动机是什么，并且需要承认伊拉克政府和伊拉克安全部队也是冲突的一部分，也介入了派系之间的杀戮。

我提议说，我们的重点应该放在维持稳定上，我们应该制定不同的战略以缓解不同地区制造的"不稳定"因素。由于大部分暴力都是由派系冲突引起的，我们应该努力保护平民，镇压暴力制造者，在不同的派别之间通过调解达成协议。

联合行动指挥部一位坐在我后面的澳大利亚人跟我说："这些美国人不像我们澳大利亚人和英国人，他们比穆斯林做的祈祷都要多。"我知道他是什么意思。在早上最新战事评估的时候要祈祷，在下午最新战事评估的时候还要祈祷，到处都是牧师。在用餐的地方，军人们要祈祷，用餐之前也要为食物祈福。周日，宫殿里的所有房间都举行礼拜仪式，为军队中不同教派的宗教仪式。他们信奉的上帝也不一样，信奉旧约的比信奉新约的要多——因为美国人有自信。牧师为战胜我们的敌人而祈祷，而不是为和平而祈祷。

有一次，奥迪耶诺将军出现在最新战况评估会议上，额头上有一个大的黑色印记。我想用口水吐在纸巾上给他擦掉。可我看了看周围，注意到许多高级军官的额头上都有这样的印记。我感到震惊，我意识到这些印记是黑色的十字。我感到恐怖。究竟发生了什么事？是共济会崇拜吗？他们是十字军吗？之后有人告诉我那天是圣灰星期三，额头上的黑色十字是天主教的传统。

在一次最新战事评估会上，军人们传递着一张传单，上面有穆克塔达·萨德尔的图片，图片下面在牛奶盒子上写着"阿亚图拉"，像一个在美国失踪的小孩。他已经好几个星期没有出现了，我们也不知道他在哪儿。那个澳大利亚人对我说："待会儿你看看他们对录像做什么反应。"我并没有等多长时间。播放的航空拍照录像片段里出现了一个目标，显然在安放临时爆炸装置，然后这个人被炸飞了。这个联合行动指挥部掌声雷动，好像家乡的球队赢球了，而不是一个人刚刚被炸死。

在高级领导层会议上，奥迪耶诺将军提到这个录像。这个录像已经向媒体发布，会被广泛播放。"太好了，长官，"一位高级军官说，"这会真正暴露敌人！我们必须让更多这样的东西在新闻网络上播出。"其他人都表示同意。

可是我不同意。"这是美国圣战录像，就像基地组织播放录像中他们的战士击落直升机一样。世界各地，所有的人都会观看这录像。这就是我们想要展示的吗？美国在杀人？难道我们不应该同我们的敌人不同吗？难道我们不应该在道德上比我们的敌人更高尚吗？"他们嘲笑和讽刺我，对我的发作表示不屑一顾。

"我感到我在美国圣战营地，我周围都是暴力的极端分子。"我反唇相讥。会议结束了，我怒气冲冲地返回办公室。我脸色不好看。我究竟在这里做什么？不久之后，军士长西奥托拉走进我的办公室，给了我一个拥抱。我看着他，感到很惊讶。"艾玛女士，我留下跟将军讨论了你说的话。我们觉得你是对的。"奥迪耶诺将军决定不给媒体发放这个录像了。

第 9 章　伊拉克安全计划

"我一生中,"第艾尼克斯说,"一直有一个问题让我感到困惑。恐惧的反义词是什么?"

"当一位斗士不是为他自己,而是为他兄弟战斗,当他最热切追求的目标既不是光荣也不是保存自己的生命,而是为了他们,他的同志们,消耗自己的财力,为了不抛弃他们,为了证明他们值得有他这样一位同志,那么他的内心就可以蔑视死亡,而且这样他就超越了自己,他的行为也就接近了高尚。这就是为什么真正的斗士除了对同他一直在一起的兄弟们,他不能谈论战斗。这个真相太神圣了,无法用文字表达。""恐惧的反义词,"第艾尼克斯说,"是友爱。"

摘自:斯蒂芬·普雷斯菲尔德,《火之门》

新的巴格达安全计划是美国增兵伊拉克的基础。为了获得库尔德人对新安全计划的支持,奥迪耶诺将军在 1 月底乘飞机赴埃尔比尔去会晤巴扎尼总统。巴扎尼于 2005 年 6 月在地区选举之后,宣誓就任库尔德斯坦总统。回到库尔德斯坦真是太好了。巴扎尼像以往一样穿着传统的库尔德服装迎接我们。我跟随着奥迪耶诺将军,在同福阿德·侯赛因和法拉赫·穆斯塔法握手时,对这些熟悉的面孔微笑。科迈尔·克库基拥抱了我。我上次见到他们还是在三年前。巴扎尼是一位优雅的主人,为奥

奥迪耶诺将军与巴扎尼总统

迪耶诺将军举行了欢迎宴会：有烤肉串，羊肉米饭，新鲜面包。同基地餐厅的饮食相比，这吃得太受欢迎了。

奥迪耶诺将军向巴扎尼介绍了巴格达安全计划，讲述了我们将如何增加20000美国部队。这是伊拉克人领导的一次行动，奥迪耶诺将军帮助建立新的伊拉克行动指挥部。将军希望把足够的伊拉克安全部队调入巴格达，包括从其他地方调一些部队到巴格达。记录在册的伊拉克安全部队有50万—60万人，但谁也不知道实际上这个安全部队有多少人。

"美国人对伊拉克的形势正在失去耐心。"奥迪耶诺将军承认。"但布什总统致力于成功地实施这次安全计划。这是我们最后的机会。"奥迪耶诺将军说，他会非常感谢巴扎尼的帮助，因为人民听他的，也尊重他。

巴扎尼说，他上个月在巴格达，曾经敦促马利基要作为全伊拉克人民的总理而行事，而不是某一个派别的领导人。各组织中的温和人士，只要相信政治进程，应该被吸收入政府，极端分子则应该从政府中清除出去。伊拉克不能允许一些人白天参加政府工作晚上却实施暴力行动。不同社团的领导人内部之间出现了纠纷，这是因为他们彼此不信任。而与此同时，伊拉克人民却每天都在煎熬。

巴扎尼到巴格达是要表明，库尔德人在乎伊拉克不仅出于人道主义原因，而且还因为他们已经做出决定要留在伊拉克政权框架之内，保卫和维持伊拉克的统一。但是，他说什叶派民兵已经渗透进了政府，所以库尔德人不能成为这样的政府的一部分。什叶派民兵进行了一系列的杀戮。什叶派马赫迪军是恐怖主义的中心，犯罪分子都聚集在其周围。

"我告诉马利基，"巴扎尼说，"在伊拉克历史上从来没有一个统治者像他一样在国家内部和外部得到如此多的支持。甚至美国总统专程到约旦同他会面，而世界上其他地方的人花好长时间才能见到美国总统。"巴扎尼承认美国人对什叶派和逊尼派之间的内战感到失望，特别是在美国人做出了许多的牺牲之后。库尔德人答应派遣"自由战士"到巴格达，但他们应该同谁作战呢？如果是同恐怖主义作战，那没有问题。但如果是参与逊尼派和什叶派之间的内战，那他们怎么办呢？

巴扎尼讲述了1991年敌对行动停止后，那些曾经作为萨达姆政权军队一部分的库尔德人如何得到了赦免，那些被俘获的阿拉伯人如何得到应有的尊重。这曾经让他作为一个库尔德人和"自由战士"而感到自豪。在2003年的伦敦会议上，他敦促所有的人要想想全民和解，指出在库尔德斯坦如何做到了和解。他遗憾地说，他的建议没有得到足够的重视，他强调说，"什叶派对于过去有情结；逊尼派则对未来感到担忧。"至于库尔德人，他告诉我们，他们既担心过去也为未来感到担忧。

奥迪耶诺将军成立了一个"倡议组"来帮助他界定伊拉克面临的威

胁的性质，并帮助他确定多国部队应该如何做出应对。这个小组有四名上校——德里克、哈维、迈克尔·米斯、罗伯特·泰勒和加里·沃伦斯基和我本人。在接下来的几个星期，我们每天晚上同奥迪耶诺将军会面。我们重新以更为切实的方式把"成功"界定为"可持续性稳定"，并确定了造成不稳定的因素：即派系之间的暴力、伊拉克的基地组织、逊尼派叛乱、什叶派极端分子、库尔德人扩张主义、什叶派内部之间的暴力、外部颠覆、犯罪，以及国家制度的脆弱。这个小组在地图上标出这个国家不同地区对稳定的不同威胁，并指出应对这些威胁所需要的不同战术。

我们清楚，如果不能够合适地确定不稳定的各种原因，会导致应对失误，从而导致更严重的不稳定。比如，联军被一个组织利用来"清洗另外一个组织"的风险；或者联军会抓捕和杀掉那些本来应该用来调节停火的领导人。我们把在伊拉克内部的冲突描述为不同的社团为争夺权力和资源所进行的争斗，而不是简单的叛乱。我们承认，政府是问题的一部分。伊拉克是一个脆弱的国家，国家政权没有太强的合法性。我们做出计划，试图通过合理使用增派的美国部队和改变战术来减少暴力。

2007年2月，在大肆鼓噪之下，彼得雷乌斯将军从凯西将军手里接过了驻伊拉克多国部队的权杖。新的目标是反对叛乱——英文的缩略语为COIN——其神圣的反对叛乱战地手册为FM 3-24，手册的制定是彼得雷乌斯将军在莱文沃斯堡时监督进行的。中心主题再次肯定老格言："人民是为之奋斗的目标。"

布什总统任命彼得雷乌斯来领导增兵行动。媒体报道了他如何带着他的"顾问班子"，一批有博士学位的军官，这些军官在西点军校时都是班上的尖子。彼得雷乌斯比奥迪耶诺将军长两岁，被晋升为四星上将来担任这个职位，他将成为奥迪耶诺将军的上司。奥迪耶诺将军对此并不期待。奥迪耶诺将军同凯西将军相处得并不容易，凯西将军反对美国增兵伊拉克的计划。彼得雷乌斯将军大肆宣传的做法已经让奥迪耶诺将军很恼火，他引起的所有关注也让奥迪耶诺将军不舒服。两人之间的争斗可以追溯到2003年，当时两人都在伊拉克担任美军师长。

彼得雷乌斯来到奥迪耶诺将军的办公室同他举行首次会面，陪同的有他的首席执行官曼苏尔，以及他计划小组的头比尔·拉普。他看到我站在奥迪耶诺将军身边，多看了我两眼。"艾玛·思盖，在这看到你真令人惊讶！"他边跟我握手边说。2003年在联军临时指挥部时他见过我。

奥迪耶诺将军简单介绍了他对局势的分析，以及他对增兵计划实施的理解，将军讲这一切都是根据他的倡议小组的研究。他使用了他最喜欢的幻灯片来描述伊拉克面临问题的复杂性，描述了萨达姆政权垮台之后权力真空如何被武装组织填充。联军部队需要驱逐这些武装组织，填充权力真空，直到伊拉克政府有了执掌政权的能力。增兵伊拉克的目的是争取时间和空间，使伊拉克政府能够通过全国和解和提供公共服务而得到发展。

彼得雷乌斯问了几个问题，我们讨论得很好。会晤结束时，彼得雷乌斯说，他同意奥迪耶诺将军的行动计划，认为这个办法可行。我们明白这是彻底清除暴力的最后机会。虽然我们很少提及，但我们都非常清楚，如果不成功的后果。对于军方，失败不是一个"选项"。

奥迪耶诺将军的倡议小组解散了。迈克尔·莫雷领导的计划者们把概念策划成详细的行动计划。将军的墙上挂了很大一幅伊拉克地图，每个星期几个小时的会议决定哪些单位应该到哪儿。我入迷地看着这一切。行动的规模很大。团和旅同他们所属的师分开了，附属于他们从未与之工作和与之训练过的指挥部。他们能够和谐相处吗？怎么知道什么单位——装甲兵、步兵、炮兵——能够做什么？哪个单位的车辆太大，开不到伊拉克街头？我观察奥迪耶诺将军对于这些单位不同能力的感受，以及他对于如何使用他们的直觉。这部分是艺术，部分是科学。

我们获得了基地组织从巴格达周围向巴格达发动袭击的计划。经过研究萨达姆的战术，我们看出他是如何把部队布置在周边来保卫这个城市的。奥迪耶诺将军因此另外抽调了两个旅进入巴格达；另外三个旅驻扎在环城市的地带，这样就清除了叛乱分子停留的安全地带，叛乱分子也无法从这些地方得到补给，这些周边地带也不再成为叛乱分子发动袭击的跳板。更多的军队则被抽调去西部的安巴尔，帮助那里的部落同伊拉克的基地组织作战。

联军部队从大型基地搬了出来，驻扎在地方老百姓中间。联军同伊拉克安全部队一起组成联合安全站，帮助保护伊拉克百姓的安全，加强了对市场的保护，建立检查站，设立带门的社区。联军通过指导、训练、结伴行动和安插顾问等方式帮助伊拉克安全部队提高作战能力，为伊拉克安全部队在统一标准、行为和作战行动方面树立榜样。伊拉克安全部队的领导层则要增进其指挥和控制的能力，计划和实施复杂行动的能力。

通过一起在街区巡逻，联军和伊拉克部队会对当地老百姓更为了解，也同地方领导人建立起关系。一旦公众感到受到了保护，他们就会更有可能提供极端分子和犯罪分子的情报。

有一天我们正驱车行驶在路上，奥迪耶诺将军问道："艾玛，你过去曾梦想过筹划一项军事战役计划吗？"

"没有，长官。"

"那会是什么样的感觉？"他转向我问道。

"长官，我希望上帝为了您强迫我介入的那些事而宽恕我。"他笑了。

几个星期之内，我就坚实地确立了我作为奥迪耶诺将军政治顾问的地位，如果有些不同寻常的话，大家都接受我在司令部里的独特性。在美国的体系里，政治顾问都是国务院对外服务的官员，他们的事业一般不涉及其他领域。在英国的体系里，政治顾问一般都是志向比较远大的国防部文职官员。我是签订合同接受这一职位，所以我也不代表任何一个国内组织的利益，除了奥迪耶诺将军，我也不需要向任何人汇报。

无论形势有多么危险或者话题有多么敏感，奥迪耶诺将军走到哪里就带我到哪里。我有渠道，也有影响力。在汽车上，在直升机上，在办公室，我们随时都在讨论问题，随时准备举行会议或者会议结束后就会议的内容进行分析。奥迪耶诺将军利用这些私下的交流做出战略谋划。

我们在直觉上很不一样。一个 6.5 英尺高的军人，而且总是最有权力的首脑的一部分，同我一个 5.4 英尺高的平民女子相比，当然会有不同的做法。我曾经自己周游世界。约旦河西岸的一位巴勒斯坦人曾经对我说，他不知道走在大街上旁边有 11 个兄弟陪着会是什么样的感觉。他是对的。我是一个破裂家庭里唯一的孩子，同奥迪耶诺将军以及他的部队一起走过伊拉克村庄时，我会想起这位巴勒斯坦人说的话。这当然让人对生活有一种不同的感受。战士们围着奥迪耶诺将军形成了一个保护圈，在我们走着的时候，观察着每一个角度。如果我们受到攻击，我知道战士中的每一个人都会毫不犹豫地投入行动，奋不顾身地保护奥迪耶诺将军。当然也会保护我。

我近距离地观察奥迪耶诺将军的领导方式。他倾听并接纳建议，很有决断力。他通过明确自己的"意图"而进行领导，并确定"左和右的界限"。他对下属比较严厉，会定期地"臭骂"他们一顿。不过他会给予他的指挥官们很大的权力。他充分信任他们，绝不对细节指手画脚。他鼓励他们经过慎重盘算可以冒险。他走访各个单位直接了解那里发生的情况，理清自己的思路，保证战士们得到他的支持。他会发短电子邮件，他写得不太好，在键盘上打字也很费劲，他用手写的东西除了军士艾丽卡·斯特朗，没有人能认出来。艾丽卡·斯特朗经过多方面的实践学会了解读奥迪耶诺将军写的字。但他口头交流能力非常强。通过交流可以感受到他的真诚。他人格的力量带动了所有的人。我们从事的事业比我们任何个人更伟大。奥迪耶诺将军是我们无可争议的上司。他是那样魁梧,那样有信心,那样果断,那样坚决。我既敬重他,又有点怕他。我觉得他是不可毁灭的。正如我肯定他不会被杀死,我跟他在一起时感到很安全——无论我们去哪儿,无论情况多么危险。

在我所在的文官领域,管理、行政系统和胜任工作的能力就是所有一切,这一切模糊了同组织的社会契约。如此的环境不能培养有吸引力的领导。在军队里,领导能力受到珍视,得到发展。领导军人被看作是一项很大的特权。经验和权力会产生有魅力的领导人。

我注意到美国的文职领导人总是夸奖美国军人,想要跟军队一起合影。在国内这一切都很好。但我从来不觉得他们真正了解军人能够做什么,他们也没有能力来计算使用军队的代价。他们很少有人在军队里服役过,也几乎不了解军人一旦投入行动,所释放出来的愤怒是多么可怕。他们也不知道暴力对施暴者有多么大的影响。

为了区分巴格达安全计划同过去失败的计划的不同,也为传递信息,说明这个计划是伊拉克的计划,我们用伊拉克的名字叫这个计划(Fard al-qanun),意思是"实施法律"。这项计划很快就被缩略为 FAQ。

由于伊拉克安全计划是联军和伊拉克安全部队之间一个联合行动,这就意味着在所有层级必须建立关系。奥迪耶诺将军的主要伙伴是阿布德·坤巴,马利基选择他来领导新的巴格达行动指挥部,这个指挥部负责实施巴格达安全计划。巴格达行动指挥部设在阿德南宫,在绿色区域之内。所有伊拉克军队、地方和在巴格达执行任务的国家警察都得接受阿布德将军的指挥。美国军官被分配到巴格达行动指挥部工作。我们最不愿意看到的是,我们自己的军队由于失误,自己人向自己人开火。

为奥迪耶诺将军找一个好翻译实在是一件不容易的事。这工作很难，而且需要有技术，那些自重且受过教育的美国阿拉伯人大多不愿意介入到美国在伊拉克的行动中。联军也雇用了"当地人"。他们讲当地的方言，但给美军当翻译会危及他们的生命安全，他们的家里人会受到恐吓，而一些人同当地政党有联系。

在一次会议上，我对凯西将军的翻译印象深刻，他同时把阿拉伯文翻译成英文，又把英文翻译成阿拉伯文，而且没有任何犹豫。会议之后，我走上去跟他说话。麦克·朱艾迪是巴勒斯坦裔，但已经是美国人了。我问他凯西将军离开伊拉克之后是否愿意为奥迪耶诺将军工作。他同意了，很快他就成了跟随奥迪耶诺将军出行随员中的一分子了。

奥迪耶诺将军每周要去巴格达行动指挥部一两次，会见阿布德将军并参加危机行动小组会议。阿布德将军于2003年与其他人一起被解除军职，他一直待在家中无所事事，后来经过幕后活动又返回现役。他显然跟马利基有关系，不过他的所作所为证明选他是对的。他是个体面而且诚实的人，一个职业军人。他的长脸总是很严肃，而且总是很真诚。

负责全国警察工作的是侯赛因·阿瓦迪，一位出色的指挥官，伊拉克军队领导人中最精明的。他的一部分肠子被切除，手术之后人非常的瘦。他认为阿布德无论能力和经验上都不足以担任行动的总指挥。但联军军官们尽力保证指挥官之间保持密切的合作。

阿里·盖丹将军被任命为伊拉克地面部队指挥官。奥迪耶诺将军一点也不在乎他，觉得他很烦人。奥迪耶诺将军的英国副手伯雷根将军把精力主要用在同伊拉克将军们建立密切的关系上。J.C.坎贝尔将军是第一装甲师的副师长，这个师负责保卫巴格达，他大部分时间都跟伊拉克军队领导人在一起，负责对他们进行指导。他干脆搬到巴格达行动指挥部，伊拉克军官都仰慕和尊重他，承认他作为军人和领导人具有良好的素质。

奥迪耶诺将军每周要参加几个有关巴格达安全计划的会议，确保军事行动跟整体战略保持一致。我跟奥迪耶诺将军一起去，坐在他和彼得雷乌斯将军后面的椅子上，做记录，确认接下来需要做什么，答复奥迪耶诺将军传过来的信息。这些会议对建立伊拉克的信心极为重要。但这些会议很长，而且很无聊，我的脑子有时候会走神。将军们都带着他们的讲话材料，一个个耳朵上戴着耳机听着需要翻译过来的内容。

在一个星期天下午召开的国家安全部长委员会会议上，做出了如下决定：军事行动清除了巴格达居民区的恐怖分子之后，政府要开始提供服务以彰显其存在。这说起来容易做起来却很难。政府几乎没有什么能力提供任何东西。去复兴党运动已经解除了许多专业人员的职务，还有些专业人员或死去或逃亡到了国外。副总理巴哈姆·萨利赫说，政府这次一定要成功，这很关键。"如果不成功，"他说，"我们就都完蛋了。"艾哈迈德·沙拉比在 2004 年失宠于美国之后，又返回到政治游戏中。他本来应该动员民众支持巴格达安全计划，但他从来就是一个搞阴谋的家伙，这次却看到为自己笼络支持的机会。

面临的任务规模是巨大的。比如，巴格达到了晚上是漆黑一片，反叛者把所有的灯都搞灭了。这是个可怕的地方，人们可以想象会发生的恐怖事件，早上大街上会出现尸体，或者有尸体会被冲到底格里斯河的河岸上。缺少电力是伊拉克会议总在讨论的话题。如果巴格达仍然处在黑暗中，政府怎么能够展示自己的成功呢？电力部门的官员不无遗憾地说，他们铺上线路，居民们就会把线路挖出来，切断电线，为他们自己获取电力供应。巴格达安全计划不可能成功，除非巴格达获得照明。电力部门官员建议使用太阳能，太阳能设备需要花四个月时间建设；而且需要我们帮助搞来 7000 个太阳能驱动的路灯。

不仅电力形势糟糕，医院简直就是一场噩梦。萨德尔分子在掌管卫生部，有许多报告称医院的卫兵是马赫迪军的成员。一些人在医院的病床上遭到暗杀之后，逊尼派穆斯林因为害怕根本不敢到医院就医。

危机行动小组于周一在阿德南宫开会。主持会议的是国家安全顾问莫瓦法克·路巴依尔，参加会议的有内务部长博拉尼、国防部长阿卜杜勒·卡迪尔、伊拉克将军们、彼得雷乌斯将军、奥迪耶诺将军、第一装甲师师长约瑟夫·菲尔将军和他的副师长坎贝尔将军。

内部部长贾瓦德·博拉尼似乎是个体面和诚实的人。他住在阿德南宫，也在这里工作，这里也是巴格达行动指挥部的所在地。前往内务部是十分危险的；这个部在绿色区域之外，宫里的每一层都被不同的军事组织掌管。国防部长阿卜杜勒·卡迪尔·奥拜迪曾经在伊拉克旧军队里干过，曾经同莫汗将军一起被萨达姆关押，他后来同莫汗将军走得很近。逊尼派政治家提名他担任国防部长这个职务，但他失去了逊尼派政治家们的信任，想要将他解职。

在一个接一个会议上，与会人员讨论了维护巴格达安全的行动计划细节。有些人担心伊拉克武装力量的实力不够，没有足够的武装力量，所以有些部队单位得轮换进入巴格达。但他们会来吗？他们来了之后会参加战斗吗？数十万无家可归的伊拉克人又该怎么办呢？

虽然马利基信誓旦旦说，政治家不会介入巴格达安全计划，但实际上他们已经介入了。阿卜杜勒·卡迪尔抱怨，沙拉比已经在捣乱了，给他打电话问为什么要针对某些人，一些具体的人被关押在什么地方。

在巴格达底格里斯河阿德哈米亚地区和卡达希米亚地区之间不断有交火。阿德哈米亚曾是阿拉伯民族主义的据点，也是逊尼派叛乱的大本营，而卡达希米亚则是什叶派战士的聚集地。我们担心，如果其中一个清真寺被击中，不知道会发生什么事。卡达希米亚清真寺有两位什叶派伊玛目的神龛，这两位伊玛目是穆萨·卡德希姆和他的孙子穆哈默德·塔齐伊玛目。而在阿德哈米亚的阿布哈尼法清真寺是环绕着逊尼派伊玛目阿布·哈尼法·努曼的陵墓建造的，他是伊斯兰法学哈纳菲学派的创立者。早在 2006 年，萨马拉清真寺被炸导致不同派别之间的暴力倾向升级。

前面的挑战是艰巨的。我黎明起床，参加所有美国军方的会议，同奥迪耶诺将军一起到处跑，去参加伊拉克方面的会议，然后做笔记，最后筋疲力尽上床睡觉。

每个月奥迪耶诺将军和我会同英国大使多米尼克·阿斯奎斯吃一次饭。多米尼克的曾祖父是前英国首相赫伯特·阿斯奎斯。他人长得很高，也很帅，举止和仪态都很有范儿，说话有力度但锋芒不外露。他住在绿色区域里面的一栋别墅，离联合国机构不远。廓尔喀卫兵为我们放行。管家米克穿着西服戴着白手套迎接我们。多米尼克跟奥迪耶诺将军握手，弯下身子亲吻我。我们在来宾册上签名。

我很喜欢和享受这样的夜晚。这是我们一月一次的乐事。我们有时候出行到战场上去，又脏又累。但在大使的官邸，我们坐在舒适的椅子里很放松，周围是绘画、图片和各种工艺品，这些东西代表着远离战争的文化和生活。我总是先喝杜松子酒和奎宁水，然后再喝红酒，违反了总规的第一条：不许喝带酒精的饮品。不过我很高兴。我们有三道菜，餐桌曾经是格特鲁德·贝尔的，菜从来没有这么好吃。我们用的是瓷器餐具和金属刀叉。不用塑料盒泡沫餐具感觉真是太好了。

对于奥迪耶诺将军，这是一次机会，可以了解多米尼克对伊拉克政治的看法。利用这样的机会可以深入探讨，对未来进行推测。而对于我，能跟有智慧和幽默感的人在一块感到很惬意。我第一次遇到多米尼克是在联军临时指挥部，那时我们住在同一个地下车库的移动房屋里。他很有智慧，也愤世嫉俗，对于我们在伊拉克所做的一切努力根本不抱任何幻想。但作为王室忠实的雇员，他努力工作。

我通知了奥迪耶诺将军,我很快就要离开,因为作为政治顾问三个月的工作合同就要到期了,这个合同是我同英国国际发展部签订的。他很惊讶地看着我。"你不会离开。"他说。他陈述的是事实,而不是提问题。"我很感激你所做的一切。你确实起到真正的作用。"我有点尴尬,不知道说什么好。"长官,您是不是觉得不舒服?您这样说不是因为我让您见笑了吧?"他一脸严肃,看着我说:"我需要你。"

在多米尼克招待的晚餐上,奥迪耶诺将军要求英国把我的合同延期到年底。多米尼克答应说,他会告诉英国国际发展部延期我的合同。我说我会同意待下来继续担任奥迪耶诺将军的政治顾问,不过有一个条件:奥迪耶诺将军得给我没有美军网络的卫星电视。奥迪耶诺将军向我回击:"你做梦吧!我不会给你没有美军网络的卫星电视。"

彼得雷乌斯将军插手军团的战术细节,而不是专注更大的战略问题,这让奥迪耶诺将军很懊恼。因此参谋人员为了减少两人之间冲突的摩擦点,他们别出心裁的做法是,保证战场上发生的所有事情都要在彼得雷乌斯知道之前告诉奥迪耶诺将军。

每天早上的最新战况评估会都能检验这一点。彼得雷乌斯会提出一个问题。然后,就会有声音说:"长官,长官,是雷回答这个问题。"这时投影机的镜头盖就摘了下来,奥迪耶诺将军就像从盒子里跳出来一样出现在彼得雷乌斯的屏幕上来回答问题。刚才,也许他还在对行动总指挥瑞安·贡萨尔维斯吼叫呢,可出现在彼得雷乌斯屏幕上时却表现得非常镇静。有几次奥迪耶诺将军当时不知道如何回答他提出的问题,参谋们就赶紧在屏幕放下来之前把答案给将军。他是我们的上司,我们都是他团队的成员。过了一段时间,我才意识到彼得雷乌斯就在几英尺远的法奥宫的一个房间里。

尽管彼得雷乌斯喜欢对小事指手画脚,但他明白把大构思弄明白的

失去伊拉克

重要性，也明白大构思不仅要在军队里传播而且要让公众知道。他带来了有信心的气氛，认为我们会成功。他非常有效地把握着人们的期望，告诉我们："伊拉克是很艰难，但艰难并不是没有希望。"他是一位交流大师，他敦促指挥官们，无论在什么时候对媒体说话时，"首先要讲事实"。他知道成功的叙述很关键。过去报告过于乐观而失去了信誉，现在军方应该把失去的信誉找回来。

三月中旬，彼得雷乌斯将军搞出一个联合战略评估团队，在一个月之内帮助他和瑞安·克罗克制定战略战役计划。后者刚刚出任美国驻伊拉克大使。这个20多人的团队由很有天赋的H.R.麦克马斯特上校领导，团队里有外交官、军人还有学者。研究的过程提高了人们对新战略的信心。通过引入批评人士帮助制定新战略，彼得雷乌斯把这些人变成这个战略在华盛顿的拥护者。

军队策划者和国务院外交官在一起制定联合战役计划，把政治作为行动的主线，辅之以经济、治理和信息。2003年以来，美国首次把自己的投入顺理成章地进行了协调。这是一个重大的成果。然而，伊拉克人并没有介入这个进程，而且也不知道我们有这样一个"推动他们发展"的计划。以美国为中心的计划想当然地认为，我们知道什么对伊拉克是最好的，明白他们想要的结果跟我们想要的是一样的。

2007年4月初，奥迪耶诺将军带着克罗克大使到巴格达一些地方视察。我们飞到了一个叫猎鹰的地方，这是巴格达南部的一个基地，在这里听取了吉伯斯上校和史蒂夫·迈克尔中校的汇报。我在巴勒斯坦沃德将军的团队时曾经跟史蒂夫在一起，再见到史蒂夫真是太好了。他是指挥官，有权力而且喜欢做事情。一天前他失去了两个战士，这对他打击很大。

我们之后乘坐悍马返回巴格达，来到朵拉市场。对奥迪耶诺将军，

史蒂夫·迈克尔、克罗克、奥迪耶诺、思盖在市场

这是机会,可以向克罗克大使现场展示军队如何挪出来住在民众之中,把一栋废弃的大楼变成前哨基地,有保护安全用的军事防爆墙和狙击手屏幕。市场周围建起了墙,入口和出口都实施了控制,这样基地组织就很难在市场安置炸弹,马赫迪军也不大容易控制一个区域并把逊尼派老百姓赶走。我们各单位在竞争看哪个单位建的 T 型墙多。将军开玩笑说,伴随军队的增加是水泥的增加。

我们同史蒂夫·迈克尔一起步行穿过市场。克罗克用阿拉伯语同伊拉克人打招呼,问他们生意做得怎么样。他对伊拉克人很尊重,平等地对待他们。他在奥迪耶诺将军身边显得身材矮小,但伊拉克人喜欢跟他说话。一家店主人要求把安全防爆墙拆掉。大使问他:"你不害怕炸弹吗?"那位店主回答说:"我担心我会没有顾客。"我们来到一个偏僻的小巷，坐在一家咖啡店喝阿拉伯甜茶。感觉真好。

奥迪耶诺将军频繁地去塔基，巴格达北部20英里处的一个营地，去反叛乱学院看望新来的部队。他谈到伊拉克的整体局势，也谈到领导问题："无论你做什么，你必须在道德和行为上正直。你会看到让你愤怒的事，你会看到有人受伤和被杀死，你认为你信任的人会让你失望。但绝不能让你的战士们和海军陆战队员失去士气和军人职业道德的方向。"他接着说："我们的陆军，我们海军陆战队，是建立在道德和职业行为规范基础上的。我们必须不时地告诉战士们这意味着什么。在压力下和战斗中做到这一切会更难，但你们必须时时谈论道德和职业操守。"他敦促他们不断地交流。"你们需要和指挥系统上下交流，还必须横向交流。跟你们的士兵和海军陆战队员谈。"他坚持认为，他们必须实施标准。"标准会挽救生命，如果你不实施标准，纪律就会松弛，事故就会发生。"

军士长西奥托拉频繁地陪着将军到战场上巡游，到反暴乱学院。他是个很特别的人，已经成为部队中的传奇式人物。他驾驶着悍马到这个国家的各个地方去，造访所有的单位，听他们谈话，谈论反恐的任务，鼓励军人的士气。他还保证标准的实施。他告诉士兵们，时刻戴着防护镜是非常重要的。"你们喜欢看女人的乳头吗？"他会这样问。"是的，军士长。"士兵们回答说。"那么一定要时时戴着防护镜，否则就会失去眼睛。"不过他强调说，在同伊拉克人打交道时，他们要佩戴清楚地防护眼镜而不是墨镜。"伊拉克人要能看到你的眼睛，这很重要，"他教导他们说，"眼睛是通向心灵的窗户。"他告诉他们，在伊拉克，就像在世界其他的地方一样，有许多好人。"我们需要用微笑和握手跟所有人打招呼，不过也要做好准备动手。"

为了让战士们即使在炎热的夏天也戴着防火手套，军士长会问他们："你们想触摸乳头吗？""是的，军士长。"战士们回答。"那就戴上手套，"

他说，"如果不戴手套，手上就会被烧得留下疤痕，没有女人会愿意让你满是疤痕的手摸她的乳头。"

西奥托拉军士长看到我没有戴手套，感到担心。有一天他在直升机上递给我一副手套。"艾玛女士，"他说，"你必须得戴手套。"我接受了手套，不想听他说男人的那个部位我不能用烧伤的手去爱抚。

我喜欢跟奥迪耶诺将军和军士长西奥托拉乘汽车和直升机出行。我们三人彼此间非常亲密，而且彼此尊重对方给我们的行程带来的一切。奥迪耶诺将军和我会谈论伊拉克的局势，西奥托拉军士长会考虑如何向士兵们解释伊拉克的形势，他会给我们讲述在伊拉克国内到处转悠的经历，让我们开心。我会听奥迪耶诺将军和军士长谈论军人，为军官和军士不同的领导地位所吸引，这样一种等级制度仍然在现代军队中有效，我觉得挺好奇。

思盖与奥迪耶诺走过巴格达的一个市场

军士长西奥托拉有一天转向我说："当将军说话的时候，我可以听到有些话是我说过的，有些话是你说过的。"他笑了笑说，"这不是很有意思的事吗？"

我们会定期去伊拉克西部的大省安巴尔。海军陆战队很乐意展示自从逊尼派部落开始反对基地组织以来正在取得的进展。离开营地之前，海军陆战队员聚集在随行车队边上听简短的安全介绍，告诉他们医务兵都是谁，遭到袭击该做什么。如果悍马车不能动了，门也打不开，就把窗子推开从那儿爬出来。我看了看奥迪耶诺将军，抬了抬眉毛。他冲我笑了。他知道我在想什么。他块头那么大不可能从悍马车的窗口挤出来。

3月份，我们乘坐悍马穿越拉玛迪，经过了被炸弹炸毁的楼房和布满弹痕的墙壁。到处都是带刺的铁丝网和混凝土路障，这地方看着非常可怕。一堵墙上的涂鸦写着："穆斯林游击队员万岁！"但大街上空无一人。整个城市已经被遗弃了。我们到了一个联合安全检查站，美军团长向警察的头儿和伊拉克军队指挥官介绍奥迪耶诺将军。之后，我同一些伊拉克军人说话。他们都不是拉玛迪人，他们告诉我，拉玛迪的所有居民由于害怕基地组织都逃走了。

另外一次，我们驱车到法鲁贾郊区的一个前哨基地，我注意到我们经过的时候，所有伊拉克车辆都停了下来。在直升机上，军士长西奥托拉跟我解释说，他们的车停下来减少了美军向他们射击的可能性，如果他们不停车，美军会误以为他们要发动攻击，其实他们可能只是开车不规矩而已。在其他地方，我听说高尔夫球会投向伊拉克车辆，提醒他们保持车距。美国军人常常在他们的车后面挂一块牌子，上面写着："保持50米车距，否则你会遭到射击。"而这个牌子只有在20米远的地方才可以看得清楚。所有这一切都不可能使当地老百姓亲近我们——美军驱车在川流的道路上逆行巡逻同样也不会使我们同伊拉克老百姓产生亲近感。

我们乘坐直升机时,直升机发射一排排的光弹作为防御措施来 迷惑热感武器,这是很正常的。但地面的伊拉克人常常认为直升机在向他们射击。

联军撤出居民区,叛乱分子不会放过这样的机会而什么都不做。3月5日,一枚炸弹在穆塔纳比街上落入巴格达的文化核心地带,30人被炸死。这条街道以10世纪一位著名的阿拉伯诗人的名字命名,是巴格达的文化中心区,知识分子常常聚集在这个书店和咖啡馆里。"他们甚至连书也要杀死。"一个人不无遗憾地说。第二天,100多名什叶派朝圣者遭到杀戮,他们正准备聚集在卡尔巴拉纪念阿巴因,这个纪念日标志着伊玛目·侯赛因40天的哀悼期结束。伊玛目·侯赛因是什叶派的烈士。(在萨达姆统治期间,阿巴因纪念日被禁止。)

2007年4月12日发生了两次袭击,对巴格达安全计划的信心又是一次严重的打击。早上一枚汽车炸弹在萨拉菲亚大桥上爆炸。10名伊拉克人丧生,好几辆轿车掉入河中。这座大桥是英国人在20世纪40年代建造的,被看作是巴格达的纪念性建筑,它是这个城市北部底格里斯河上最繁忙的连接点,连接着乌兹里亚和尤塔菲亚。在同一天的午饭时分,一枚人体自杀炸弹在代表委员会的餐厅里爆炸。我们飞过巴格达去视察究竟造成了什么样的损失。

奥迪耶诺将军去见阿卜杜尔·卡迪尔,这位国防部长情绪很低落。叛乱者打回来了。他担心叛乱者会使安全计划彻底失败,正像他们颠覆了其他计划一样。这些爆炸事件对伊拉克人心理产生了巨大的影响。他担心这会成为一个转折点。但奥迪耶诺将军拒绝这样看问题,并让他相信我们不会被打败的。

我们在4月份已经失去了117名联军战士。无论我们到哪里,威尔

176
失去伊拉克

森少校都会走进会议室，递给奥迪耶诺将军一张纸条，通知他发生的袭击和伤亡情况。那一段时期真是太糟糕了。正是因为奥迪耶诺将军的计划才导致士兵们去冒丧失生命的风险。为了这个计划，正有数十人数十人地死亡。

我们定期会见到的几名高级军官也受了伤。5月3日，我们得到消息，比利·唐·费里斯上校在巴格达东部的阿达哈米亚地区视察三英里长的混凝土墙时被狙击手打中。混凝土墙是用来保护逊尼派阿拉伯人在阿达哈米亚地区的聚集地。我们驱车到了医院。奥迪耶诺将军同费里斯的军士长交谈，我在后面焦急地等着。军士长迅速把费里斯上校送到了医院，担心他在路上会因为流血过多而死亡。在麻醉之前，比利·唐设法跟他妻子通了电话。飞机把他送回了美国。费里斯上校不仅完全康复，而且几个月之后返回伊拉克接着指挥他那个旅。5月7日晚上，格雷·盖德森中校参加完旅里两名士兵的追悼仪式之后，在返回的路上遭到路边炸弹的袭击。他失去了两条腿，右臂还严重受伤。

5月的一天，在巴格达上空飞行的时候，奥迪耶诺将军看到地面上有一辆燃烧的悍马。他指挥直升机在主路的中间着陆。他告诉我待在直升机上，自己带着几个卫兵从飞机上跳下去跑过去照顾悍马上的士兵。我坐在座位上。一会儿十几个伊拉克人开始向直升机方向移动。通过耳机，我听到飞行员在说"三点方向，三点方向，顺着小巷过来。"我把头转向左边，看着那些伊拉克人。我在心里祈祷，但愿他们没有武器。"九点方向，九点方向，"飞行员呼喊道。我把头转向另一侧。我变得越来越紧张，担心这里会变成索马里"黑鹰被击落"时的情景。我的心跳得很快。我这时宁愿跟奥迪耶诺将军在大街上，也不愿意坐在处于巴格达主街道中间的直升机上。突然奥迪耶诺将军很快就出现了。另外一个单位的人救走了悍马上的士兵。我们起飞了，飞回到胜利营地。我焦急地朝下看着聚集在我们直升机周围的伊拉克人。

每一个美国军人的阵亡都让奥迪耶诺将军更坚定了取胜的决心，这样他们的牺牲才有意义。每周大多数日子我们都在外面造访各个单位。无论我们到哪里，奥迪耶诺将军都会跟士兵握手，给他们奖励，把紫色心形勋章佩戴在受伤的士兵身上。我可以看得出来，他的出现鼓舞和提升了士气。他会把战士们聚在自己的周围。"你们所做的事情正在发挥作用，"他告诉战士们，"你们取得的每一项战术胜利都对这项伟大使命的整体战略成功做出了贡献。"他意识到，战士们日复一日地外出是艰难的，天气灼热，穿着防弹服，翻越高墙，遭到枪击，把死伤的战友带走。"我们会赢得胜利。"他向他们保证。他不是说说，而是相信我们会赢得胜利。

我心里充满了疑虑。那些年轻的士兵聚集在奥迪耶诺将军周围，我看着他们的面孔，我一点也不能确定，他们人数的增加和不断地发动攻击能够打破伊拉克暴力的怪圈。实际上，我担心这样做只能加剧暴力。问题不在于军队的数量，而在于战术的改变。伊拉克人会明白，我们已经做出了改变？他们会把我们看作他们的保护者吗？但即使在最沉寂的时候，只有我们两个人在一起的时候，我们谈论军人的损失，他会敞开心扉地说领导责任的担子是如何的沉重，然而，奥迪耶诺将军从来都没有对计划的成功表示过担心。对于将军而言，没有其他可以想得出来的结果。

第 10 章　意识到应该和解

"你不能一路杀下去解决叛乱问题。"

引自：彼得雷乌斯

　　美国军方终于明白了，他们用武力没法赢得在伊拉克反暴力的战争。很显然，军方自己的行动不可能结束伊拉克的暴力，只有伊拉克人做出决定不打了，才可能出现持续的稳定。2006 年，安巴尔的逊尼派部落开始反对基地组织，向美国军队寻求支持。"觉醒派"提供了新的机会，这说明同过去与我们作战的伊拉克人合作是有可能的。

　　在奥迪耶诺将军的情报军官中，有一位很出众。她就是尼慈基·布鲁克斯中校。她个子很高，瘦瘦的锥子脸，她把头发系在后面使脸更加突出。她语速极快，脑子也像语速一样快。对武装组织的了解似乎像百科全书一样，尤其是对什叶派武装组织的了解。她与其他情报军官非常不同的是，她对伊拉克人的理解非常全面和深刻，也非常了解伊拉克人背后的动机是什么。经过给奥迪耶诺将军一次次地汇报，不同组织的图像变得清晰了。她会展开一幅大图，确认不同的领导人，确认他们同哪些人有联系。

　　尼慈基有两位女助手，凯蒂·大卫森少校和莫妮卡·弥勒中校。他们单位的头儿是杰里·泰特上校。我非常钦佩杰里·泰特上校，他充分授权给他的女性团队成员,她们的聪明才智并没有让他感到受威胁。我对他们的背景和军队之外的生活一无所知,但我们之间有一种不用言说的姊妹感觉。我们在会议上相互支持,从彼此间的想法受到启发,彼此相互照应。

奥迪耶诺将军认为武装组织加剧了派系之间的暴力。逊尼派极端分子的网络从首都周边的小城镇延伸到城市里面。什叶派民兵占据了巴格达大部分区域,向黑社会组织一样运作,通过他们控制的加油站解决资金。他们把巴格达大片区域内的逊尼派成员都赶走了。怎么对付他们呢?大规模的逮捕把许多无辜的伊拉克人关进了我们的关押营地,他们中最臭名昭著的就是巴士拉附近的布卡城。许多被关押的人在我们的监狱里受煎熬,也没有正常的程序,也不知道自己会被关多长时间,所以他们变得极端了。

彼得雷乌斯将军的英国副手格雷姆·兰姆将军受命寻求同叛乱者接触的渠道。这不是件容易的事,因为这意味着同那些杀死我们战士的人打交道。但兰博(我们大家都这样叫他)曾经担任过特别空军部队的指挥官,而且有在北爱尔兰和其他地方工作的经验,不大可能被指控对恐怖分子手软。有些军官说,我们不应该同那些手上沾血的人打交道。对于这些人,兰博指出他和其他的人手上都沾有血。

兰博有点蛮横。走出法奥宫,他碰上了翻译迈克尔·朱艾迪。迈克尔最近刚从绿色区域搬到胜利营地。"迈克尔,你最近怎么样?"兰博一边同他握手一边问道。"我还可以,可我还没有搞到一辆车。"迈克尔回答说,"我的移动房间不像法奥宫那的移动房屋好。""迈克尔,"兰博打断了他,"你看我像是在你的问题上为难你的人吗?"迈克尔把他们两相遇的事跟我说了,脸上留着泪水。只有一个兰姆将军——跟别人都不一样。

兰姆在美国军方政治正确的文化中绝对不可能生存。他的邮件经常是意识流。他有时会发来建议："从那个坏蛋，一群杂种俱乐部的头的脑袋里得到一个建议——不要有朋友。另外：你为那个鸟人做得不错。"每隔六个星期，兰姆宣布他要回英国"打老婆"。奥迪耶诺将军摇摇头。像其他美国军人一样，15个月里只能有一周的假期。他大摇大摆地到处招摇，袖子挽起来，骂骂咧咧，开车开得疯快。无论从仪态上还是行为上，兰姆都像个流氓。但这一切都是演戏，是让美国人面对需要改变的现实，冒一点风险。就是凭着他的个性，兰姆让别人接受了他的主意。

在绿色区域冒德公寓兰姆的住所，他召集讨论如何让叛乱者停止战斗。他邀请了奥迪耶诺将军，负责训练和为新伊拉克军队提供装备的登姆普西将军和负责在伊拉克的特种部队的斯坦·麦卡克里斯托尔将军。兰姆每次开讨论会都叫我，邮件也发给我。他没有自己的人员，需要盟友，感觉到我是有用的盟友。我身子向奥迪耶诺将军那边倾斜，向坐在将军另外一边的兰姆解释说，我们刚从塔基的反叛乱学院回来。我告诉兰姆，奥迪耶诺将军在讲话中鼓励他的士兵们不要生活得像猪一样，这让我感到有些内疚，因为我的装束不是很整洁。兰姆问："你听过我猪的故事吗？"我承认说没有。他说："2003年在伊拉克战争开始的前夜，我给那些男孩子们做了一个劲爆的讲话，在讲话结束时我说：不要忘了，那些懦弱的人从来没有跟猪发生过关系。"奥迪耶诺将军看看兰姆，然后又看看我。我耸了耸肩。我能说什么呢？

一天兰姆带着他的小团队出现在奥迪耶诺将军的办公室。他在一块白色板上画出一个图形，谈到"手风琴，挥动管子的人和楔了"。没人知道他在说什么。他自己的思路断了之后，兰姆就会不断地重复"贪、贪、贪"，好像他患有图雷特氏综合征，直到他想起自己要说什么。他用逸闻趣事回答奥迪耶诺将军的问题，东一榔头西一棒子，让我们大家感到比他刚一开始说的时候更不知所云。不过区别愿意和解的人和不愿意和解的人是必要的,这一点我们倒是明白了。问题是如何做呢?

几天之后,我们来到巴格达北部的巴拉德美军基地跟斯坦·麦卡克里斯托尔将军进一步讨论这个话题。麦卡克里斯托尔将军的团队坚决主张和解。要么和解,要么死亡。奥迪耶诺将军不同意。是奥迪耶诺将军的部队会冒风险,所以他的部队在和解中要首当其冲。和解应该是既有说服也要施加压力。那些不愿意利用给予的机会进行和解的应该留给斯坦的部队来解决。

兰姆在如何让武装组织停止同联军作战方面有一些主意。其中一个办法是,如果在拘禁营地关押的叛乱人员同意去说服他们组织的成员停止攻击联军,我们可以释放这些人。这个办法显然是有风险的。怎么才能评估我们是否真正地"改变"了这些叛乱分子呢?

奥迪耶诺将军对释放杀害过美国人的叛乱分子表示怀疑,担心这只会导致更多的美国军人丧生。他还担心士兵们会认为这是"捉放"计划,结果他们很可能更倾向于击毙,而不是逮捕。将军说:"我在伊拉克从来还没有碰到过任何兑现自己承诺的人,让我同意释放杀害过美国军人的叛乱分子,这太难了。"

但奥迪耶诺将军和兰姆之间的分歧在减少。我同兰姆和他的人在一起,帮助他们理解奥迪耶诺将军的担心,寻求解决这些问题的办法。奥迪耶诺将军想要有一个政策和策略框架,在这个框架之内进行工作。我们对于那些杀害过美国军人的人是什么样的立场?我们的红线在哪儿?兰姆把释放关押的人看作是建立信心的方法。但奥迪耶诺将军想要看到暴力的减少,想要在释放关押的人之前建立一个地方联合安全站。

我敦促兰姆跟他的人把他们的工作同主要任务融合在一起,而不是把它当作一项独立的英国倡议:"要注意:这项工作目前看上去像是兰姆

失去伊拉克

的个人表演。"我告诫说。"假如这项工作要获得必要的支持,需要融入整个任务,绝不能当作是一件英国的事(要把封面的英国旗子拿掉!)。"兰姆回答说:"艾玛,你怎么能够建议我们拿掉英国国旗呢——我亲爱的姑娘,我们不做那样的事。你显然是跟美国人待的时间太长了,不过既然我知道女人对于不愉快的信息是多么敏感,在这件事情上我们屈尊拿掉那个招致讨厌的象征,不过我不能忘记英国国旗曾经飘扬在一个日不落的上空。"

我给他回复邮件写道:"兰姆将军,我知道对你来说接受现实很难,大英帝国已经在许多年前就失去了她的帝国(她也不再伟大了)。现在我们得更富有技能,做事更讲究方式方法,通过我们的表兄弟来实现统治。因此我们应该把星条旗当作我们自己的国旗来接受。"

我们接近达成共识时,兰姆在冒德公寓同美国高级军官召开了一次会议。很有朝气的英国少校查理·威廉姆斯介绍情况,以他的聪明和魅力给与会者留下深刻的印象。吃饭的时候,兰姆把彼得雷乌斯安排在查理和我之间,麦卡克里斯托尔将军则坐在我对面。这是我同麦卡克里斯托尔将军第一次真正意义上的谈话。作为一个领导特种部队的人,他考虑问题很周全、很开放而且书读得也很多,给我留下了深刻的印象。他对我谈了反恐行动给那些执行任务的人带来的影响。他问我,如果我根本就不相信全球反恐战争的整个假设,我怎么会参加在伊拉克的工作?我告诉他,我本来可以坐在英国做一个旁观的批评者,但我选择来到这里在实地参与制定我们做事的办法。我承认同军方一起工作改变了我。如果我想要影响别人,我就必须改变我自己的想法。

我们飞到提克里特,驾驶悍马到政府大楼。我慢慢从车里下来,摘下钢盔,结果遭到申斥叫我戴上钢盔,因为有狙击手正在瞄准着大楼的入口。在大楼里面,我们跟省长、副省长以及大穆夫提贾马尔·达旦一起开会。贾马尔·达旦被认为是伊拉克最有影响的逊尼派领导人之一,一年前由于身份误认遭到美军的关押。

大穆夫提说,腐败和杀戮需要停止。就业机会会让年轻人脱离暴力,进入工作的行列。他希望废除去复兴党法律。"许多介入抵抗和圣战的人都可以经过劝说而脱离武装斗争回到政治解决问题的一方,"他告诉我们说,"当然基地组织不能。"他说他不了解所有的叛乱组织,但他碰到过一些。"他们愿意成为解决方案的一部分。"他交给我们那些叛乱分子为伊拉克发展而提出的建议。

回到直升机上,我跟奥迪耶诺将军提起我在一堵墙上看到的涂鸦:"英雄,萨达姆·侯赛因烈士。"他说这个死去的独裁者是杀人魔王。我说:"我们还不知道谁杀死的伊拉克人多,是你还是萨达姆,长官。"直升机上一片沉寂。每个人都待住了。我想我这次确实有点过了。然后,奥迪耶诺将军吼道:"打开门,飞行员。把她扔下去!"

在圣帕特里克节,兰姆邀请我们到冒德公寓。我们坐在院子里喝茶,背景音乐是用风笛演奏的。奥迪耶诺将军懒散地坐在椅子里抽着雪茄。兰姆在琢磨他同萨德尔分子的接触。他的行动进行得并不顺利。他告诉我们:"瘦子被打了,萨德尔城的市长受伤了。"(兰姆不大会说阿拉伯名字,所以他给跟他一起工作的人起绰号。)他抱怨说,他缺乏人手:"我只有五个人和一只鸟做所有的鸟事。""一只鸟,"我提醒他,"顶10个人啊。"

几天之后,奥迪耶诺将军从他办公室出来找我。他刚接到报告,我们的特种部队在巴士拉发现了雷施·卡扎利以及他的兄弟奎斯。这是大新闻。奎斯·卡扎利在总理"不能动的人物"名单上,但我们曾经阴差阳错地关押了他,而且不想放他走。马利基个人认识奎斯,宣称奎斯是反对伊朗的,而且争辩说奎斯没有攻击联军。我们怀疑卡扎利兄弟应该对一月份卡巴拉那次攻击负责,那次有五名美国军人被打死。一个星期之后我才发现卡扎利兄弟卷入攻击的程度，以及伊朗在伊拉克活动的程度，而且对他们的组织正义联盟（Asail Ahl al-Haq）有了全面的了解。（有一个跟他们那帮人关在一起的人一个多月以来都说自己是聋人，并被称作"聋哑人"。结果他是阿里·穆萨·达克杜克，黎巴嫩真主党的间谍。）

我们在伊拉克到处巡视期间，发现很明显逊尼派穆斯林发生了变化。在几个地区，曾经跟我们作战的逊尼派穆斯林同我们的地方指挥官有了接触。他们想要改变立场，同我们一起反对基地组织。美国决定"派"更多的部队到伊拉克对逊尼派穆斯林产生了心理影响，这些逊尼派穆斯林认识到他们不可能在军事上打败美国。他们寻求我们的帮助，以免遭什叶派民兵和伊拉克安全部队的迫害；他们想要跟我们一起反对他们最大的威胁伊朗，以及他们认为被伊朗支持的巴格达政府。

这是从底层出现的现象，非常地方化。在安巴尔，阿布·里沙带着整个部落，而在其他地方，叛乱领导人仅有数百人忠于他们而并非数千人。一些地方上的美军指挥官向安巴尔的肖恩·麦克法兰上校学习，同之前与他们作战的逊尼派穆斯林做交易。

对于美国军方，逊尼派的觉醒派帮了大忙。同我们作战的叛乱者转向我们一方，帮助我们同其他叛乱者作战。发言人兴奋地谈到逊尼派穆斯林如何拒绝基地组织，因为基地组织对伊斯兰的解释是反常识的。美国军方开始把过去的叛乱者称为"相关的地方居民"。表示"相关地方居民"的大写首字母CLCs存在了好几个月，因为在美国军方的工资单上有数千名"相关地方居民"的名单需要审查。

阿布格莱布出现的新情况特别重要。阿布格莱布城位于巴格达的西部，是通向首都的大门，对这个城市的争夺非常激烈。我们碰到一些酋长，他们宣称，因为部落领导人被弱化，阿布格莱布实际掌握在恐怖分子手里，而不是在法律的控制之下；他们还说伊拉克军队表现很差，还说伊拉克政府和联军认为在那个地区的所有人都是恐怖分子。虽然如此,酋长们说,阿布·阿扎姆和他的组织仍然在没有联军和政府的帮助下同基地组织作战,而且已经有许多年轻人为此丧生。这说明我们没有真正理解这些人。"伊拉克人喜欢外国人,"一个人说。"我们只是不喜欢被占领!"我确信让这些人站到我们这一边应该是可能的。

柯特·平克顿中校是2-5装甲团的指挥官,负责控制阿布格莱布。我们到他那儿去了几次。中校给人印象很深,而且有创新思想,他描述他如何开始跟阿布·阿扎姆的组织合作,为他们提供了灯光和反光的皮带,这样他们在守卫检查站时,联军就可以认出他们是自己人。作为回

奥迪耶诺将军欢迎马利基

报，他们向我们提供了有关重要的基地组织领导人和生产汽车炸弹工厂的信息。阿布·阿扎姆的组织想要成为那个地区的正规安全部队，但伊拉克政府不同意。平克顿发现自己不得不在伊拉克军队和部落之间进行谈判，而处于这样的地位是很困难的。

奥迪耶诺将军5月去见马利基，劝他接受阿布·阿扎姆的组织，将其编入伊拉克安全部队。将军说由于他们过去做过的事，他理解同这些人打交道是如何的艰难，但是这是"和解"的机会。在过去的30天内，阿布格莱布地区基本上没有发生袭击事件。然而，马利基担心阿布·阿扎姆在组建一个逊尼旅。他不想把这些组织编入安全部队，恐怕日后成为后患。阿布·阿扎姆像狐狸一样狡猾，马利基提醒说，他是一条会随着环境而变换颜色的变色龙。他警告不要把宣称同基地组织作战的所有人都武装起来。在我们同前叛乱分子做交易的时候，我看得出来伊拉克政府变得越来越紧张。

我们为把逊尼派穆斯林从叛乱中拉出来，并征召他们，让他们保卫自己的地方，做了很多努力。而马利基和他的内部圈子则竭力地破坏我们为此做出的努力。美国军方对此感到很恼火。更糟糕的是，美国军方担心马利基政府插手阻止我们建立可信任的伊拉克国民安全部队，而且还可能跟什叶派民兵的军事行动合谋。美国军官开始发布消息反对总指挥部办公室。

我担心如果我们继续在这条路上走下去，马利基和他的顾问们反对我们的计划，我们就会制造出一大堆新的问题。我觉得有必要理解总指挥部办公室究竟是怎么回事，而且也需要改善同马利基的关系，看看我们是否能够达成某种形式的妥协。

很幸运，J.T.汤姆森上校接任奥迪耶诺将军的执行官，这样我的工作就轻松了一些，不用再撰写奥迪耶诺将军会议的所有细节，也不用每天为奥迪耶诺将军写给彼得雷乌斯的报告。奥迪耶诺将军同他的前执行军官之间没有默契，因此他从来不带他出胜利营地。而汤姆森上校为奥迪耶诺将军工作了多年，很受将军信任。我们两人现在都陪着奥迪耶诺将军参加所有会议。这个新的安排让我从"战场巡视"归来之后，有时间安排我自己的会见。

我的第一步是见马利基的参谋长塔雷齐·纳吉姆。塔雷齐是什叶派穆斯林，达瓦党成员，曾经在埃及学习过，也曾经在英国待过。我陪着奥迪耶诺将军同他会过面，但他一直比较神秘。我现在同他在他白宫的办公室一起用餐（总理的大楼被称为白宫）。

我问他对美国怎么看。塔雷齐博士说，在70年代之前人们真的认为美国代表民主和自由。在1956年的苏伊士运河事件上，美国站在阿拉伯人一边，反对法国、英国和以色列。但在20世纪70年代，情况发生了变化，原因是美国对巴勒斯坦问题的态度，美国支持萨达姆，特别是伊朗伊斯兰革命之后，美国在萨达姆对伊朗的战争中支持萨达姆。但在美国帮助伊拉克推翻萨达姆时，民众对美国的态度又发生了转变。但民众现在的态度又一次发生了转变。许多人认为美国在帮助逊尼派穆斯林打击什叶派穆斯林。对什叶派的杀戮给了萨德尔分子机会，宣称他们是什叶派社团的保卫者。但他坚持认为，这些人是罪犯和法外之徒。

我告诉塔雷齐博士，最近几天我们失去了11名士兵，他们中的九人是被马赫迪军杀死的。这绝对不能接受，这种状况不能继续。什叶派不是我们的敌人。我敦促伊拉克政府劝说萨德尔分子不要攻击我们。

塔雷齐博士说，伊朗对于马赫迪军的支持起到了动摇和挑战伊拉克政府的作用。火箭弹落到绿色区域对巴格达城里的人造成了心理上的影响。"如果政府和联军不能保护他们自己，他们怎么可能保护公众呢？如果是萨达姆，在一天就会搞定这样的事。"

我告诉他，最近举行仪式给吉姆·甘特少校颁发了银星勋章，表彰他的勇敢。甘特少校热情洋溢地讲述了训练伊拉克安全部队的工作，讲述了美国坚持下去完成使命的重要性。我念了他讲话的一段：

我一生中拥有的最好的朋友是伊拉克人……如果你认识达富尔上校，一个伟大的指挥员和领导人；如果你认识法迪尔少校，他把我从燃烧的悍马中拽了出来；如果你认识海斯上尉，如果你认识萨拉姆，或者阿巴斯，或者阿里；他们都是勇敢的斗士，他们那天以难以令人置信的勇气参加战斗，我会非常高兴而且毫不犹豫地为他们奉献我的生命。

我说，没有人会相信美国人和伊拉克人可以建立这样的关系。塔雷齐博士很受感动，他说："我们孩子们的血里有你们孩子们的血。"

伊拉克总理的军事顾问巴斯玛·贾迪拉高居美国军方的名单之上，是伊拉克派别暴力的主要制造者之一。她是什叶派穆斯林，接近40岁。美国方面把她描述为恶毒的派别表演者，是撒旦版的鲍迪卡（誓死抵抗罗马军队的凯尔特女王）。就在我们要见面的几天之前，我决定来了解一下这个女人究竟是个什么样的人，但她不回电话。翻译迈克·朱艾迪跟我花了30分钟才通过了外围的安全线，来到她的办公室。正常情况下联军人员可以轻松地进入伊拉克所有的建筑。

我第一眼看到巴斯玛博士，她正围着一张桌子跟酋长们举行会议，他们在讨论法鲁贾的局势。她讲话坚定有力。她戴着头巾，而不是传统的覆盖全身的袍子，她的鞋还是高跟的。她在桌子周围显然是一个权威人士。麦克跟我坐在一边，我们旁边坐的是其他伊拉克人，这些人在等待发言。

她的会议结束了，我做了自我介绍，解释说我是奥迪耶诺将军的政治顾问。我说我们两人可能有许多共同之处，我们都是女性，都是平民，都同军方一起工作——同军人在一起工作是不容易的。她笑了，挥动着两手说:"是的,这是悲剧!"一位酋长插嘴说:"你和她之间的区别就是她有真正的权力,她处于统治地位。"

美国军官在国际媒体上对她有评论,宣称她指挥什叶派敢死队,开除逊尼派军官。我解释说,奥迪耶诺将军让我就这些评论转达他的歉意。《华盛顿邮报》的文章对我极为不公正,给我制造了麻烦。"她感谢我转达的歉意。她说,"我想要见见奥迪耶诺将军,听上去他这人不错。"我笑了。

我们之间的会晤只持续了20分钟。但我们建立了联系。巴斯玛博士对我说,我可以随时来见她,她会告诉卫兵今后随时让我进来。

一周之后我第二次会晤时,她那里只有一位客人,阿德南将军。阿德南将军是总司令部办公室的情报和安全主任。阿德南将军体格很健壮,面带笑容,握手很有力,不断地抽烟。巴斯玛博士很高兴再次见到我,她希望我们的会晤会有结果。美国和伊拉克会一起取得成功,或者一起失败——我们子弟的血已经撒在一起了。

她解释说,她和阿德南将军都不属于任何政党,所以没有高层保护伞,意思是说别人可以打报告说他们的坏话。在总指挥部负责安全文档,他们得跟那些继承了前政权文化的军官们打交道。她抱怨说,许多跟伊拉克安全部队一起工作的美国顾问患上了"顾客国家症",重复他们为之当顾问的伊拉克人的谎言,这就是为什么联军对总指挥部的印象不好。

我问他们各自的背景。阿德南将军向我讲述了他的军旅生涯,以及他在两伊战争中的经历。他后来被分配去训练萨达姆敢死队,萨达姆的儿子建立的臭名昭著的民兵组织,但这违背他自己的意愿。2003年之后,他被分配到国家安全部。他说,"后来政党进入了部门,于是事情发生了变化。"一些被任命的人是忠于伊朗的。阿德南说,由于他自己是伊拉克民族主义者和一个爱国者,所以他同那些人发生了麻烦,于2006年11

月调到总指挥部工作。

巴斯玛博士出生在萨德尔城。她在摩苏尔大学一直是班里最优秀的学生，她学的是统计学。她在巴格达大学攻读管理和经济的研究生。由于她是政府资助的学生——虽然她既不在军方也不是工程师——但她得从事与军方有关的研究。海法大学教授巴尔·沙洛姆有关火箭精准度的文章对她产生了影响，于是她从事了发射垫、火箭和地对空导弹的研究。9.11和美国入侵阿富汗之后，萨达姆要求所有的学术研究都要跟军队挂钩，于是她致力于网络雷达"卡尔曼过滤者"和瞄准精准度的研究。她于2004年提交了研究报告，同年获得博士学位。

2005年，萨德尔运动时决定进入政治进程。因为她是穆克塔达父亲的追随者，萨德尔分子就接近她，让她参选作为他们名单上给妇女留出的指标。在国民大会，她是拥有12个成员的国防和安全委员会中的唯一女性。他们一开始试图阻止她加入，但她没有放弃。人们说国防和安全是男人的事，但她不接受这样的说法。她在这个委员会第一次遇到努里·马利基。她把马利基描述为"一位爱国者，勇敢的人，一个善于做决定的人"。萨德尔运动的人抱怨说马利基影响了她，所以她反对萨德尔运动。她形容马利基是她的导师，是她唯一惧怕的人。"他是领导人，"她说，"是具有纳尔逊·曼德拉地位的领导人。"但我想到，曼德拉曾经说过，领导地位意味着做符合人民利益的事，而不是追随民粹主义的直觉。伊拉克没有曼德拉。

我站起来要走，阿德南将军说："这不公平。巴斯玛博士是个独裁者。她在会晤中唱了主角！"

"告诉巴斯玛博士独裁者会有什么结果。"我告诉他。她笑了。我觉得，巴斯玛和阿德南至少想要我理解他们，并且喜欢他们。

在巴斯玛办公室喝了许多杯甜茶之后，我明显地感到他们非常怀疑美国人的意图。在美国入侵之前,他们从来没出过国,也没遇到过美国人。根据2003年以来发生的一切,他们的结论是:美国并不是计划要推翻萨达姆,美国的目的是摧毁伊拉克,在伊拉克制造内战。

我尽可能地向他们解释:冷战之后,新保守主义主张更强硬的外交政策。由于受到伊拉克流亡者的影响,他们认为推翻萨达姆,引进民主会改变中东,从而实现同以色列的地区和平。随着乔治·布什当选美国总统,新保守主义人物在美国政府中担任了重要职位。9·11袭击导致布什提出了先发制人的宗旨,并提出反对恐怖主义的全球之战。因为拥有大规模杀伤武器,萨达姆被描述为对美国最具威胁的人物,结果事实证明这是一次严重的情报失误。新保守主义者选择性地利用情报,说明基地组织和萨达姆之间有联系。拉姆斯菲尔德负责战后的伊拉克事务,他想要把这个国家交给艾哈迈德·沙拉比,之后美国撤出。美国国务院曾经考虑过伊拉克的国家建设问题,但这个想法被搁置了,因为拉姆斯菲尔德坚决认为美国不应该介入伊拉克的国家建设。

巴斯玛难以置信地看着我。"一个像美国这样的国家,一个可以把人送上月球的国家,怎么可能不知道自己做什么呢?美国怎么可能在推翻萨达姆之后没有一项计划呢?"她问道。很难让她相信联军在能力方面不够强。但她得知美国政府也不是铁板一块,在不同的部门和个人之间也有分歧,还是很感兴趣的。肯定有一些东西会让她产生联想。我承诺我绝对不会对她说假话,我们之间相互信任是非常重要的。

我们长时间地讨论了伊拉克社会在前政权倒台之后教派纷争如何变得更为激烈。几个世纪以来,各教派在一起没有今天这样的分歧。过去各教派之间是相互通婚的。巴斯玛的嫂子就是来自法鲁贾的逊尼派穆斯林,这在现在是不可能的。阿德南将军的妻子也是逊尼派穆斯林。

"按照日内瓦公约,联军没有尽到职责。"巴斯玛抱怨说。"联军允许无法无天，什叶派被迫向民兵寻求保护，而逊尼派则向基地组织寻求保护，而联军却作壁上观。"

"这战争是反恐的，应该是情报战。"阿德南将军说。"即使美国再派五个师到伊拉克，也无法完成使命。许多伊拉克人被关押在监狱里，这些伊拉克人得到了基地组织的训练。美国在为基地组织做工作。美国人难道不懂吗？"我向阿德南将军说，我们完全明白这个问题。

我把讨论又转回到马赫迪军问题上。阿德南将军说，马赫迪军最初只是一群没有职业的年轻人。他说罪犯渗透进了马赫迪军，伊朗人也渗透进了这个组织。最好的解决办法是给他们提供就业，但绝不是让他们进入安全部队。他表示乐观，因为人们已经开始反对马赫迪军了，正如逊尼派转而反对基地组织一样。

我很快就意识到，在总指挥部有两个阵营，一个以巴斯玛为首，另外一个阵营以法洛奇·阿拉基中将为首。我不确定分歧是与个人有关还是同政策有关。所以，我决定见见法洛奇，以保证同两个阵营都有很好的交流。

"巴斯玛博士是总理的安全顾问，"法洛奇将军告诉我，"但并不是总指挥部的一部分。她作为客人在大楼里有办公室，但从来都不是雇员。"他说，巴斯玛博士就安全问题向总理提出建议，但她的建议是通过另一个渠道，而不是通过办公室。他不知道人们为什么称她铁娘子，其实她"安静，大方，而且有幽默感"。他描述巴斯玛时，我努力保持得非常严肃。巴斯玛以她的脾气而著称。很显然他在撒谎。他很憎恨她。

"在联军和伊拉克之间没有误解，"法洛奇坚持说，"我们一起建设新的伊拉克，一起打击伊拉克的和全球的恐怖主义。"不知怎么搞的，我同法洛奇将军在一起从没有感觉到很自在。他不断地说我就像她女儿，还说，门对我总是开着的。但在这些客套话的背后，我感觉不到一点真诚。

让巴斯玛确信美国并没有故意在伊拉克制造内战之后，我提议我们共同努力促进和解。她解释了她和她的同事一直在做什么。他们通过银行系统，通过互联网，并且通过大使馆，给前伊拉克军队的成员发送申请表，给他们三个选项：接着服役、退役或者从事地方工作。内阁做出决定，从少校到将军级别的军官如果不愿意回来工作，可以拿退休金。退休金同在军队的薪水一样。

"巴斯玛，这太好了！"我说。"为什么你不跟联军分享这个消息呢？"她说，联军对总指挥部的敌对态度，以及媒体那些令人作呕的报道导致他们认为，联军是反对全国和解的。"这简直是疯了，"我回答说。"我们完全致力于和解。你的工作太重要了。"

"我们现在专注于军方制造的卷宗：11万人。就是这些人在1991年之后重建了伊拉克。"她继续说，"萨达姆在6个月之内重建了103座桥梁。而今天，撒拉菲亚塔桥的建设居然5个星期没有进展。"她说他们目前在调查前情报部门，跟那些曾经在中东、欧洲和伊朗活动的人取得联系。他们想要这些人为现政府工作，而不是为恐怖分子工作。

我提出了阿布·阿扎姆的问题，他的战士们在阿布格莱布同基地组织作战，他们把名单提交给了国防部，要求加入伊拉克军队。但巴斯玛说，她认为这些人是1920年哈里斯·达里领导的革命旅的成员。"他们还在耍两面手段。"她接着说："一些部落领导人接近伊拉克政府要求得到保护，而他们所担心会迫害他们的人却希望加入伊拉克军队。如果有人想要加入伊拉克安全部队，他们应该在'部落觉醒框架'之下实现。政府得有人与之打交道，这很重要。伊拉克是一个部族社会，同部落酋长签订的协议就是合同。"她告诉我说，他们有议会成员的档案。"当具体的逊尼派和什叶派政治家之间关系紧张的时候，其表现形式就是大街上的杀戮。这难道是我们想要的议会吗？"她问道。"我们需要从上到下进行清理。"一些政治家有民兵，这些民兵从事暗杀行动，但暗杀是在政治进程的幌子之下进行的。

"其实在伊拉克没有基地组织，"巴斯玛博士肯定地说。"武装组织只不过采用了基地组织的名字而已，但他们并不可靠，也不忠于基地组织。他们不断地两边摇摆，哪一个组织强大，他们就倒向哪个组织。不断有人加入和退出他们的组织。伊拉克人变化无常。"她说。"如果当初意识到这些问题会延续至今，那我们还不如就跟着萨达姆呢！"

我再次努力。在伊拉克全境，有许多逊尼派穆斯林希望加入伊拉克安全部队，但却受阻。这也许是由于官僚机构办事拖沓；或者是因为宗派主义。最近几个星期，阿布格莱布的暴力减少了，而且杀死了许多基地组织成员。如果阿布格莱布的孩子们不能加入安全部队，那么他们就有可能重返武装组织，这是很危险的。但是，巴斯玛博士答复说，联军只是为自己考虑，不为这个国家的未来考虑。

我尝试另一种策略："巴斯玛博士，在历史上，国王慎重地嫁出女儿终结部族争斗并巩固关系。也许马利基可以把你嫁出去给一个合适的人，从而实现伊拉克的全国和解？"她大笑。"也许伊扎特·杜里，穆哈默德·尤尼斯·艾哈迈德或者哈里斯·达里是合适的人选？"我提出了几位逊尼派叛乱的领导人。巴斯塔博士选择了哈里斯·达里，让我见到马利基时跟马利基提这事。

一天，巴斯玛博士告诉我，马利基问她卫星电视频道屏幕下面的信息。男人寻求女儿，女儿寻求男人。这如何操作？

我解释说，这是过去十年相对新的一种现象。现在有互联网，人们可以在上面寻求潜在的伙伴。人们写下自己的简介，有时候交照片，描述他们想要找什么样的伴侣。巴斯玛觉得很好奇。"你试过吗？"她问道。

"是的，试过一次。"

"结果如何?"

我说我在互联网上挂了一个自己的简介,一些有兴趣的男人联系了我。我把那些拼写不好的,语法很差的或者看起来不够聪明的人排除掉。我决定跟那个邮件写得最好的人在酒吧见面。

"接下来呢?"

"那么接下来发生了什么?"巴斯玛博士急切地想知道结果如何。

"啊,他在网上说他很小。'我个子很矮'。所以我就没有多想这事了。"

"他有多矮啊?"

"他很矮……我觉得很难保持严肃的面孔了。"他是在船上演出的马戏团的一个扔火球的演员。但这个人很有意思。

"他是一个侏儒!"巴斯玛博士说。她的脸上留下了泪水。她和阿德南笑得都弯下了腰。结果我也笑得控制不住了。在喘气的间隔,巴斯玛博士说:"艾玛,你并不一定要结婚。"

跟巴斯玛打交道总是很诡异,完全要看她的情绪。她会不断地怪罪联军,但所有怪罪都不是有意的。她总是同他的同事发生冲突,不过总理听她的,总理显然非常信任她。她总到他的办公室去看他,而且他们俩总是经常发短信。他们关系的性质从来都不太清楚。伊拉克人过去常开玩笑说,他们是"临时婚姻关系"。

但不管你怎么想巴斯玛博士,她很能干而且能成事。在伊拉克政府里的许多人中,很少有人有她这样的能力。我觉得我们俩可以找到合作的方式,我把跟巴斯玛和阿德南会面的细节传递给奥迪耶诺将军和他的分析师。联军和伊拉克总理以及总理办公室之间的不信任很深,他们的任何行动,我们总是做最坏的解释。有些美国军官对伊拉克总理的顾问们总抱有敌视的态度,我对此表示反对,他们说不管伊拉克政府如何,我们应该继续我们同逊尼派组织的接触,我对此也表示不赞同。

我争辩说，如果我们继续支持宣称同基地组织作战的逊尼派组织，而无视伊拉克政府的关切，我们会让马利基产生疑虑，怀疑我们在试图推翻他的政府；这样就会有更多的人参加反对我们的民兵组织；会制造其他的权力中心，从而削弱这个国家的政权。我们应该吸取美国政府在阿富汗和中美洲所作所为的教训，避免重蹈覆辙。

我敦促说，我们应该努力达成妥协。但我的观点并没有被大家接受。在一次高级军官会议上讨论武装部落以打击基地组织时，事情终于爆发了。我说这是异想天开基础上"听天由命"的计划。

会议之后，奥迪耶诺将军召我到他的办公室。我走了进去。他正坐在桌子前。他转向我，开始狠狠地训斥我，这是我有生以来得到的最狠的训斥。他对我叫喊，说我太消极，不相信我们在做的事情。他指责我自从同伊拉克总指挥部接触之后就倒向了伊拉克一边。我双臂搭在一起，像一个负气的孩子一样看着他。但我在颤抖，他对我发脾气时，我感到十分恐怖，不知道如何回应。他最后说，"我们得谈谈。"我回答说，"好吧。"我转身离开了房间。那个时刻我们都很情绪化，没法很平和地谈话。我从上学以来还没有受到过如此的训斥。

当我们一起乘车到直升机降落的地方时，我的火还没有消，心里还在不断地念叨：杂种、杂种、杂种。我跟奥迪耶诺将军都没有说话。但当我冷静下来的时候，我意识到自己没有把事情做好。我认为从事情的本质上看，我是对的。但从做事的方式上看，我是错的。我是奥迪耶诺将军最亲密的顾问，但我让他觉得我抛弃了他。

在直升机上，他伸出了橄榄枝，开口跟我说话。我看着他，跟他说对不起。我说我很生气，也很沮丧。我在努力同伊拉克人改善关系，可联军的每个人都在攻击这些伊拉克人。如果他们感受到来自联军如此的敌意，我怎么能让伊拉克人改变他们的行为呢？"瞧，"奥迪耶诺将军说，

"我很看重你的支持。我需要你帮我想通这些烂事。"

我感到有些悔恨。我晚上给奥迪耶诺将军写了一封邮件，向他提了一些建议。我们需要理解不同组织同我们接洽的真正动机。有一些组织想要的是钱——他们想要从联军拿薪水，之后提供安全保障作为回报；而有些组织需要的是同联军结盟的机会，这样就可以充分准备同他们认为的伊朗支持的什叶派政府真正地作战。我们可以调解停火，而且可以努力把武装组织编入伊拉克安全部队。但如果没有政治进程，就有风险，安全部队就有可能不是国家的军队，而成为未来潜在的不稳定力量。我们需要高层领导人推动伊拉克政府走向全国对话，而且需要给出一个期限，让这些组织编入伊拉克安全部队，要不然就解散。

在接下来的几天里，奥迪耶诺将军同我讨论我们如何利用逊尼派觉醒，让伊拉克政府站在我们一边。将军当时非常生我的气，我以为他会开除我。不过一切都过去了，结果我们的关系比过去更密切了。这对我是一个深刻的教训。我是奥迪耶诺将军团队的人，不管我们有多么严重的分歧，不管我们争论得多么激烈，他都不会把我扫地出门。这是一个家庭，这个家庭能克服所有问题，不会解体。

托尼·布莱尔5月中旬到伊拉克做告别访问。兰博邀请我到冒德公寓参加小部分人同他的会面。"我会准备好向他扔西红柿，"我说。兰博回答我："我已经警告卫兵看到你就开枪，宣称你看上去鬼鬼祟祟。"

英国使馆早上遭到火箭弹袭击，就在布莱尔抵达的前几分钟——他晚到了10分钟。两辆车被炸毁。他抵达冒德公寓的时候，我站在队里等着轮到我。兰博介绍了我，说我是明星，照顾一个大人物。谁是那个大人物是不会错的，因为他就站在那儿。彼得雷乌斯走过来，告诉布莱尔，我是"国家的宝物"。奥迪耶诺将军解释说，我从2003年起就跟美国军方一起工作。这时候，布莱尔被彻底搞糊涂了。"你是英国人吗？"他问

托尼·布莱尔与思盖交谈

道。我告诉他我是英国生英国长的英国人。"你跟美国军方在一起都在做什么？"我耸耸肩膀，"斯德哥尔摩综合征！"我回答说。

这时候，警报响了起来。"炸弹来了，炸弹来了，隐蔽。"广播里说。大家都离开了窗子。布莱尔的警卫把他送到了安全的房间。"隐蔽。"我们听到嗖的一声，火箭弹落在了附近。"敌人"很清楚布莱尔的行程。我们查到了是怎么回事，当时的伊拉克总统贾拉拉·塔拉巴尼打来电话表示道歉，说他也许犯了一个错误，跟伊朗大使馆说了布莱尔访问的事。在我同布莱尔仅有的一次互动中，我没能跟他讨论英国参战的决定。

奥迪耶诺将军让我再向巴斯玛保证，联军没有武装逊尼派部落。巴斯玛表示满意："这是我想要听到的。"我讲述了奥迪耶诺将军最近到迪亚拉和阿拉伯加布尔的情况，说那里需要地方警察。在某些领域，我们同武装组织达成了协议，让他们调转枪口同基地组织作战。

兰博离开的时候闹得动静很大。在最新战况评估会上向人们告别。他站在椅子上，脱掉了衬衣，露出他肌肉丰富而且体毛很多的胸部。很快就清楚了，他是要显露奥迪耶诺将军送给他的告别礼物——得克萨斯皮带扣。他最后说："团结一致！"伸出一根手指做了一个okey的动作，然后走出了房间。

兰博开始的工作在军队战略接触小组内部已经制度化了。这个小组由保罗·牛顿少将和国务院对外服务官员顿·布洛米负责。马利基同意在伊拉克政府设立一个同样的机构，巴斯玛和阿德曼为关键成员。他们负责审查所有愿意加入伊拉克安全部队的志愿者。

我还经常到巴斯玛的办公室，看看她和阿德南做得怎么样。她告诉我，他们同联军的关系发生了改变："双方的关系清楚、透明，而且相互信任。""不过，"她警告说，"我们不喜欢被教导做什么！"巴斯玛悄悄对我说，马利基生她的气了，因为她跟美国人走得太近了。"男人呐！"她说，绝望地举起她的双手。

奥迪耶诺将军把我叫到他的办公室。阿布格莱布的形势让他很不高兴。我们希望那里的1700人被编入伊拉克安全部队；可听说巴斯玛的委员会只同意考虑接受700人。逊尼派叛乱组织伊斯兰军（Jaysh Islami）没有任何人被改编，这会迫使他们重新反叛。

"这是红线，"奥迪耶诺将军说。"如果伊拉克政府不同武装组织和解，联军就离开伊拉克。"奥迪耶诺将军知道，如果彼得雷乌斯和克罗克9月份在国会作证的时候无法出示在和解方面取得的进展，国会就会要求美国军队撤出伊拉克。

奥迪耶诺将军告诉我，彼得雷乌斯和克罗克第二天要同马利基会晤，表示不再支持他，因为马利基不重视同逊尼派的和解。奥迪耶诺将军让我第二天早上到伊拉克总指挥部去，做最后的努力，让他们接受阿布格莱布对武装组织的改编。

我在巴斯玛的办公室见到了她和阿德南。巴斯玛看上去很生气。

"我不想谈阿布格莱布，"巴斯玛说，"我再也不愿意谈这个问题了。"

"那，我觉得太遗憾了，你们不同意接受阿布·阿扎姆的组织进入伊拉克安全部队。这对我们非常重要……"

巴斯玛打断了我："我不想谈这个问题。我绝不想再谈这个话题了。"我听说她同联军的团队举行了一次会晤，情况非常糟糕，联军团队逼迫她处理申请，但她拒绝了。

阿德南抬起头。"我们批准了阿布格莱布1738人加入伊拉克安全部队。"

我难以置信地看着他。"阿德南，你是认真的吗？"

"是的。"他说。"这有卷宗。我们处理了申请。"他对我笑了，他说："阿布格莱布是个实验。我们必须有勇气冒这个风险。"

"你告诉总理了吗？"我问巴斯玛。她摇了摇头。我看得出来她还在生气。

"巴斯玛，听我说。彼得雷乌斯和克罗克尔在路上，他们12点要见马利基。现在已经过了11点。他们认为马利基拒绝接受阿布·阿扎姆的组织进入伊拉克安全部队，他们将告诉马利基，他们不再相信他打算同逊尼派和解。这事非常严重。"（实际上，我被告知彼得雷乌斯打算把马利基塞在"汽车底下"。）"巴斯玛博士，我们需要把这个信息在他们会面之前告诉他们。你能找到总理吗？我会把这个信息通知彼得雷乌斯。"

看到我的面部表情，听到我的语气，巴斯玛意识到我是认真的。她给马利基发了短信，然后给他打了电话。我给萨迪·奥斯曼、彼得雷乌斯的很有魅力的顾问和翻译打了电话。我知道奥斯曼会陪同彼得雷乌斯参加会见。我告诉他总理办公室已经接受了阿布·阿扎姆的组织进入伊拉克安全部队。彼得雷乌斯接过了电话。

"艾玛，阿布·阿扎姆的组织真的被接纳进了伊拉克安全部队？"

"是的，长官。"我回答说。"我跟巴斯玛和阿德南在总指挥部。他们已经批准阿布格莱布1738人加入伊拉克安全部队。"巴斯玛在忙着碎纸，我不得不大声喊，好盖过碎纸机的声音。

"这些名单包括伊斯兰军的成员吗？"

"是的，长官。都在里面了。"

"这是好消息。请转达我对巴斯玛和阿德南的感谢和祝福。"

"我会的，长官。"

"我现在跟总理谈些什么！"彼得雷乌斯问我。我挂掉了电话。

"我绝不想再谈阿布格莱布。"巴斯玛说。我完全赞同。

那天晚上彼得雷乌斯在胜利营地他的别墅里请我吃饭，不用在我的电脑前吃那个塑料盒子里的食品，换换口味很惬意。这是我们俩第一次真正意义上的交谈。他询问了我的教育，我讲什么语言，我都到过哪些国家。我在牛津上过学，他觉得很了不起。他告诉我说，他喜欢学术，退休之后想当一名教授。跟他谈话，我意识到他真的极为聪明。我从来没见过他如此地放松。他跟我说，我与伊拉克人的合作帮助他理解了英国人是如何通过外交办公室的人员和古怪的军士长统治半个世界的。我感到有些尴尬，对他说，其实就是建立关系，建立信任和倾听。

第二天早上，在最新战况评估会上，有数千名士兵在听，彼得雷乌斯将军提到他跟马利基的会晤非常好，他祝贺马利基做出了富有勇气的决定，同阿布·阿扎姆和他的人"和解"。

"雷，你的政治顾问帮了大忙。"彼得雷乌斯将军说。

奥迪耶诺将军回答说："长官，她不是我的政治顾问。"将军停顿了一会儿。"她是叛乱分子！"

联合行动指挥部发出了轰的笑声。我感到我的脸红了，因为每个人都转过来看着我。

我们手里能够给予他人的方便之一就是给伊拉克人发放可以用来进出绿色区域徽章的权限，这是非常宝贵的东西。巴斯玛和阿德南已经申请了好几个月，希望得到徽章。

"巴斯玛博士，我收到彼得雷乌斯的邮件，询问你是否已经收到了你的徽章。"我问她。

巴斯玛对我皱着眉说："我不想再讨论这件事了。很显然美国不想给我徽章。"

我为了徽章的拖延向她道歉。我已经得到保证他们两人会得到徽章。我怀疑在系统的某个环节某人故意在阻挠彼得雷乌斯的指示，但我说可能有些官僚环节拖延了。我告诉巴斯玛博士最近我的徽章有效期限满了，结果我在试图"非法"进入美国大使馆时被抓到。我被带到一个房间，在那儿关押了两个小时，直到有人证实我的确是在为奥迪耶诺将军工作。她很喜欢这个段子。听到我受到煎熬让她感到很高兴。"这不是针对你个人的。"我对她说。

几天之后，我出现在巴斯玛的办公室，带了两位美国文官，他们就是一个"移动生物测定点"。我告诉巴斯玛，这是对总理身边顾问的特殊待遇，要不然他们还得到美国使馆去。巴斯玛博士和阿德南顺从地看着照相机接收虹膜扫描，拍照了半身像，把手指蘸在墨水里，然后在纸上留下指纹。

我传给彼得雷乌斯一张巴斯玛徽章的复印件，证明巴斯玛终于拿到了徽章。他回复说:"艾玛,一张可以使1000名逊尼派穆斯林投入工作的脸!"

我再见到巴斯玛时,我告诉她彼得雷乌斯听到她拿到了她的徽章,很高兴:"他说什么了?"巴斯玛问道。

我不确定她对特洛伊海伦的比喻会做出什么反应。"他搓了搓手说:'送她到布卡吧。'"(布卡是一个关押伊拉克囚犯的营地)这是我编的。她哈哈大笑。

第 11 章　熬过夏天

> 斯戴里奥斯：死在你身边是一种荣誉。
>
> 利奥尼达斯国王：曾经在你身边生活过是一种荣誉。
>
> 引自：300（电影）

2007 年的夏天漫长且极其炎热，对生于斯长于斯的两河流域的伊拉克人，天气都热得不得了；对于我们这些穿着防弹服和戴着钢盔的占领者就更热了。我一走出有空调的办公室，脸上感觉就好像吹风机开到了最热一档，热风扑面而来。大多数伊拉克人每天有几个小时没有电，在一天最热的时候都待在屋里，晚上则在他们的房顶上睡觉。

奥迪耶诺将军作战的节奏没有丝毫的减缓。在每一次会议上，在每一次情况汇报会上，他都督促指挥官们要更积极，冒风险，丝毫不放松地追击敌人。我有时候会感觉到很失望，觉得暴力循环不会停止。但即使在私下里，奥迪耶诺将军也从来没有怀疑过战士们所做的一切。他是一个有使命感的人。这对整个军团都有影响。然而，他真正担心的是，国会或许会不再允许向伊拉克增兵，不给我们需要的时间。

奥迪耶诺将军使用最初增兵来的几个旅保证巴格达的安全。但直到新的增援部队抵达，他才在 6 月中旬发动了"幻影雷霆行动"。这是军团一级的行动，以确保环巴格达周围的安全。到仲夏时节，环巴格达周围一共有了七个旅的兵力。

在安巴尔和巴格达的行动把叛乱分子赶到了东部的迪亚拉省。扎卡维就在这个省寻求藏身之地,在2006年被麦克·克里斯托尔将军的士兵们打死。这个省成了伊拉克暴力最严重的地方。黑暗笼罩了这个迄今为止仅以枣椰树而闻名的省份。基地组织禁止吸烟,而且不准把黄瓜和西红柿放在一起出售,认为他们分别代表不同的性别,把他们放在一起会让人产生性欲。

萨瑟兰上校,第一装甲师第三旅作战队的指挥官,带着我们从空中巡视了迪亚拉河谷。很显然,我们没有足够的士兵来清理整个地区,并守住那里。飞越迪亚拉的枣椰树林上空时,奥迪耶诺将军紧紧地盯着地面,他似乎能够感受到下面叛乱分子的眼睛正盯着飞机往上看着他。四月份,第82空降师的一个单位在一次攻击中损失了九名战士,几天之后,我们飞过去看望他们,他们正在前哨阵地萨达一所废弃了的学校。萨达是巴库巴哈北部一个逊尼派阿拉伯村庄,杰西·斯图尔特上尉向奥迪耶诺将军描述了一辆自动装卸卡车如何撞到了门上,第二辆卡车驶过撞开的口子,结果导致整幢建筑倒塌,而战士们还在里面。在枣椰树林里,战士们发现并摧毁了基地组织的训练营地和后勤基地。斯图尔特上尉说,他们决心把毁了的学校重新建起来,向当地社区展示他们来到伊拉克的宗旨。当地的酋长们签署了文件,保证在他们的土地上不会放置炸弹。

我们看到在省会城市巴库巴哈开展的军事行动正在把叛乱分子赶到迪亚拉河谷上。基地组织占领了那里的房子作为阵地。珀帕斯中校努力压制他们,不让他们返回巴库巴哈,结果基地组织就用一辆装有炸弹的汽车炸毁了基地的门。美国军队把基地组织赶出去之后,马赫迪军进入了那块地方,因为没有足够的伊拉克安全部队接防这个地区。

奥迪耶诺将军的行动预备队是第二步兵师的第三旅战斗队,由汤森德上校指挥。这个来自斯塔莱克的旅最初部署在北部的尼尼微,五个月之后,他们接到命令来到巴格达,在这里他们担任打击任务,干扰叛乱分子的活动,用他们的八轮装甲车通过设伏攻击前进,扫除了首都地区的叛乱分子。现在,奥迪耶诺将军把这个旅部署到迪亚拉,主要是守卫巴库巴哈,这样萨瑟兰上校就可以腾出手来扫除迪亚拉河谷的叛乱分子。

迪亚拉的战斗是残酷的。我们有一天在巴库巴哈一个炸弹炸出来的诊所开会。我们坐在纸箱子上,莫·苟因斯中校向我们汇报战斗情况,他用一个棍子指着地图,告诉我们战线在什么地方。他负责巴库巴哈的南部,努力阻止从巴格达来的叛乱分子进入这座城市。他的单位不断同敌人交火,并清除炸弹,沿着一小段道路移动。他们讨论了敌人的实力和敌人的战术。奥迪耶诺将军问他可以提供什么样的帮助来打垮敌人。这是任何战争都会

汤森德上校介绍行动进展情况

奥迪耶诺、西奥托拉、思盖与汤森德及其队员在巡逻后合影

出现的场面。在前线，战争仍然是需要人的努力。在诊所的过道，战士们要么靠在墙上要么相互靠着在睡觉。他们已经连续战斗了好多天，一个房间一个房间，一条街道一条街道的在扫荡叛乱分子。

汤森德上校非常出众。他是伞兵，来自突击团，是一位有经验的老兵，他的下属很崇拜他。他给下属权力，而且很包容，把一切事情都搞得很有趣。他在战术上非常聪明，有充分的准备才会冒险。他把自己的炸弹投放在路上清除掉叛乱分子埋的炸弹。

当奥迪耶诺将军把他的九毫米手枪装上子弹时，我知道巴库巴哈的形势比平时更危险。我们上了一辆斯塔莱克战车，奥迪耶诺将军占据了一个位置,站到了炮塔外面。我蜷缩在车子里面,除了将军的腿我什么都看不到。

我们在巴库巴哈遇到了军士长西奥托拉。他同迪亚拉的一个单位一起去参加攻击行动。他告诉我们说,在炎炎的中午战斗中他跨越一堵墙的时候差点丧命。他身体很结实,但也不年轻了。西奥托拉军士长用自己的亲身经历告诉奥迪耶诺将军士兵的感受,以及士兵们在作战中的表现。

萨惡兰上校花了许多时间跟伊拉克领导人在一起,为的是保证他们将来能够接管这些地方。但他的装甲机械化旅也遭受了沉重的伤亡,每一个士兵的阵亡或者受伤都让他心痛。他看上去是个很虔诚的教徒,我注意到他的办公室墙上挂着圣经语录。他向奥迪耶诺将军描述自杀爆炸

奥迪耶诺将军在巡逻基地

者的一个头儿想要杀死他，结果撞在他车辆前面的发动机罩子上弹了出去。萨瑟兰和汤森德关系处理得非常好，两人相互配合，保证了在巴库巴哈内的安全，然后推进到迪亚拉河谷。马克·兰德斯的斯塔莱克旅被派去扫荡河谷，从北边的穆克达迪亚开始行动，然后返回来向巴库巴哈推进。在整个行动中，战士们不断遭遇敌人的射击。

奥迪耶诺将军造访了位于巴拉德的主要医院之一。我跟着他到处走，受伤的士兵向他敬礼。一个受伤的士兵想要伤愈之后尽快返回去战斗，另外一个则想在因为受伤而被遣送回国之前归队。医护人员冲出去把从迪亚拉运送来的伤员从直升机上抬下来，一时喧嚣打破了医院里的沉寂。我们贴墙站着，看着医护人员抬着担架把那些年轻的浑身是血的士兵从直升机上抬下来，从我们身边穿过。有些伤员由于疼痛而抽搐，有些则失去了知觉——这就是战争的可怕现实。我让自己坚强起来，去看这些伤员的脸。我暗自祈祷，希望他们康复，安全地回家。我还祈祷他们的奉献不会付诸东流。

我们会定期到巴格达城里和周围的部队访问，为表示友好，奥迪耶诺将军邀请巴斯玛博士同我们一起到巴格达西部的阿米莉亚去看望一位觉醒派领导人。这位领导人阿布·阿贝德曾是伊拉克旧军队中的一员。他的两位兄弟被什叶派民兵杀死，尸体遭到蹂躏之后被扔在伊朗和伊拉克边境。杀死一位受人尊敬的地方领导人激怒了他，他采取行动反对基地组织。基地组织采取报复行动时，阿布·阿贝德给当地的库尔哈团长打电话求援。库尔哈团长做出回应，他们一起把基地组织赶出了阿米莉亚。

巴斯玛博士与我们同行，乘坐在悍马上，穿着高跟鞋。阿布·阿贝德讲述了他的组织如何把基地组织赶出了他们的地区。但他也抱怨，他没有得到伊拉克政府的支持，而且伊拉克军队也不愿意同他合作。巴斯玛博士赞扬他干得好,说他比伊拉克安全部队干得强多了,并提出亲自给他做饭吃。我不知道她是否会做饭。

我们乘坐 C-130 向北飞到摩苏尔。就在飞机起飞的时候,遭到了炮火的袭击,飞机采取躲避动作。飞机后面的活动悬梯打开了,机组人员赶过去调整。我系着安全带坐在前面,扭过头去看奥迪耶诺将军。如果是一家民用飞机,飞机上的人都会叫起来。但军人却能保持不受影响。奥迪耶诺将军非常镇静,镇定地朝我微笑了一下。在飞机的轰鸣声中我们不能说话。

飞机降落之后,我们组成一个车队穿过摩苏尔。一枚路边炸弹爆炸,把我乘坐的车子的窗子弄黑了,幸运的是炸弹在一两秒钟之前爆炸了。并没有给悍马车造成多大破坏。部队发现了那个引爆炸弹的年轻人,开始追击。我们安全地回到巴格达,我终于松了一口气。我跟奥迪耶诺将军在一起总觉得很安全,但摩苏尔之行对我的这种信念是一次考验。

7 月份,我们到伊拉克最大的炼油厂贝吉去了一趟,这个地方位于巴格达北部 130 英里处。负责炼油厂安全的库尔曼上尉解释说,他要处理的最复杂问题是腐败,腐败影响了生产和销售。他讲述了民兵如何开着油罐车到贝吉,装满油,到黑市上把油卖给一位伊拉克官员,这位官员自己开了一个加油站。

既然我们的部队住在老百姓中,我们跟伊拉克人就有了更多的互动。当我们到许多地方去的时候,伊拉克人会要求某一位军士或者军官延长驻扎的时间。

一天我们在塔米亚郊外的一条脏兮兮的街道上行走,这是巴格达北部的一个小城镇,基地组织刚刚被赶了出去。突然一群孩子朝我们跑了过来。我正在吃刚刚烤的宝石形状的萨蒙面包,这面包是迈克尔·朱艾迪从我们刚才路过的烤面包店给我买的。

"瞧这小女孩,"奥迪耶诺将军指着那个小女孩说,我低下头看看这女孩。她的头发上有一层灰尘。在所有美国军人中,她看到了我。她盯着我看,然后朝我抬起她的胳膊。

"她想摸摸你的头发。"奥迪耶诺将军说。我朝女孩子弯下腰。她用手指拢我的头发。

"你叫什么名字?"我问她。"你多大了?"她害羞地回答我。我抓着她的手,我们一起走了几步。我想跟她多待一会儿,可我得走了。我挥手向她告别。

我们的飞机起飞了,可我的脑海里仍然留着这个小女孩的样子和她那有穿透力的绿色眼睛。有人照顾她吗?我想象着带走这孩子,把她背在背上在街上走。我想要向她道歉,我不得不离开她,想向她解释,我得照顾将军,不能照顾孩子。

7月29日,我坐在电视前面看在雅加达举行的亚洲足球锦标赛的决赛。伊拉克国家队,以两河流域的狮子队而闻名,其球员来自全国各个社区。伊拉克的安全形势使他们没法在国内训练。上个星期,球迷们在庆祝伊拉克球队在半决赛中战胜韩国的时候,自杀式炸弹爆炸,50多名球迷丧生。

那天伊拉克的球队踢得非常卖力。伊拉克整个国家是他们战胜沙特阿拉伯取得胜利的巨大动力。在第71分钟,伊拉克队的队长尤尼斯·穆罕默德(来自基尔库克的逊尼派阿拉伯人)用头球顶进对方球门致胜一球,传球给他的是来自摩苏尔的库尔德人球员。

当终场的哨声响起,我泪流满面。我听着庆祝的枪声划破了巴格达的上空。没有任何东西能够阻止伊拉克全国的欢庆。这时我开始相信,伊拉克可能真的会实现国家的团结统一。

一天早晨在最新战况评估会上,一位美军上校走到我跟前,告诉我

说我们的特种部队抓住了我的一个"朋友"——基尔库克的伊斯梅尔·阿布迪。他被指控为马赫迪军从伊朗购买武器。他可能被判终身监禁或者死刑。在审讯的过程中,他再三说他认识奥迪耶诺将军和我。我根本就不相信对他的指控。他被逮捕仅仅是因为有两位指控他的人发誓所说的话是真的。这样的制度本身就很容易被滥用,使伊拉克人可以报复或者编造谎言指控某人而得到贿赂。

我写了一份陈述,讲述了我所知道的伊斯梅尔,说明为什么我不相信他会为马赫迪军购买武器。我还提到别人诬陷他的可能动机。作为生活在基尔库克的什叶派穆斯林,他很容易受到来自基尔库克政党的压力,这些政党试图把没有历史根基的阿拉伯人从基尔库克赶走,这是宪法第140条规定的"正常化进程"的一部分。伊斯梅尔的妻子哭着给我打了电话。我向她保证我会尽力去帮助伊斯梅尔。我每天都过问这件事,终于在几个星期之后,他被释放了。

伊斯梅尔到巴格达来看我。我们在拉希德旅馆见了面。我们热情地握手,他笑着对我说:"你又救了我的命!"他讲述了美国特种部队如何在晚上来到他们家,在家人面前逮捕了他。他被带到一个关押营地,在那里接受了审讯。

"伊斯梅尔,真的很抱歉,"我说。

"噢,别这么说,"他说。"美国军方对我很好。这次比我在萨达姆时期被关押要好多了。"他回忆了在2003年他被绑架之后,我如何营救他。"我也许不会再在这里第三次救你了。"我告诫他说。

他告诉了我基尔库克的消息。"瓦斯菲酋长娶了萨达姆的女儿!"他是在说瓦斯菲酋长,基尔库克省委员会的成员,我曾经陪着他去见布雷默,现在加入了叛乱,目前在叙利亚。

伊斯梅尔被释放不久,就带着全家从基尔库克搬到了纳西里耶,他们家在那里有历史根基。他在那里开始了新生活。他是一个幸存者。

8月的一天，我们向西飞行到安巴尔，沿途随时停下来看望那里的部队。等到达很边远的一个小镇的前哨，我筋疲力尽，而且严重脱水。我躺在地上，告诉他们我走不动啦。没有人表示关切，也没有人表示同情。副官威尔森少校给了我一瓶佳得乐。"喝了它！"他命令我。我喝了。我喝了一瓶佳得乐，又喝了两升水，终于缓了过来。

我们返回到胜利营地，奥迪耶诺将军提醒我，晚上他请了几位新闻记者到他那里吃饭，我要陪着他一起吃饭。"长官，"我抗议道，"我今天几乎死掉，我需要回去休息。""你得一起去吃饭。"他回答说。"我不想去吃了。"我说。我跟他说我的头发由于出了那么多汗再加上路上的尘土都变成草了。"你得去！"他命令道。他一点也不肯让步。我被强行推上了车坐在他后面。

跟往常一样，这些记者很好交往。我们听他们描述在全国看到的一切。之后，奥迪耶诺将军讲了自己对局势的评价。增援的部队已经都到位了。我们在安巴尔和巴格达的部队把基地组织从东部赶到了迪亚拉省。在迪亚拉省战斗还异常激烈。"我在全国到处走了走，我听到前线战士们讲，他们感觉形势已经发生了改变。"

我们的死亡人数终于开始下降了。5月份我们有131名战士丧生，6月份这个数字下降到108人，7月份的死亡人数是89人。"随着军事行动的展开，战士们推进到了居民居住的地方，清除那里的叛乱分子，在没有安全部队的地方，我们雇佣当地人守卫检查站，"他向记者们解释说。对许多伊拉克人来说，这是个挣钱养家的好机会，也减少了伊拉克人接受叛乱者的钱在路边放置炸弹的机会。随着联军和伊拉克人之间信任度的增加，我们从伊拉克人那里获得了更多的有关恐怖分子的信息。6月13日萨马拉清真寺剩余的光塔发生爆炸，但并没有引起2006年爆炸引发的全国事件，2006年的爆炸使派别之间的暴力迅速蔓延并失去控制。"向伊拉克的增兵取得了效果。"将军告诉记者们。实际情况确实如此。

到仲夏，美军的大多数伤亡都是由什叶派民兵使用的招牌武器爆炸形成的抛射物造成的。这种爆炸形成的抛射物可以穿透美军车辆上的装甲。在过去的一年里，伊朗增加了对什叶派民兵的武器和弹药的供应，也增加了对什叶派民兵的资金和训练支持。

什叶派民兵对一些伊拉克安全部队的渗透很厉害。一天下午，我正在伊拉克总指挥部办公室跟阿德南将军聊天，伊拉克旅长法拉赫将军突然抵达，跟他一起来的还有美军中校斯蒂夫·米斯卡。米斯卡的部队驻扎在卡德希米亚的正义营地，在巴格达的北部。法拉赫将军非常详细地描述了他如何遭到暗杀而幸免于难。而在对他的暗杀事件中，哈泽姆·阿拉基（一位国会议员的兄弟）还有一位伊拉克军队的团长很显然参与了谋划。法拉赫将军画了一张卡德希米亚周围匪帮所在地的图。萨德尔运动办公室主任宣称他个人给康多莉扎·赖斯打了电话，让美国军队从这个地区撤走，而马赫迪军则吹嘘他们比伊拉克安全部队强大。法拉赫将军说，他从一位军官手上接管了这个旅，那位军官最近重新得到任命去了巴士拉。他说其实那位军官跟马赫迪军有勾结，给他们提供武器和弹药，他应该被抓起来关进监狱。他点了几名下属军官的名字，说这些军官特别坏，跟恐怖分子有联系，而且非常腐败。

一次我们到巴格达西部的拉希德居民区去看望我们的部队，我们接到汇报说，一支被称为狼旅的全国警察部队正在扫荡逊尼派居住的地区，却向马赫迪军通风报信，告知马赫迪军联军发动攻击的消息，结果没能阻止民兵向联军发动袭击。奥迪耶诺将军会晤了伊拉克狼旅的指挥官。奥迪耶诺将军比那位指挥官高好多，他警告那位指挥官，警察部队如果不清理自己的行为将会面临什么样的结果。

幸好，伊拉克全国警察总监侯赛因·阿瓦迪将军是一位有勇气的指挥官。他替换了两名师级指挥官，九名旅指挥官，撤换了 27 名团长中的 17 名。由于领导有力，并得到意大利宪兵的训练，我们看到伊拉克国家警察转变成一支更可靠和职业化的队伍。

2007 年 9 月初，还有几天克罗克和彼得雷乌斯就将在国会就增兵伊拉克所取得的成果作证，奥迪耶诺将军乘坐直升机来到拉马迪政府中心。拉马迪是安巴尔省的省会，也是全省最大的城市。

由于当地部落倒戈跟联军合作反对基地组织，这个省去年发生了根本的转变。为了回报部落做出的努力，并展示在伊拉克取得的进步，我们帮助策划了一次会议，把伊拉克高级官员带到安巴尔省，表示他们对和解的承诺和诚意。马利基没有来，但阿代尔·阿卜杜勒·迈赫迪、巴哈姆·萨利赫和塔里克·哈什米来了。克罗克在参议员乔·拜登的陪同下参加了会议。乔·拜登作为国会代表团的一部分正在访问伊拉克。

十几位酋长坐在拉马迪新装修过的省政府委员会大厅里的长桌子周围，在场的还有伊拉克政府的代表和美国高级官员。省长马穆恩宣布会议开始。像平常一样，酋长们一个比一个言辞激烈和夸张。他们中间最有名的是斯塔尔·阿布·里沙酋长，他是安巴尔觉醒派的领导人。他人很机敏，据说曾经参加走私石油，不过没有人知道实情。他的父亲和两个兄弟被基地组织杀死之后，他站出来建立了觉醒派组织。

在会议期间，伊拉克政府的代表承诺 7000 万美金用于重建，5000 万美金用于维修在战争中毁坏的房屋。政府还承诺提供 6000 个政府就业机会和新的发电机。这个会议在安巴尔省召开，居然没有提及安全问题，这让克罗克感到惊讶。不过参议员拜登警告说，美国正在对伊拉克政府失去耐心。如果伊拉克政府不能做得更多，美国军队就会撤离。

虽然，伊拉克政府并没有满足美国政府提出的衡量伊拉克成功的 18

项指标中的大多数指标，但彼得雷乌斯和克罗克于 2007 年 9 月 10 日在华盛顿国会作证的时候却可以提供证据，表明伊拉克取得了进展。

"伊拉克的形势仍然很复杂，也很艰难，有时候也着实令人感到沮丧，"彼得雷乌斯说，"但我仍然相信，假以时日我们可以实现在伊拉克的目标，当然不会很快，也会非常不容易。"克罗克大使辩解说，伊拉克领导人"有能力齐心协力严肃和慎重地探讨问题"。

看到彼得雷乌斯在华盛顿受到的对待，我们在伊拉克着实感到震惊。在伊拉克，他高高在上受到所有人的尊重。回到美国，《纽约时报》刊登了反战组织的一大版广告，这个组织叫"向前进组织"。广告的标题是"将军背叛了我们"。在彼得雷乌斯将军作证时，希拉里·克林顿对他的作证答复说："你给我们提供的报告，取决于人们是否愿意打消疑虑。"

彼得雷乌斯提供了伊拉克政府致力于和解的证据。他特别提到伊拉克政府在阿布格莱布把前伊拉克军队人员和前叛乱人员征召进入伊拉克安全部队的事，并提到"有条件豁免"的前景。我去看望巴斯玛和阿德南时，他们告诉我，他们一直在密切地关注着新闻，而且对他们的工作得到的承认程度感到很惊讶。他们在忙着把楼里面炸毁的房间整理成办公室，让那些负责和解工作的人员使用。巴斯玛让我帮忙选择新的壁纸。

彼得雷乌斯和克罗克设法让国会相信，向伊拉克增派军队产生了作用，不能对伊拉克釜底抽薪。他们成功地为解决伊拉克问题争取到了更多的时间。但伊拉克的问题不会变得容易。他们作证之后没几天，9 月 13 日，斯塔尔·阿布·里沙酋长被基地组织暗杀。为了表明美索不达米亚的沙子在不断地流动，他比任何其他人做得都多。正是由于他在结盟问题上做出了转变，并且建立了安巴尔觉醒派组织，为逊尼派脱离叛乱提供了一个体面的出口，而且也为逊尼派加入伊拉克的未来建设提供了一个平台。

第 12 章 萨德尔运动停火

> 从事这份工作,你更应该是一个传教士,而不是战士。
>
> 引自:美军上尉布莱恩·杜克特

8月底,穆克塔达·萨德尔宣布暂时停止他的什叶派民兵马赫迪军的活动,这让我们感到非常的诧异。意识到有不同的组织在他的名义之下活动,但这些组织不受他控制,萨德尔宣布,任何继续从事攻击活动的人都不是马赫迪军真正的成员。

在停火宣布的一个月之前,什叶派组织之间的权力斗争升级。穆萨纳省和卡迪斯亚省的省长在几天之内分别在路边炸弹爆炸时身亡,这两位省长都是伊斯兰最高委员会成员。在卡尔巴拉萨德尔运动和什叶派巴德尔军团之间的冲突导致50人死亡,紧张局势达到了高峰。什叶派民众对这样的冲突感到震惊。

联军考虑了不同的选择。我们针对什叶派极端分子的行动正在取得成效,一些人认为应该继续给马赫迪军造成最大限度的损失。但最终,彼得雷乌斯将军和克罗克大使决定,联军欢迎穆克塔达的宣言,密切监视停火情况。彼得雷乌斯开始在公开场合提及穆克塔达,并在前面加上"尊敬的"字眼。

但与同逊尼派的和解相比,同萨德尔运动的和解完全是另外一回事。

逊尼派和联军齐心协力一起同基地组织作战。前逊尼派叛乱者现在寻求联军的保护，在反对伊朗方面同我们是一致的。联军认为什叶派应该为从萨达姆统治下得到解放而对我们表示感激，但什叶派民兵却袭击我们的军队和基地。在他们看来，没有共同的事业可以把我们同他们联系起来。他们想要我们离开伊拉克。

8月我第一次知道萨法·阿尔什克，他被任命为国家和解执行及后续事务委员会的头儿，这样他就是巴斯玛和阿德南将军的上司。他态度很温和，很有礼貌，也很真诚。我很钦佩他驾驭巴斯玛博士的能力，那简直就是一个奇迹。

他是一位虔诚的穆斯林，生于斯长于斯的伊拉克人。萨法在巴格达学院接受的教育，巴格达学院是一所基督教会高中。他很年轻时就开始信教，并加入了地下的达瓦党。因为这个政党是一个秘密政党，他并没有认识许多其中的成员。但在他那两个基层组织的其他成员都被复兴党识别了出来，并被处决。他当时在空军，并加入了复兴党以掩护其达瓦党的身份。他最初介入了去复兴党委员会，并告诉美国人和流亡的伊拉克人，把去复兴党运动看作跟去纳粹运动一样是不妥当的。复兴党远远不是一种意识形态，许多人加入复兴党以求得在事业上得到发展。萨法有两个逊尼派妻子，一个跟他在巴格达一起住。另外一个妻子变成了什叶派，带着孩子在瑞典躲避伊拉克的暴力。

萨法不遗余力地帮助我理解总理的想法和总理的内部圈子。他抱怨联军没有全国和解的政策，也没有意识到和解需要时间。他批评联军仅仅就基地组织和马赫迪军来评价对伊拉克的威胁。环境非常复杂，但联军的想法却很单一。全国和解不仅仅是同部落酋长打交道。他还批评联军对马赫迪军了解非常有限："在伊拉克连孩子都懂的事，美国的政策制定者却似乎不懂。"联军使用JAM来囊括萨德尔运动内部的许多派别。

穆克塔达宣布停火之后，萨法就在研究如何跟萨德尔分子建立联系。萨德尔分子似乎信任他；他被当作是内部人而不是流亡者。他告诉我他跟一些萨德尔运动的人会面的情况。虽然萨德尔运动被伊朗所渗透，但在很大程度上这个组织是反对伊朗的。萨德尔分子大多是穷人，社会底层的什叶派，萨达姆统治时期他们大多在伊拉克，所以他们同巴德尔军团和伊斯兰最高委员会发生了冲突。后者是精英派，曾经以伊朗为基地。但停火的意图还不是很清楚。一些人认为，停火是要和解；而另一些人则认为，停火意味着重组。

一天下午，萨法邀请我同两位萨德尔分子会晤，这两位萨德尔分子来自巴格达东部什叶派聚集的居住区萨德尔城。这个地区最初叫萨瓦拉（Thawra）城，后来改叫萨达姆城。前政权垮台后，为纪念穆克塔达·萨德尔的父亲，这里改叫萨德尔城。萨法向这两位地方政府官员介绍说，我是伊拉克真正的朋友，说他绝对信任我。两位萨德尔分子说，穆克塔达宣布停火之后，萨德尔运动暂时停止了军事行动。他们对联军做出的回应表示欢迎，但抱怨联军继续攻击和进行空中打击。联军每一次追捕什么人的时候，都会摧毁民房，给当地人留下心理创伤。

"联军欢迎穆克塔达的停火声明。"我说。伊拉克政府要我们减少对萨德尔运动的攻击。从穆克塔达的声明之后，我们只对萨德尔城发动过一次攻击。媒体经常有不实的报道，指责联军做了某些事，其实联军根本就没有做这些事。我把我的电话号码给了他们，说他们听到萨德尔城发生攻击，应该给我打电话告诉我详细情况，我会核实，然后给他们回电话。

这两位萨德尔分子告诉我，至少在萨德尔城，警察和萨德尔运动组织合作提供安全保障。萨德尔组织为当地老百姓提供安全，保护宗教活动，清理街道。萨德尔运动组织活动号召民众抵制暴力。当然，他们承认有一些流氓打着萨德尔运动的旗帜进行活动。

"由于缺乏信任，在联军和萨德尔分子之间存在误解。"我解释说。"美国是由那些逃脱压迫的人建立的，美国人没有占领另外一个国家的愿望。只要伊拉克政府能够管理国家，能够独立行使国家权力，我们就会撤离。"这两位萨德尔分子说，真希望同我的会面发生在四年前。会面结束的时候，他们夸奖我有人道主义观念。"你具有一个萨德尔分子的所有品质！"他们中的一位对我说。我不打算把这个评价汇报给奥迪耶诺将军。

彼得雷乌斯仍然在美国接受国会的质询，奥迪耶诺将军去会晤塔拉巴尼讨论穆克塔达的声明。塔拉巴尼在总统宫的台阶上会见我们。塔拉巴尼跟奥迪耶诺将军握手之后，亲吻了我两面面颊。"贝尔女士，你怎么样啊？"

塔拉巴尼告诉我们，他跟萨德尔分子的关系不错。在穆克塔达发表声明之前，塔拉巴尼给驻巴格达的伊朗大使打了电话，告诉他伊朗的政策损害了伊拉克的利益。他向伊朗建议，解散萨德尔运动组织，停止一年对联军的进攻。塔拉巴尼收到了伊朗人的来信，说他们已经命令萨德尔分子停止活动；他们会把穆克塔达留在伊朗。塔拉巴尼描述了在伊拉克的什叶派同在伊朗的什叶派之间的一些对立情况。伊拉克什叶派认为纳杰夫是他们的"梵蒂冈"，纳杰夫是伊拉克南部的城市，在这个城市有著名的哈瓦扎（hawza），什叶派的神学院。伊拉克什叶派遵循阿亚图拉希斯塔尼的"沉寂"派，这就削弱了伊朗城市库姆的声望，库姆是什叶派另一个哈瓦扎。阿亚图拉霍梅尼的伊斯兰革命所发布的伊斯兰法学派的宗旨，其影响也被伊拉克什叶派所削弱。

跟塔拉巴尼的会面不可能在短时间内结束。我们被带到一个侧室，里面的桌子上已经摆好了食物。"贝尔女士，多吃一些肉串。"塔拉巴尼说，他把更多的食物用勺子盛到我盘子里。他显然认为我需要更胖一些。塔拉巴尼本人最近几年体重也增加了不少,他的医生为他的健康担心。一位年轻的库尔德人受命监督总统的进食,在塔拉巴尼吃饭的时候站在他身后。

同塔拉巴尼总统会晤之后,奥迪耶诺将军又去会晤了马利基。他告诉马利基,自从穆克塔达发表声明之后,我们已经减少了在萨德尔城的行动,并努力同那里的社团建立联系。但我们仍然受到伊朗制造的爆炸抛投物和伊朗提供的240毫米火箭的袭击。虽然对绿色区域的攻击减少了,但对胜利营地的攻击却增加了——所有的火箭弹都发射自萨德尔分子在巴格达的大本营。奥迪耶诺将军说,我们明白发动这些攻击的是犯罪分子,不是主流的马赫迪军,我们也只针对这些犯罪分子。

"在联军发动攻击的时候,有时候会有人从房顶上向我们射击,于是我们不得不还击自卫。"奥迪耶诺将军说。"即使这样,"马利基说,"还击应该适度。联军过度使用武力让民众仇恨政府。"他接着说:"仅仅是为了杀死一个恐怖分子或者犯罪分子而造成一群或者更多无辜平民伤亡,严重影响了民众对伊拉克政府和联军的支持。"马利基建议联军把目标的名字告诉伊拉克政府,或许伊拉克安全部队可以在不造成人员伤亡的情况下逮捕这些人。

很不幸,在这之后不久,特种部队于10月20日对萨德尔城发动攻击引起了民众强烈的抗议。攻击单位遭到炮火攻击,结果他们叫来了攻击直升机。美国军方宣称49名武装分子被打死。但伊拉克电视台播放了妇女和儿童死伤的画面。这在国会引起了轩然大波。而在几天之前,黑水私人安全承包商在尼索尔广场开火,杀死了17名伊拉克人。马利基愤怒了。他威胁不同美国签订战略合作伙伴的声明,也不支持联合国安理会决议延期,而这个决议为联军在伊拉克存在提供了法律依据。

形势混乱而且令人感到困扰。同萨德尔分子的谈判绝对会非常艰

难。萨法成为同马赫迪军的主要调停者，他会随时把他们讨论的情况通报我们。根据截获的萨法和一名萨德尔分子谈话的内容，一名美军上校可笑地宣称，萨法本人是马赫迪军成员。我把头撞在墙上，不知道说什么好。

奥迪耶诺将军对于同萨德尔分子打交道保持着警惕。他同意我们必须愿意同任何人谈，但是我们必须小心，在代表们取得超越承诺的结果之前，不要给予他们合法权、资源和豁免权。从2003年以来，我们同萨德尔分子已经在同样的路上走了多次了。穆克塔达建议通过伊拉克政府、宗教利益集团和部落利益集团的安排来获得接触机会，结果造成我们在政策制定上不知从何下手，而他则获得了喘息的时间。而我们现在具有最大的优势。马赫迪军正在失去民众的支持。但在10月的第一周就发生了14起爆炸抛射物的攻击。发动攻击的显然是同伊朗有联系的特别组织，这些攻击让美军指挥官产生了深恶痛绝的反应。来自萨德尔城的间接射击在持续增加。奥迪耶诺将军看不到任何能让发动攻击的人停止攻击的希望。对萨德尔城的萨德尔分子表示的友好姿态没有带来任何结果，他们觉得没有必要谈判或者妥协。而联军对萨德尔城的攻击则进一步使当地社会团体对联军产生了敌意。

在所有这些令人沮丧和压抑的形势下，萨法听说在巴格达西南部逊尼派和什叶派穆斯林混合居住的吉哈德区有一个和解会议，这引起了我的注意。萨法打算进一步利用吉哈德作为同萨德尔分子和解的实验。在吉哈德的萨德尔分子感受到来自逊尼派叛乱者的威胁，他们意识到，要想生存就有必要达成一项协议。我到处打听，发现1-28"黑狮"团长帕特里克·弗兰克中校，确实主持了这样一个面对面的和解会议。这很有意思。不过这个消息被认为没有必要传递给奥迪耶诺将军。

奥迪耶诺将军召集弗兰克中校，他的旅和师指挥官一起开了一个会。

弗兰克非常能说，详细地介绍他那个居民区的形势。他手下的战士们跟当地的老百姓混住在一起，对这个地区政治形势的来龙去脉有了比较全面的了解。他们花了五个月的时间尽力追捕基地组织和马赫迪军的领导人，现在弗兰克觉得他们可以充分利用好战分子与温和派之间的分歧。

一两个月之前，奥迪耶诺将军曾经问巴格达的指挥官们："有谁在跟敌人举行会谈吗？有谁设法接洽马赫迪军吗？"作为回应，弗兰克给那个地区马赫迪军旅长阿布·杜马写了一封信，邀请他会晤。阿布·杜马接受了邀请，并允许社团的其他领导人参加弗兰克召集的和解会晤。弗兰克很显然走在了比他衔级高的军官前面。奥迪耶诺将军允许我直接跟弗兰克打交道，不用通过指挥系统的层级，并在弗兰克和伊拉克政府官员之间建立联系。

我跟弗兰克在吉哈德待了一段时间，逐渐对他有所了解，也对跟他关系密切的军官们有了一定的了解。他是另一个理想主义者，身材不高大，长着一头红发，精力充沛，想法很多。他很有智慧，也接受过很好的教育。最让我印象深刻的是他乐于冒险。他真的相信，美国军人可以改变世界。他告诉我，每一次驻防，美国军人都受到他们本来认为仇视他们的人的欢迎。对于他，自由主义者和学者们都搞错了，而那些"穿着泥靴子的人"才搞对了。他相信美国例外论——美国是十字军国家，把自由带给全世界被压迫的人民。

在某一时刻，我在吉哈德一个街角上跟布莱恩·杜克特上尉交谈。他谈到了吉哈德的老百姓，他们的性格力量，他们的自豪，他们的自尊和他们的幽默感。他跟我说："做这份工作，你得更像一个传教士，而不是一个军人。"杜克特上尉每天要接数十个来自伊拉克人寻求帮助的电话。他的战友给他起了个绰号"叛乱耳语者"。看到他跟伊拉克人互动简直太好了。当我看到黑狮对伊拉克人表现出的尊重程度，我明白了为什么他们正在取得成功。

我带着弗兰克中校到绿色区域去会晤萨法和巴斯玛博士。对于推进吉哈德计划的可能性，我们都很激动。为了表示善意，同时也为了建立萨法作为一个能够从联军方面取得让步的人的声誉，从而换取马赫迪军停止发动攻击，奥迪耶诺将军同意在吉哈德实施释放被关押者的行动。此前释放过关押者的重要什叶派人物，但此举既没有帮助终结对联军的攻击，也没有推进同逊尼派的和解。这次，奥迪耶诺将军想要保证释放的都是低层级的被关押者。

我等待着释放如何进行的消息。但结果却不是我所期待的。萨法讲述了吉哈德的许多家庭如何准备仪式欢迎他们归来的儿子。但没有一个人归来。只有一个被释放的人来自吉哈德，可他跟马赫迪军没有关系。九个人中的三个是逊尼派。萨法跟我听到这些笑得前仰后合。他知道联军并不是故意这样做，只是无意之中搞错了。他告诉我说，吉哈德那些家庭都在忍着这事。但我们得赶快行动起来进行补救。

弗兰克中校定在10月18日召开一个大型的和解会议，吉哈德所有社团的领导人都来。我到绿色区域去接萨法和阿斯玛博士。我们把巴斯玛装进悍马里，我们俩咯咯地笑。悍马的车门很小但很重。美国士兵坐在其他座位上。她还穿着她平常穿的罩袍和高跟鞋。我们驱车到了巴格达机场，弗兰克安排在那儿的商务中心开会。我们抵达之后，我没收了巴斯玛博士的手机，这样她就可以完全专注于手上的事了。

萨法和巴斯玛博士对50个左右的社团领导人讲述了和解的重要性，马利基对吉哈德的兴趣，什叶派和逊尼派合作的积极方面，以及统一的伊拉克的愿景。地区的主席说，这是伊拉克政府官员第一次出面支持和解，他们很受欢迎。萨法说，穆克塔达号召停火，任何带武器的人都不是马赫迪军的成员。他讲了信任的重要性，包括对联军的信任。

帕特里克·弗兰克的讲话听起来就像一个非常有魅力的年轻校长，他敦促这些社团领导人达成一项协议。吉哈德为整个巴格达开了个头。"你们是整个城市的希望。如果你们不能取得一致，人民的希望就非常渺茫。你们虽然感到的是吉哈德30万人给予你们的压力，但700万伊拉克人的希望在你们的肩上。"

这些社区领导人选出两位逊尼派和两位什叶派人士到另一个房间。最终，萨法和巴斯玛设法调停出了一个协议，这个协议规定联军和伊拉克军队有权利发动搜捕行动，但他们只能针对那些继续使用暴力的人。最终达成协议，那些不再诉诸暴力的人可以获得"有条件的豁免"。经过五个小时讨论和谈判，经过修改的草案得以提交并签署。大家放声大笑，开玩笑，并拍照留念。

萨法和巴斯玛都接受了媒体的采访。巴斯玛博士告诉《华盛顿邮报》："我认为和解是从暴力和恐怖主义中挽救伊拉克的唯一解决方案。在实现了和解的其他地区，我们看到暴力的曲线是下降的。和解是唯一的解决办法，军事行动没有出路。"在谈到当天发生的事情时，她对同一家报纸说："这些人都是逊尼派和什叶派部落的成员，他们过去相互向对方发动武装攻击，但他们现在同意着眼未来，忘记过去。我认为这是一个成功故事的开端。"我把手机还给了巴斯玛。她给马利基打了电话，告诉他都达成了哪些协议。

这样的日子给了我希望，让我觉得让伊拉克走上正轨是可能的。需要的是大量的努力——和对的人有必要的关系，能够推动所有事朝着正确的方面发展。帕特里克·弗兰克有魅力，而且招人喜欢。巴斯玛博士很喜欢他。弗兰克考虑很周全，而且人很善良。许多美国军官试图强行绕过她，而弗兰克则给予她足够的尊重。在国家层面的和解没有取得进展的情况下，我们调节了地方和解协议。萨法和巴斯玛博士甚至就联军有权利在什叶派居民区对发动攻击的人进行搜捕而发生了争执。我们已经取得了很大的进展。

为了表示对吉哈德计划的支持，同时为了帮助弱化 10 月 20 日特种部队攻击萨德尔城的负面影响，奥迪耶诺将军同意陪同伊拉克政府团队到吉哈德。这个团队由阿德南带队，展示联军和伊拉克政府共同帮助普通伊拉克民众。随同前往的有伊拉克媒体。弗兰克中校仔细地安排了行程。

抵达吉哈德之后，阿德南告诉聚集在一起的吉哈德领导人，作为对他们和解努力的回应，马利基派遣这个政府团队来了解这里改善服务的办法。他也警告他们："有人针对和解做文章，不要成为谣言的傀儡。有人散布谣言想要毁了和解。"在伊拉克全国到处都是谣言。有人报告说，两个什叶派的人被基地组织砍了头，结果这两个人被释放了，他们的出现就证明这个报告是假的。

我们去看了一个污水处理站，这里秩序良好，但还没有开工。这个污水处理站需要当地人来管理和保障。阿德南将军注意到，石油部宣称要供应石油；但当地居民还没有看到石油。奥迪耶诺将军解释说，油已经分配但仍然没有抵达民众的问题在巴格达全国都存在。将军说，联军会帮助保证卡车和工人的安全。

在吉哈德红新月会的机构，阿德南将军给残疾和体弱的伊拉克人赠送了 15 个轮椅（这些轮椅是联军购买的）。其中一个接受轮椅的人曾经是警察，才 20 多岁。他叫司南·科迈尔，曾经受过两次伤，后来他在朵拉去帮助一个怀孕的妇女时，路边的炸弹爆炸使他失去了双腿。他告诉我，在事故发生之前他已经订婚了，但他未婚妻的家里逼迫他们取消了婚约。他想要装假肢，这样他就可以行走，然后就可以回去征得同意娶她的未婚妻，因为他们非常相爱。

在这次出访中，奥迪耶诺将军对阿德南的印象很深。将军由于接到过相关情报，对阿德南有很强烈的异议。但阿德南做成了事。他把政府里必要的部门代表都召集在一起，并让他们同意与地方领导人以及联军合作，为这个地区提供服务。

11月的一个下午，我到阿德南的办公室造访，阿德南告诉我，伊拉克伊斯兰最高委员会的民兵组织巴德尔军团，有时候打着马赫迪军的旗号发动袭击。他说联军太天真，并没有意识到究竟是怎么回事。他解释说，在萨德尔分子和伊斯兰最高委员会之间有斗争。这是阿拉伯什叶派圣地和伊朗什叶派圣地之间的意识形态斗争，也是什叶派穆斯林沉寂派和积极派之间的意识形态斗争。阿德南宣称，巴德尔军团的成员在伊朗当战俘期间被洗脑，并娶了伊朗女人。巴斯玛博士感到很遗憾，联军把流亡人士安排进了伊拉克国家领导层。她抱怨说，伊拉克现在被伊斯兰最高委员会所统治，被巴德尔军团所统治，而巴德尔军团跟伊朗有联系，也被库尔德人所统治，而库尔德人并不想真正成为伊拉克的一部分。

萨法造访纳杰夫，会见了萨德尔运动政治委员会，委员会的人担心伊拉克政府会把停火解释为示弱的信号。这个委员会感受到来自什叶派内部派系活动的压力。他们认为马利基跟伊斯兰最高委员会的关系走得更近了。萨法告诉他们，对目前的形势萨德尔运动也应该承担部分责任，因为他们退出了政府，马利基的盟友只有库尔德人和伊斯兰最高委员会了。萨法解释说，联军——像萨德尔运动一样，内部也有不同的"倾向"。并非所有联军都专注于杀戮伊拉克人。联军中有些人致力于重建伊拉克。听到他这样说，我笑了。我知道，伊拉克人常常很难理解联军。

在我离开餐厅带着我的食品往回走的路上，刚走到法奥宫的入口处，我听到了轰的一声，紧接着又是一声，然后又一声。每个人都在对外面人喊叫，让他们隐蔽。在我们同巴格达师召开周例会时，消息开始零星地传来。菲尔将军来晚了。他说一枚火箭弹击中了一个用餐设施，有几名士兵受伤。有一个士兵是吸气性胸伤，另一个女兵背部受了重伤。士兵们扑上去保护受伤者，而不是自己去隐蔽。"这些士兵们真是太好了。"菲尔将军不断地说，他的眼里含着泪水。奥迪耶诺将军的眼里也充满了泪水。之后我们开始了情况汇报。会开了一会儿之后，一位上尉传给菲尔将军一个纸条，告诉他两名士兵丧生，另外 25 人受伤。

对胜利营地的攻击仍然在继续，攻击来自巴格达西部那个地区，而我正在那儿参加和解的谈判。一天早上，在最新战况评估会上，对夜晚一次攻击的详细情况做了陈述。

"行动总指挥，请把攻击发起点告诉艾玛。"奥迪耶诺将军发出指示。我站起来，从坐着的将军们后面走到行动总指挥瑞恩·贡萨尔维斯跟前，去拿攻击发动地点的幻灯片。

"告诉我攻击发起点。"我冷静地请求到。

他站在那儿，胳膊盘在胸前，说："你的朋友在不断地对我们发动攻击。我们得去杀死他们。"

"总指挥，给我发动攻击的地点。"

奥迪耶诺将军回头看他后面的骚动究竟是怎么回事。"长官，告诉总指挥给我发动攻击的地点。"我对奥迪耶诺将军说。

"总指挥，我告诉你了把发动攻击地点给艾玛。"

瑞恩·贡萨尔维斯把幻灯片扔给了我。我拿着幻灯片快速地回到我在台阶上蹲着的地方。

最新战况评估会一结束，我就给萨法打电话。我告诉他准确的发动袭击的地点。我们需要他帮忙阻止这些攻击。联军的忍耐是有限的，我警告他说。

过了不久，萨法跟我取得联系，告诉我，吉哈德萨德尔运动的主要领导人阿布·阿里准备秘密去见弗兰克中校，帮助"确定发射火箭的人在哪里，或者让发射火箭的人中立化"。萨法说，这些人总体上不信任联军，但他们信任弗兰克，因为弗兰克建立起了自己的名声。

萨法建议联军把阿布·米拉阿姆放在限制目标名单上（这意味着我们不会拘禁他），允许他返回吉哈德为和解发挥积极的作用。阿布·米拉阿姆是神职人员，有管理能力，建立并管理着一个非政府组织。但根据我们的情报，他也是巴格达西部马赫迪军一位高级领导人。

我辩解说，现在有一位马赫迪军领导人想要和解，通过伊拉克政府想要同我们接触，我们应该跟他建立联系。他被认为是有影响力的，能够起一定的作用。和解就意味着同活跃分子和极端分子打交道，而不是仅仅同温和派打交道。巴格达师反对我的意见。但帕特里克·弗兰克愿意冒险，而奥迪耶诺将军支持他，绕过师指挥官表示了对他的支持。

萨法安排阿布·米拉阿姆到他在绿色区域的办公室。我见到阿布·米拉阿姆时，他看上去有点紧张。我想，也许是因为他从前没有会晤过联军成员。他告诉我，2003年之前，他曾经跟负责这个地区的美国军官合作过，当时合作得很好。但那个军官离开之后，新来的美国指挥官没有跟伊拉克人发展同样的关系。这个地区陷入派系暴力，什叶派纪念仪式和清真寺遭到炸弹袭击，结果导致了一系列的报复仇杀。他宣称他根本没有从事的活动也安到他的头上。目前，联军出10000美金赏金捉拿他。

我问阿布·米拉阿姆他是否愿意返回吉哈德，为重建宗教场所和修复社团关系做贡献。他说他非常愿意做这些工作。我解释说，根据萨法的提议，我们打算把他放在限制目标名单上。

"如果真这样，"他说，"我娶你为我的第二个妻子。"我不知道该如何对此做出答复，只是给了他一个甜蜜的微笑。

奥迪耶诺将军来到了大楼。我离开房间去向他汇报刚才的讨论，然后介绍将军认识阿布·米拉阿姆。会见很短暂，只是敲定协议。阿布·米拉阿姆仍然感觉不安。奥迪耶诺将军随后离开，我留下来确定细节。阿布·米拉阿姆转向我，"我得向你道歉。我看到将军那么大的块头，我吓坏了，不敢向他请求要你做我的第二个妻子。"

在很短的时间之内，什叶派社团表现得非常合作，对于胜利营地的袭击大大地减少。

帕特里克·弗兰克非常谦和地感谢我的支持。实际上，这一切都是他的功劳。他理解这个地区，而且赢得了当地人的信任。奥迪耶诺将军反对巴格达师的建议，做好了接受风险的准备。我帮助弗兰克中校联系上了伊拉克政府。吉哈德方面则在我们通力合作的情况下体现了地方层面可能做的一切。

在这个计划的整个过程中，我花了许多时间跟弗兰克和他的黑狮团在一起。他损失了19名战士。他告诉我，"每一个战士的阵亡都鼓励我继续战斗，保证打败敌人，保证让我们的地区变得更好。"我跟奥迪耶诺将军说，他们的努力如何给我留下了深刻的印象。将军说他逐渐明白了，他的许多年轻的连级指挥员"知道和解意味着什么"。他们见证了和解，所以明白了和解的重要性。一切都是这个团长发起的，是这位团长塑造了他下面的指挥官和这个单位的态度。

我遇到的许多下级军官给我留下很好的印象，但对于一些高级指挥员，我却不敢恭维，他们不明白在伊拉克"战斗"的本质是什么。在常规战争框架下，他们没有问题，因为敌人界定得非常清楚，就是与之相对的军队。在美国人的心理有某种关于好和坏的概念——好人和坏人——这让许多人很难应对伊拉克的灰色。我从来没有见到一位高级军官因为不称职被解职。一位高级指挥官在不到一年的时间里换了六个副官，这充分说明了他对下属的欺凌行为。他桌子上的9毫米手枪和《圣经》让我感到害怕。

2007年仲夏，联军的死亡人数开始下降，而从9月份穆克塔达的停火生效之后，伊拉克人死亡人数也开始下降。那个月伊拉克伤亡人数下降到1294，而8月份这一数字是2405。这些数字来自伊拉克伤亡人数统计数据。

的确，到这个阶段，绝大多数由派系争斗引起的流离失所已经发生。但马赫迪军的暴力和犯罪行为超越了界限，失去了什叶派民众的支持。他们没法再说自己是什叶派的捍卫者，特别是在这个时候基地组织对什叶派民众的威胁已经很小了。而这在很大程度上是因为逊尼觉醒派的传播，联军对此伸出了援助之手。联军主动降低了自己的地位，在他们的帮助下，伊拉克安全部队的力量在增长，也在逐渐赢得民众的信任。

第13章　胜利

> 为和平祈祷，
> 为每一个倒下的儿子祈祷，
> 让我的精神自由，
> 让我放下我的武器，
> 亲爱的妈妈玛丽，我太累了，
> 但我"只能在最后一枪打完"才能回家。
>
> 摘自：特雷斯·艾德金斯

　　时间在伊拉克流逝也在流动。发生的事太多，每一天都好像没完没了。但几个星期很快就过去了。突然，又到了年终岁末。领导调动的季节降临在我们身上，也降临在每一个单位，包括奥迪耶诺将军的鬼魅军团，也到了他们驻扎在伊拉克的最后阶段，新的单位要来接替他们。

　　11月底，我们飞到提克里特跟兰迪少将和他的那个师告别，兰迪的师负责伊拉克北部。在讲话中，奥迪耶诺将军提到了战士们英勇的努力。他们失去了200多名战士，有一半阵亡在戴夫·萨瑟兰上校指挥下的迪亚拉。有数千人受伤。但他们成功地安定了这个省。在我们返回巴格达的路上，我们做了几次中途停留，这样奥迪耶诺将军可以给那些出色的战士颁发英雄奖章。他特别注重表彰战士们的努力。

那天晚上，英国国防部参谋总长乔克·斯特拉普正式访问奥迪耶诺将军。"对美国军人所做的一切和他们做这一切的方式，我只有崇敬。"他说。"祝贺你们完成的伟大业绩。这6—8个月期间发生了惊人的变化。"这跟那年头一次见面时的语气完全不一样，当时他指着我说："我不相信你竟然雇了她！"我在等着他说一番批评我身材瘦的话。结果，他说："瞧她的身子骨，如果你遇到困难，打算要吃掉你的副官，你怎么办啊？你需要一个更结实的人，身上的肉更多一些。"他然后解释说，英国不会追随美国向伊拉克增兵。英国政府认为在阿富汗取得成功的可能性更大，所以英国要把部队派往阿富汗，那是英国应该有所作为的地方。

这次斯特拉普要谦卑得多。他同意英国仍然在巴士拉保留一个旅司令部，指挥官是一位两星将军。"只要你们需要和珍视我们，我们会继续努力。"他说。"谢谢你们为我们同胞所做的一切。"我感觉得到他感到惭愧，英国人以为伊拉克失败了而放弃了伊拉克，而美国人则拒绝接受失败。

马利基请奥迪耶诺将军去参加会议。他说，听说武装组织佩戴着联军式样的徽章在伊拉克南部的赛迪亚盘查路人并设置检查站，他感到震惊。这些人脸上戴着面罩，人们不知道他们是什么人，有些人甚至都不是赛迪亚人。马利基说，武装人员称他们自己是阿拉伯觉醒派第一旅，这是很危险的。这些逊尼派"志愿者"的行为甚至在纳杰夫都在怂恿派系争斗和制造紧张局势。政府和阿布德将军都不知道这些事，是联军在隐瞒消息吗？伊拉克主权政府怎么能够接受武装人员在大街上呢？

奥迪耶诺将军感谢马利基的直率。他说在这件事上有误解，联军指挥官认为他们通报了伊拉克地方指挥官他们在做什么，但是信息好像没有通过指挥系统上传。赛迪亚的检查站是伊拉克安全部队和地方相关居民联合值守。他说，赛迪亚也许是巴格达最具争议的地区，因为基地组织和马赫迪军都试图控制这一地区。正因为如此，那里发生的事被这两个组织曲解。

奥迪耶诺将军说,联军的首要任务是在伊拉克全境保障安全和稳定,而相关当地居民在帮助实现这一目标。的确,大多数出来帮忙的居民是逊尼派穆斯林,但这样才能帮助逊尼派进入伊拉克安全部队,这样做也能够允许他们向伊拉克政府表示他们的好意,同时他们也可以得到审查。奥迪耶诺将军本人会见过这些居民组织中的大多数,认为他们还是真诚的,虽然他们的真诚需要受到监督。

"奥迪耶诺将军,您是个军人,您也许没有关注政治。"马利基说,"但这些志愿者不仅在造成现实问题,也给我带来了政治问题。"

到目前为止,联军招募的支援人员和给他们支付的薪酬都在迅速地增加。联军每一次向伊拉克政府汇报数字都在上升:5万,6万,7万……之后志愿者的数字上升到了13万。奥迪耶诺将军要他下属单位为他提供这些志愿者的"好消息"。在对政府的每一次汇报中,他都放幻灯片,展示这些志愿者的伟大工作和暴力的下降。他甚至弄来许多展板,上面是表情真诚的志愿者居民把守检查站的照片。

马利基与此截然相反,把这些志愿者当作叛乱者,认为这些人不知什么时候就会向他发难。他不知道联军为什么坚持要雇佣这些叛乱者当警察,而且对他们的招募条件优先于那些从未当过志愿者的普通伊拉克人。他总是接到有关这些志愿者邪恶行为的信息,而联军不断发布的积极报道更加重了他的猜疑。

有一次我路过总指挥部办公室进去吃午饭,阿德南把我领到一个小房间。他很担心。有人向马利基汇报说,"志愿者"在酝酿一个阴谋,而这些志愿者真的是叛乱者,他们同联军串通,试图发动反对他的政变。这个阴谋与那些占据巴格达各关口阵地的志愿者有关,这些关口包括:塔基、阿布格莱布、朵拉、阿尔布艾萨、马丹和拉什迪亚。他向我出示了一张纸，上面画了攻击的地图。这些志愿者会把汽车炸弹和武器带到巴格达。他们的目的是在巴格达制造混乱，使阴谋制造者可以进入绿色区域。联军会让检查站开放两个小时，让阴谋策划者进入巴格达。

阿德南将军告诉我，法鲁克将军向马利基汇报了这个阴谋，而且召集了伊拉克指挥官们制定计划打击这次政变。

"是什么让法鲁克将军这么干？"我问道。

"法鲁克将军想要成为粉碎阴谋拯救国家的英雄。"阿德南还说，法鲁克将军这样做也是因为反对巴斯玛博士，想要损害巴斯玛因为和解而获得的信誉，而和解的核心是这些"志愿者"。

我返回到胜利营地，直接向奥迪耶诺将军做汇报。"马利基怎么能够相信这无稽之谈呢？"将军摇着头说。"让我感到烦恼的是，我不断在公众中为他站台，而在我心里他真的是思想偏狭的人。"

回到我的桌子前，我发现英军少将保罗·牛顿给彼得雷乌斯将军写了一封邮件，并抄送给奥迪耶诺将军和我。这封邮件抱怨巴斯玛对伊拉克将军们很粗暴和专横。我知道巴斯玛对伊拉克安全部队很恼火。伊拉克安全部队不知道如何同"志愿者"打交道，巴斯玛要求联军帮助制定程序。她想通过羞辱伊拉克安全部队使他们行动起来。前伊拉克军队成员在重新服役之后所遭受的待遇让她很生气。有传言说，招募中心非法收取这些人500—600美金的申请费用。

我推测牛顿将军在场的时候，巴斯玛博士一定还指责了伊拉克安全部队。彼得雷乌斯对邮件做出了回应："艾玛，去安慰一下巴斯玛，告诉她除了做一名斗士，我们也想要证实她也是一名出色的外交官！"

我给他们所有人回复了邮件："长官，我会尽力做好巴斯玛的工作。我已经安抚大雷（Big Ray）九个月了。你们难道没有注意到他比过去更绅士、更友好，不那么爱激动，是一个更有策略的人！"

彼得雷乌斯回复说："真正的转变，艾玛！"

奥迪耶诺将军的回复只有一个词"难以置信！"，我不由得笑出了声，想象他用拳头击打桌子，对着电脑大声呼喊，然后用两个手指用 14 号蓝色字敲下这个词。

奥迪耶诺将军邀请我参加同克罗克大使在法奥宫的会晤。我解释说，每一次我们同伊拉克政府会谈，志愿者的数字都在增长。巴斯玛博士说，她想要一个这些"相关地方公民"在巴格达的部署图，以及威胁评估，伊拉克安全部队驻扎地点，以及种族和派别的分布。我告诉巴斯玛，奥迪耶诺将军因为志愿者的问题睡不着觉了。她回答说："如果他有头发，他的头发会因为这事而掉光！"

"我们需要延期你一年，艾玛，这样就可以帮助巴斯玛实施她所有的伟大计划。"克罗克说。我笑了。我在伊拉克的期限快到了。没有奥迪耶诺将军，我可不在伊拉克待了。

我们到伊拉克白宫去见马利基。去之前，奥迪耶诺将军和我跟瑞恩·克罗克聊了聊。在这之前一天，在同布什总统的视频会议上，他们讨论认为，马利基仅仅因为暴力减少就要宣布胜利而表现出不成熟的乐观。布什开玩笑说，2003 年 5 月 1 日，他在林肯号航空母舰上发表命途多舛的讲话时，他的身后出现了"使命完成"的旗帜，他现在还保存着这个旗帜。克罗克似乎对马利基没有多少信心。"也许你应该问问他退休的计划。"我说。克罗克笑着说，马利基也许就退休计划也需要帮忙呢。

跟马利基的会晤很痛苦。克罗克敦促马利基在 11 月 20 日之前签署美国和伊拉克之间的战略伙伴宣言。马利基推脱，说宣言要在国会获得通过在政治上有困难。后来，我跟萨法再次强调了战略伙伴宣言对伊拉克和美国政府如何重要。萨法说马利基担心伊拉克政党和其他阿拉伯国家会怀疑同美国的"伙伴"和"合作"实际上意味着什么。马利基对美国的伊拉克愿景不信任，担心美国试图瓦解什叶派自从 2003 年以来获得的权力。

最终，美国和伊拉克之间没有达成任何协议。相反，伊拉克政府要求，并且在年底之前，得到了联合国安理会决议的延期，允许联军部队 2008 年继续驻扎在伊拉克。

我出现在阿德南的办公室，却发现他正在审问一位"志愿者"，这名"志愿者"因为使用假名字被关押。为了保全自己，这位志愿者同意提供其他志愿者的信息。他被伊斯兰军（Jaysh al-Islami）招募，承诺给他钱、房子和老婆。他讲述了他访问叙利亚的经历，逊尼派领导人在那里的咖啡馆里告诉人们加入志愿者，这样就能"一砖一瓦地建造房子"，为发动政变推翻伊拉克政府做准备。

我离开阿德南去找巴斯玛。巴斯玛抱怨，他们的工作得不到支持，这样他们就没法兑现对部落做出的承诺。问题出在总理周围的人身上，法鲁克将军不拨付必要的资金。巴斯玛无法理解总理，这个她非常尊敬的人，怎么能够雇用法鲁克将军。她认为法鲁克是一个完全无用的人。巴斯玛说，总理的顾问，特别是达瓦党的人，总给马利基传递谣言，比如那些关于志愿者策划政变的谣言。一些志愿者会被渗透，这是显然的，但她说我们可以应对。"和解在取得成功。"她跟我说。

巴斯玛最近跟一个来自阿布格莱布的朋友吃饭。这位朋友告诉她，一年以前，整个地区处于 1920 年革命旅的控制之下。革命旅是逊尼派的叛乱组织，而现在安全形势有了极大的改善。我们见证了巨大的实际变化。她之后扔下一枚炸弹：她要辞去她的工作。

在 12 月份举行的最后指挥官会议上，奥迪耶诺将军发起了有关志愿者的讨论，提出我们如何才能提供积极的监督。他之前修正了他的信息要求，既要包括有关志愿者不好的报告，也要包括有关他们好的报告。

他现在有了一个更全面的画面。

奥迪耶诺将军继续讨论他的指挥部意图,他提出了两个版本:右的版本,是更注重军事行动的版本(是计划者的版本);左的版本,把和解摆在更重要的位置(是我的版本)。他在头天晚上举行的计划者会议上介绍了我的版本。参谋长安德森将军转向我,做出割断我的喉咙的手势和子弹穿过我心脏的动作。我真想地上有个口子,能钻进去。

我意识到,奥迪耶诺将军想要保证大家统一思想。那些在司令部的人并没有看到现实中事情的变化有多快。在会议上,那些从全国各地飞来的指挥官指着我的版本,说这个版本反映了实际发生的变化,这些变化促使他们改变做事方式以适应变化。奥迪耶诺将军给他的指挥官们发出了进一步的指导:"和解正在逐渐成为主要工作。"他告诉他们,可能我们越来越要扮演"诚实的调停者"的角色,努力把不同的组织拉到谈判桌上来。

我去见萨法和巴斯玛,讨论奥迪耶诺将军将要做的关于志愿者的情况报告,奥迪耶诺将军将在伊拉克国家安全委员会上做这个报告。他们建议做一些改动。奥迪耶诺将军应该首先提及联军在志愿者项目实施过程中发现的问题,那些被发现的"坏分子"以及可能存在的风险。只有在谈了问题之后,他才应该接着谈所取得的成功,谈志愿者们如何对暴力的减少做出了贡献。最后,他应该提出计划,把志愿者从联军的工资单上转到伊拉克政府的工资单上。百分之二十的志愿者将被招募进入伊拉克安全部队,剩下的将在公共领域就业。奥迪耶诺将军接受了这些建议,改动了他的幻灯片和顺序。

2007年12月2日,奥迪耶诺将军会议上站着宣讲了他的汇报。所有人都预料会发生另一场激烈的讨论,联军和伊拉克政府会阐述相互对立的目标。但奥迪耶诺将军讲完之后,马利基宣布:"我完全同意奥迪耶诺将军所讲的一切。"

巴斯玛后来告诉我,马利基对这个会议是多么得高兴。联军和伊拉克政府终于有一次意见一致了。她向马利基解释,她和她的朋友艾玛在奥迪耶诺将军的汇报上做了许多工作,我们一起达成妥协,让双方都比较满意。马利基说,我们现在需要努力工作来实施计划。

巴斯玛对结果感到很自豪,决定继续工作。"如果你获得诺贝尔和平奖,你还会记得我吗?"她问我。我告诉他,只要一提到她的名字,人们就把目光转向我。彼得雷乌斯在一个季度一次的指挥官会议上,七个小时的幻灯片情况介绍后,他让我站起来,说这是巴斯玛的个人导师。"我永远不会忘记你,巴斯玛博士!"我怎么会忘记我们的阿米利亚之行,她居然穿着高跟鞋。

我们12月份失去了25名战士(这个数字在5月份是131人)。伊拉克伤亡统计数据估计那个月有963名伊拉克人被打死,而在美国增兵伊拉克之前伊拉克每个月的死亡人数是3000人,暴力在减少。伊拉克人感到,最糟糕的时期已经过去了:炸弹爆炸少了,大街上的民兵也不见了。

伊拉克的内战仍然在继续。意识到他们将在内战中失败,而且受到基地组织过分行为的干扰,逊尼派倒向美国以获得保护,不致遭受什叶派民兵的打击。美国增兵之后,安巴尔觉醒派蔓延到这个国家的其他地方。当什叶派穆斯林看到逊尼派穆斯林阻止基地组织向他们的社区发动攻击,就愈发不能容忍什叶派民兵,认为没有必要再依靠民兵寻求保护。而美国,通过增派军队和改变战术更多关注民众保护与和解,实现了各派别组织在战略谋划上的改变。

我们未来面临的最重要挑战是发展政治空间,使不同的社团可以在不诉诸暴力的情况下竞争权力和资源。我担心地方的停火不会持久,除非在精英之间有某种政治协议。

军士长西奥托拉向巴格达家庭赠送玩具

  奥迪耶诺将军心情很好。我们最近晚上在巴格达上空飞行,他注意到由于有了太阳能灯,巴格达不再是一片黑暗。所有事情似乎都在朝正确的方向发展。他转向我说:"他们颁布宗教圣令的方式很酷。我真希望我也能够颁布宗教圣令。"我笑了。"长官,你也可以颁布宗教圣令啊。"我告诉他。他用疑问的眼光看着我。"您颁布碎片化秩序令,"我说。"您颁布碎片化秩序令,就像宗教圣令。您颁布的这些政令大家都得执行啊。"他喜欢我这样说。

  12月的一个早晨,我们乘坐六辆悍马早早出发,把奥迪耶诺将军和军士长西奥托拉的车子放在中间。我们都很兴奋这次环绕巴格达的旅行。我问卡西奥尔军士长这次旅行的音乐是什么。他说我们先放吉米·亨德里克斯,美国六十年代的老音乐,电吉他演奏者。

  我们穿过街道来到朵拉市场。我还记得年初第一次来到这个市场时的情景。那时市场一片死气沉沉。美国士兵每天在街上巡逻，以防止基地组织对老百姓发动袭击。今天，市场很繁荣。一层粉色和蓝色的漆让市场看上去很整洁。曾经设在市场内一个咖啡馆附近的巡逻站已经不存在了。我们碰上了史蒂夫·迈克尔中校和伊拉克军队的士兵。他们都对所取得的成就感到自豪。

然后我们驱车到了城市的东部，沿着阿布努瓦斯大街行走。我在2003年时第一次到过这里。走进一家美术馆，一个伊拉克妇女头顶水罐的青铜制品引起了我的注意。我身上没带那么多钱，店主接过我所有的钱，把青铜艺术品给了我，他说在我可能的时候把其余的钱给他。

在佘塔街，我们又下车行走，街道上人很多。一个人从我们身边经过，用车推着一位老妇人。街上有卖水果的。我扫视街道两旁的高楼，看不到楼上有武装人员手持武器对着下面。我穿着防弹衣，但没有戴凯夫拉头盔。

穆塔纳比街看上去不太好。三月份这里发生爆炸，把整个街道都掀开了，把这里买书的人都炸飞了，这个街道需要重新建设。海法街看上去好多了。我感觉到好像在安曼或者开罗。巴格达开始充满了生机。虽然仍然是冬天，但我感到就像在春天。

我们聚在法奥宫的阳台上欢呼和告别。天气很冷。我们先欢呼我们所取得的成就，然后举行告别仪式。奥迪耶诺将军站了起来，让我站在他身边。他送给我一个美国军用挎包，因为我那个红色的"比萨饼"形状的背包看起来有些窘迫。包里面装着鬼魅军团的小酒壶、刀子、笔、跑步时用的反光带和一顶棒球帽。"艾玛一直让人很烦心，"他说，"不过这种痛苦是值得的。"他讲述了我为他做的所有工作，我如何给予他政治、文化和战略等方面的忠告。他说我为他提供了指导。"她本来没有必要来做这份工作，"他说，"她来这儿是因为我的邀请。"他谈到我多么热爱伊拉克人民，多么热爱美国军人。我站在那感到很尴尬，他非常真诚地夸奖我的美德，没有提及我的缺点和瑕疵。他非常爱护我。我知道，一旦他再次召唤我，我会跟着他到世界的尽头，而他也会听从我如何抵达那里的建议。

然后轮到我说了。我告诉他们，一年多前我接到奥迪耶诺将军的邮件，请我来做他的特别顾问。我三天都没有回复邮件，直到我收到照片，照片上显示火箭正瞄着我在谷歌地球上的房子，我才回复邮件。"在出来之前，"我告诉他们，"我担心作为一个外国人，一个女人，我能否融入，而且人们是否会喜欢我。正因为我是一个女人，所以我担心这样的事。"但是我加入了一个非凡的团队。我特别提到一些关键的成员："尖刻的杂种参谋长安德森将军，他把参谋部组织的那么有效率，但他又那么尖刻；坏脾气的杂种麦克·默里，他对计划所要做出的改变都有他独特的看法，如果他不被选来做将军，整个系统就会出问题；西奥托拉军士长，一位模范军士长，他的事迹应该拍成电影，他驾车走遍了伊拉克，鼓舞着每一个士兵做伟大的美国人。然后我转向奥迪耶诺将军，最后，这个坏杂种，他让成吉思汗都看上去是个温和派，但在他严厉的外表下是无限温暖，我跟他一起在这个国家走南闯北，跟他我学到了太多的东西。"

我告诉他们，在我的一生中，我从来没有如此努力工作过，也没有睡得这么少。"奥迪耶诺将军的领导，"我说，"在最困难的时期保持着军队的士气，用军队行动的方式促成变化，帮助扭转了伊拉克的局势。"我最后说，作为如此一支团队的一分子是一种荣誉，也是一种荣幸。我真是这样想的。在战争的恐怖中，我经历了爱和战友之间的真情，而这是我过去不曾想象到的。

奥迪耶诺将军送给我一本相册，里面都是我们在一起工作的照片，每个人都签了名。他在相册里写道：这是无法拒绝的证明，我曾经同美

奥迪耶诺将军送给思盖一本相册

国军人一起在伊拉克工作，我将永远无法否认。他还送给我一小块混凝土 T 型墙，他在上面签上他的名字——坏杂种（Big Bastard）。

美国军方努力体现美国建国者的理念和价值：美国应该成为不同背景和不同信仰的不同人在一起生活的地方。他们把我接纳进他们的部落。我成为他们兄弟连的一分子。我感到我生活中的一切都在为伊拉克的工作做准备。他们让我成为现在的我——一种不屈从的力量，给了我一个平台成就了我能成就的一切。一个季节即将结束，尽管困难重重，我们成功了。我们散伙了，回家了。之后我才会有时间反思。

第三部
撤兵

2008年5月—2010年9月

第 14 章　米兰对话

> "强者完成力所能及的一切，弱者遭受必须遭受的一切。"
>
> 摘自：修昔底德，米兰对话

跟朋友在新西兰度假帮助我放松了下来。新西兰远离暴力世界，而且也远离新闻。在高山上长时间行走帮助我删除掉了脑子里毁灭和战争的画面。我划着划艇穿梭在小企鹅中间，观看海豚、鲸鱼和海豹。我消除了对许多事情的疑虑，不为人所知的小径会通向令人叫绝的美景。我遇到的每一个陌生人都很友好，没有任何威胁。我又得为我自己吃什么负责。食品也不再是仅仅为了生存而消耗的燃料。我感受到了在市场上挑选水果和蔬菜的喜悦。我可以挑选买什么，如何烹制买的食品。被战争所压制了的感官开始觉醒。

在伦敦就很困难。我晚上不断醒来，我的脑子停不下来。我很焦虑，但不知道要做什么。我的警觉性太高了。我走在牛津大街上，我发现自己在过滤人群中的人，以发现自杀人体炸弹。汽车产生的回火在我脑子里就是爆炸。我发现自己会颤抖，而我在伊拉克却从没有这样。家成了我的避难所，只有在家我才觉得安全。我不想跟朋友出去，跟他们没有什么可谈的。他们不能理解我，我也不能理解他们。一旦我说话被别人打断，我就忘了我刚才说到哪了。

美国政府请我到华盛顿在五角大楼做演讲，给智库做演讲。我很受欢迎。这对我非常重要。在一次大会上，我这样结束我的演讲：

最后，我想提及美国军方。在过去这些年形势不确定的情况下，穿着美军制服的男人和女人一直致力于完成他们的使命。他们年复一年地在伊拉克服役，有许多人再次入伍。他们不断学习和适应。他们的精神，他们的价值观，他们无私的服务，体现的是美国理想。四千人献出了生命，数万人受伤。更多人所看到的和所做的事情会给他们的心灵带来永久的伤害。跟这些人在一起服役是巨大的荣幸，是我生涯中最有职业意义的经历。

回到英国，我应邀到南丘的威尔顿公园，代表美国军方参加一个国际反叛乱会议。我在会上说，美国向伊拉克增兵最重要的是对我们的心理产生了重要的影响也对伊拉克人产生了重要心理影响。"我们向我们自己，也向批评我们的人，证明我们并没有被打败；而且我们使伊拉克人民选择不同的道路。我们的心态发生了变化。伊拉克人的心态也发生了转变。2007年联军的领导层以更为实际的方式重新界定了成功；打算同手上沾有我们鲜血的逊尼派叛乱者做交易；给伊拉克政府施加压力，让其针对什叶派和逊尼派极端分子；欢迎什叶派马赫迪军停火。"我宣讲之后，所有人同时鼓掌，这让我感到惊讶。

我回答了一大堆涉及面很广的问题，有关军队的人数；增兵之后的后勤挑战；公共关系；安全领域管理的重要性；如何赢得民心和民智；同可以和解者的谈判；如何保证同叛乱组织的交易不至对中央政府造成破坏；以及同邻国打交道等问题。参与者的反馈都承认，无论就这样战争的实践、理念和训练，美国军方都比别的国家要走在前面。即使法国人之后也走到我面前对美国军方表示敬意。

我曾经期望在威尔顿公园讲述伊斯兰和西方的关系或者对弱小国

家的国际发展援助。我从来没有梦想过我会代表美国军方谈反对叛乱的话题，也没有想到过同那么多将军、高级国防官员和安全分析家们坐在一起。

我开始战后生活几个月之后的一天早上，我的门铃响了。我打开前门，看到一个信使拿着一个大箱子。"我没有包裹，"我告诉他。"这从哪儿来？"信使读出了送包裹人的名字："大卫·彼得雷乌斯将军……司令官将军。"我急忙接过包裹，签了接收单，关上门。我觉得很好奇，打开包裹发现是我自己和彼得雷乌斯将军的照片，在他胜利营地住宅里圣诞树前照的照片。照片上有彼得雷乌斯将军的签字："一个志趣相投的人所赠。"

彼得雷乌斯将军就是这样！我给他发了邮件表示感谢，却收到他的回复，问我什么时候重返伊拉克。和解工作遇到了问题。巴斯玛博士有了麻烦，也没有人再提及伊拉克相关公民（后来被重新命名为"伊拉克之子"）融入伊拉克安全部队和给予民政事务工作的事。将军问我是否愿意再到伊拉克几个月就和解问题给他当顾问。

我的第一反应是，奥迪耶诺将军会怎么想？我是奥迪耶诺将军的人，我只忠诚于奥迪耶诺将军。但奥迪耶诺将军将要升任陆军副总司令，他对担任这个职务是很激动的。因此，我给奥迪耶诺将军发了邮件，解释了彼得雷乌斯将军的请求，他给予了祝福。我答应了彼得雷乌斯将军，返回伊拉克同他工作两个月。我还没有完全回归在英国的生活，对于再次帮助完成在伊拉克的使命我欣然受命。

不久我又接到彼得雷乌斯的一封邮件。海军上将法隆辞去了美国中央司令部指挥官的职务，起因是一篇文章，这篇文章显然是自杀性的，在文章中他宣称曾试图阻止布什发动对伊朗的战争。彼得雷乌斯接替法隆担任美国中央司令部指挥官，负责美军在伊拉克和阿富汗的战争。他需要有人接替他在巴格达的职务，奥迪耶诺将军是他的首选。彼得雷乌斯问我：如何能够劝奥迪耶诺将军担任下一任伊拉克联军总司令？尽快！

按照指示，我出现在伦敦帕克街多切斯特酒店，彼得雷乌斯去华盛顿作证的途中在那里停留。我很快就认出了他随员中的人。很快我即跟大家握手，又回到了熟悉的面孔当中。"艾玛，你回来真是太好了，"克罗克大使说。"我们需要你。"我被告知，要到机场去装车。彼得雷乌斯的高级副官埃弗雷特·斯佩恩通知我，我同彼得雷乌斯和他一起乘车。

我们驱车驶过伦敦的街道，经过了伦敦塔桥，来到了乡村，穿过金黄色的油菜花地。"多美的乡村啊，"彼得雷乌斯感叹道，"就是这景色鼓舞着英国士兵在战场上战斗。"我们谈到了诗歌和战争，谈到了英国和美国，谈到世界的现状。一会儿，我们的话题就转到了伊拉克：正在取得的进展，前面的挑战。我多希望这样的旅途能长一些，可一个多小时之后，我们就抵达机场，上了美国军用飞机，在空中飞行。

重返伊拉克，我感到异常激动。我会在2008年5月和6月为彼得雷乌斯工作，之后从2008年9月起为奥迪耶诺将军工作，奥迪耶诺将军9月接替彼得雷乌斯在伊拉克的职务。我不知道这次伊拉克之旅会在什么时候结束。我所知道的是，我在伊拉克的生活是有目的的。彼得雷乌斯和奥迪耶诺将军认识到了我的价值，要求我为他们工作。但对于等待我的挑战一无所知。

在绿色区域易博恩希娜医院的后面，一个混凝土的建筑里给我分配了一个小房间。房间里有淋浴和空调。还给了我一辆车，这样我自己可以开车到美国使馆，从我住的地方到美国使馆开车只需五分钟。使馆里熟面孔很多。彼得雷乌斯将军的团队欢迎我加入。他有许多顾问，他们负责具体的项目，我认识他们中的一些人。乔尔·雷伯恩上校，曾在西点军校教过书的情报军官，帮助我安顿好。他同彼得雷乌斯将军关系很近。

翻译麦克·朱艾迪很快就替我跟巴斯玛和阿德南取得联系,并安排我同他们会面。我在巴斯玛的面颊两边各亲吻一下,送给她一个真皮包。然后我亲吻了阿德南,巴斯玛惊讶和喜悦地尖叫了起来,我送给阿德南一条真丝领带。这感觉就像老友重逢。我告诉他们我如何收到彼得雷乌斯将军的邮件,告诉我他们两人现在遇到了麻烦,将军如何召我回来帮忙。听到彼得雷乌斯将军如此关心他们,他们异常感激,对我讲述了他们的情况。目前他们两人在接受调查,他们主持的和解委员会也就基本上处于瘫痪状态。领导他们这个团队的萨法又回到了国家安全委员会。

他们办公室的权术争斗一直很糟糕,在我走了之后这种斗争变得更糟糕了。极富戏剧性的是,巴斯玛讲述了法鲁克将军如何发布了声明,宣布巴斯玛因叛国接受调查。"他想要我被铐起来,关进监狱20年,或

巴斯玛、萨法和思盖合影

者被处以绞刑。"巴斯玛激动地说。她告诉马利基，他得在她和法鲁克之间做出选择。她过去把法鲁克看作一个无用和不称职的人，而现在她把他当作了直接威胁。

阿德南确信，解除他们两人在和解委员会的工作，一定有伊朗人在背后作祟。他认为，他是因为调查伊朗对于国家安全部的渗透而遇到麻烦的。

之后的一天晚上，我到阿德南在绿色区域的公寓看望他。他的生活完全颠倒了，生活在恐惧中。已经有人在采取措施要把他从他住的地方赶走。在他的桌子上放着一枚硬币，是他同彼得雷乌斯将军一起到吉哈德之后，彼得雷乌斯送给他的。他回忆说，彼得雷乌斯如何没有穿保护服在大街上走动，如何同孩子们谈话，如何从他的口袋里拿出伊拉克第纳尔在市场上买东西。他描述彼得雷乌斯是一个技艺高超的战士，也是一位外交官和政治家。"我们伊拉克没有这样的领导人。"他遗憾地说。一年之前我第一次见到阿德南，他高度怀疑美国人，联军也由于他曾经在萨达姆敢死队的背景对他很敌视。现在他觉得伊拉克政府出卖了他，而认为联军是他的朋友。

巴斯玛和阿德南都被解除了工作，所以我们伊拉克之子的计划也就搁置了。我们的名单上还有106000名志愿者，计划在年底前把这个数字减少到60000人。但马利基减少的数字却不一样。他宣称志愿者数字的上限是57000人，而且伊拉克安全部队已经吸纳了答应的百分之二十。在打击马赫迪军的同时，马利基不愿意再接纳更多的伊拉克之子。把志愿者转入伊拉克安全部队和民政工作岗位的计划停滞了下来。

我离开了仅仅几个月，马利基就做出了如此多改变，我对此感到惊讶。他逐渐地掌握了权力，第一次他显得很喜欢玩弄权力。过去，他被看作是一个很弱势的派系领导人，但他愿意在巴士拉和巴格达打击萨德尔分子，并因此得到联军的青睐，也受到伊拉克人的欢迎。许多伊拉克人认为，他正在变成一个强势领导人，会强制在全国推行法律。

马利基决定在全国拓展行动委员会的内涵。联军在2007年帮助马利基成立了巴格达行动委员会，旨在推行法律和建立秩序，把军队、警察和联邦警察统一归一个将军控制，这个将军直接向总理汇报。联军原本帮助建立的是一个正常的安全框架，政府通过这个安全框架行使权力，而现在指挥和控制则完全由总理办公室的电话来决定。

我驱车去萨法在绿色区域国家安全委员会的办公室见他。我离开的这段时间，萨法给我发过邮件，讲述了政府和萨德尔运动之间的关系在恶化。他解释说，奥迪耶诺将军和我离开之后，联军和他所描述的政府内部的"派系斗争"没有能够坚持同萨德尔运动接触，而对萨德尔运动采取了强硬路线。在巴士拉和萨德尔城对什叶派极端分子"特别组织"采取的军事行动把什叶派马赫迪军拖回到战争中。这正是那些"特别组织"想要看到的。联军不知道怎么回事，于是支持伊拉克政府做错事。

我正在一边停车一边想他说的话，突然听到"呼"的一声，然后是爆炸声，一枚迫击炮炸弹落在我前面大约30英尺的空地上。汽车被震得前后摇晃，一阵沙子和石子落在了汽车上。针对目前在萨德尔城的战斗，马赫迪军不断向绿色区域发射火箭弹。火箭弹和迫击炮弹落在什么地方完全是无目标的。我根本来不及从车里出来，更不要说在绿色区域的掩体中隐蔽。

我走进政府大楼，跟安全官员打招呼。"你听到迫击炮的声音了吗？"我问他们。"听到了，迫击炮总在发射。"一位官员说，一点也没有感到受到了干扰。在伦敦，汽车回火我都会颤抖；可回到伊拉克，一发炮弹就在我的面前爆炸，我居然没有退缩。我乘电梯上到了萨法办公室所在楼层，他现在是国家安全的副顾问。

"欢迎重返伊拉克。"萨法一边跟我握手一边说。

"迫击炮炸点就打中我,这感觉就好像没有离开过一样。"

"那还是挺幸运的。这是我们的朋友干的,萨德尔分子。"

喝着甜茶,他向我解释了正在发生的一切,伊拉克和联军的安全部队包围了萨德尔城。我问萨法,萨德尔城里有什么"说法",城里的百姓认为谁在攻击他们?最初,他说,百姓们指责美国人。但现在他们指责巴德尔,伊斯兰最高委员会的民兵组织,这个组织跟伊朗走得近。军事行动给城里居民的日常生活造成了严重的影响,报道称有数百人伤亡。特别是做日工的工人很难工作。收音机上播放着什叶派老百姓遭受苦难的动情歌曲。萨德尔运动指责马利基是另一个萨达姆。

我的新职责是要靠我自己的关系去见伊拉克人,参加在美国大使馆举行的会议。我到彼得雷乌斯将军的计划会议去讨论萨德尔城目前的行动。彼得雷乌斯承认,马利基好像不愿意同萨德尔分子谈判,而是要继续战斗。

"强者完成力所能及的一切,弱者遭受必须遭受的一切。"彼得雷乌斯引了这段话。"这话是谁说的?"这屋里没有人知道。

他看着我说:"你应该知道,你上过牛津。这话是修昔底德在《米兰对话》中说的。"

"我没有听出你的翻译,长官。"我说。我希望我母校的名声能够糊弄这些人认为我知道这句话的希腊文原文。

库塞姆·苏雷曼尼,伊朗革命卫队军团的领导人,也是伊朗对伊拉克政策的负责人,给彼得雷乌斯传信,建议两人举行会晤。彼得雷乌斯拒绝了。他告诉我,伊朗真正关切的只是伊朗政权的存在。伊朗圣城部队(革命卫队下面的一支部队 al-Quds Force)贿赂政治家,武装民兵,创立了真主党这样的组织,训练战斗人员,暗杀和终结反对派,使所有人都陷入更疯狂的暴力中。"一个人怎么能跟这样的家伙们谈判呢？"他问我。"他们会接受我们给他们的一切，等待时机，给予我们更致命的回击。"

就像在巴士拉几个月之前一样，伊朗介入并在政府和萨德尔城之间谈判达成停火。看起来，伊朗一直在支持所有不同的组织。

在那个夏天，我会晤了许多伊拉克人，这些人都表示有愿望参加即将举行的选举。省一级的选举在今年晚些时候举行，但执政党却合谋推迟了选举，全国的选举在来年举行。我认为，要保证那些至今仍然被排除在政治进程之外的伊拉克政治力量被纳入政治进程，选举是联军为此做出努力的最后机会。

随着安全局势的改善，公共服务的不足和政府的不称职成为伊拉克人感到很沮丧的事。人们抱怨电力供应不足，抱怨污水处理不好，水的供应也不好。部落的酋长告诉我说，他们想要推举他们部落那些受过教育的技术人员，让这些人取代那些仅仅是执政党成员而没有其他资历的官员。

我开始感觉到，有一个巨大的群体，这个群体可以构成"第三条道路"。我给彼得雷乌斯发了邮件："我正在研究我的推测，我们的长期利益应该在于在伊拉克建立一个有公信力和有能力的国家政权，而不是维持前流亡者的小集团，让伊斯兰分子和伊朗的势力通过操纵政治进程和利用伊拉克安全部队压制竞争而无限期地掌握权力！！！"

彼得雷乌斯让我放心我的推测是正确的。他短暂地回了一趟华盛顿，刚跟英国大使奈杰尔·西恩瓦尔德一起用过午餐。他描述说，西恩瓦尔德是一个很有风度的主人。我回复说："他对宇宙的主人当然要表现得有风度和有礼貌，而且宇宙主人胸前还挂满了勋章，而背后是工业规模的杀人机器。"如果他表现得不优雅那才是蠢货呢。

瓦力·纳斯尔，一位伊朗裔的美国人，最近刚刚出版了一本书讲述什叶派穆斯林的崛起。彼得·伯根是一位研究基地组织的美国专家。彼得雷乌斯要雷伯恩上校和我陪这两位风趣和有智慧的人去见萨义德·侯赛因·萨德尔，他是穆克塔达·萨德尔的叔父。会见的地点在卡德希米亚神社旁边萨义德的住宅。

萨义德·侯赛因·萨德尔同他那个冲动和易怒的侄子很不一样。他把我们迎进来，领到他的图书馆。我们坐在一个马蹄形的空间，周围都是书。我转达了彼得雷乌斯对他的领导力、远见和温和态度的敬意。瓦力·纳斯尔跟这位神职人员表现出了自己的良好风度和外交技巧，而主人也显得很愿意同他交谈。

我把话题转到选举上，说我们认为萨德尔运动应该加入新伊拉克，这十分重要。萨义德·侯赛因·萨德尔说，他不喜欢穆克塔达的组织被叫作萨德尔运动，因为这个组织本身是对穆克塔达的父亲所信奉的价值观的亵渎。穆克塔达的父亲是烈士。他谈到穆克塔达作为一个孩子时就有心理问题，因为他目睹了父亲和兄弟被谋杀。他描述说，穆克塔达的许多追随者都是罪犯或者失业者。如果他们有工作，就会走上正路。

萨义德·侯赛因·萨德尔告诉我们，他最近为超过600个派别、种族和宗教的首领举行了会议。部落的一个重要角色就是支持政府和加强法治。他讲述了伊拉克人如何厌烦了政党和外来的政治家。一天前，他会晤了来自法鲁贾的一个逊尼派代表团，他告诉他们，人们有权利为他们的种族和派别感到自豪，但这必须在一个国家的框架之内。他们应该不仅仅为自己的派别或者种族服务，也应该为全体伊拉克人民服务。

吃饭时，他告诉我们，他的委员会打算参加选举。他们传递的信息是"对宗派主义说不，对种族地位说不，赞成统一的伊拉克。"我问他妇女在他的委员会里的代表性。他咧着嘴笑了，回答说："妇女在整个人口中也许只占百分之五十,但他们有百分之百的影响力!"

留着长长的白胡子,眼睛闪闪发光,萨义德·侯赛因·萨德尔是一个有魅力的精神存在。他讲的话具有和平共存的意义,左右信仰和社团都能够接受。"不管你觉得萨义德·侯赛因·萨德尔给你留下多么深刻的印象,"一位伊拉克朋友后来告诉我,"阿亚图拉·西斯塔尼给人印象更深。"这是一种对什叶派穆斯林核心的洞见,什叶派穆斯林的核心就是对神圣文本和精神欢悦分析的知识世界。

很不幸,萨义德·侯赛因·萨德尔带给我的平静在返回绿色区域噩梦般的旅途中很快就耗尽了。在返回的路上我们迷路了,车队的五辆车之间没有通讯联络,应该监测我们位置的系统"蓝色追踪器"坏了。车子没有燃料了,不得不从伊拉克人那里买燃料。我们拐的每一个弯都错了,期间我们还向一个喝醉酒的伊拉克警察问路。我们悍马车上的射手竟然对我喊叫了起来,"我们会死的!""闭上他妈的臭嘴,"我也对他喊道。"我们不会死!"

当我们最终平安地返回到绿色区域,我要求见负责车队的军士。士兵们指着一个个子很小的上了年纪的人。显然,他的团队中没有人尊重他。他挪动着步子走到我面前。我把军士叫到一边,这样别人就不会听到。"你要对你的人的生命负责,"我生气地告诉他,"那些人是彼得雷乌斯将军的来访者。"难以令人置信的是我们很幸运,我接着说,安全形势已经好转得多了,如果是一年以前,我们所有人都有可能被杀掉。在我申斥他的时候,他立正站在那儿。对于所有单位而言,车队出行是一项最基本的活动,他们都以职业精神和自豪感来做这件事。我感到很震惊,在美国陆军中竟然存在这样缺乏训练的单位。军士告诉我,他们是国民警卫队单位。我告诉他要反省所犯的所有错误,并给他的各层上级写一份行动后报告。他的单位需要吸取这次教训,再接受培训,之后才能再出去执行任务。"是的，女士。"军士说。他看上去很可怜。我不知道他是从什么样的平民生活中被拉来，作为预备役人员被派到战争区。

雷伯恩上校和我一起到伊拉克西部的安巴尔省，我们在那儿会晤了一群部落首领。他们谈到需要在伊拉克和美国之间继续维持伙伴关系，而不是占领和被占领的关系。他们抱怨，伊朗在帮助南部的极端组织，弱化了政府机构。一位部落首领脱口而出："为什么我们不能轰炸伊朗，了结这事！"他说阿拉伯公众认为美国和伊朗之间有秘密交易。

"伊拉克政府是闹宗派的，"另一位部落首领争辩说，"这就是为什么政府没有接纳觉醒派，而且美国还在支付工资。"谈到伊拉克国会，一位部落领导人抱怨，国会总在睡觉，变成了什叶派的清真寺！"国会需要觉醒！"他说。他描述从巴格达得到钱，得到燃料分配和基本服务都很令人沮丧。这些部落首领都认为选举会缓解许多伊拉克面临的问题。"外来"的政客的权力会削弱；部落会帮助伊拉克重新获得过去的地位。

伊拉克南部的许多部落在18世纪末期从逊尼派穆斯林转变成什叶派穆斯林。这让伊拉克在英国入侵和现代伊拉克创建的时候就变成了一个什叶派穆斯林为多数人口的国家。许多部落因此既有逊尼穆斯林也有什叶派穆斯林，部落依附仍然很强。

六月的一天下午，我会晤了一组什叶派部落首领，他们来自幼发拉底河中部，他们说如何争取让他们的孩子从巴德尔军团归来并回心转意，同样，逊尼派的部落首领也希望他们的孩子们离开基地组织。

从伊拉克不同的地区和不同的社团，我听到了同样的说法："对宗派主义说不，对种族地位说不，赞成统一的伊拉克。"他们从上个世纪初的记忆和模式汲取他们需要的东西，这是为伊拉克未来的竞争，是为结束派别宗教政府的斗争，这是为国家合法性的战斗。他们是生意人、教师、医生，他们都想为把这个国家变得更好而做出贡献。但是，执政党也试图利用他们的资金和恐吓吸收新成员并颠覆对他们继续执政的威胁。

彼得雷乌斯将军要我看看我们应该如何界定在伊拉克的成功。参议员奥巴马最近问了他这个问题，他觉得他没有做出很好的回答。他给我指示，要我看一遍联合战役计划和其他关键性文件，然后就如何有效执行这些计划提出建议。

我在看了大量文件之后，传给他一篇东西对问题做出解释。我解释说，其实，我认为我们根本就没有一个战略。我们有实际的战术，但却没有一个总体战略。这就是为什么我们没法界定什么时候我们的工作做完了，部队可以回家了。而且，华盛顿在立法方面设定的那些要伊拉克国会通过的指标完全没有意义，因为在这个国家，政权的性质、权力和资源分配方面，根本就没有基本共识。我按下发送键的一瞬间，开始感到有些后悔，我本应该更策略一些。

彼得雷乌斯像平常一样，很快就回复了邮件，他解释说："战略传统同取得预期目标的方法和手段有关系。"他讲述了他和克罗次大使如何制定了联合战役计划，规划出了不同的"行动路线"，下属组织又制定出了实施这些行动路线的计划。他提醒我，他在 2007 年 2 月份抵达伊拉克之后采取的第一次行动就是改写了联合战略计划的最初部分，从而传达了我们需要做出的改变。他说我们同时也迅速对计划做出了调整，寻求联合战略评估团队的加入，然后完成了对计划更实质性的改写。他还试图强调内容的变化和其他方面叙述的变化，从指挥讲话的改变，指挥官汇报会议的变化，到战役最新情况评估方面的改变，以及指挥官下访的改变。

我显然触动了一根粗糙的神经！我试图强调，我们没有一个总体的宏大战略，而这个战略应该是联合战役计划要实施的。彼得雷乌斯很礼貌地指出，军事领导人对于被别人告知他们没有战略是有点敏感的，特别是他们相当努力地在制定一个战略的时候。

彼得雷乌斯对所有的事情都特别细致。我从来都没有遇到过如此守纪律的人,好像从来也没有"失调的时候"。他每天早上都会锻炼,结果许多年轻军官都努力赶上他。他每个周五都要理发。即使在乘坐直升机出行时,他也不允许自己像其他人一样打瞌睡。他会拿出手提电脑回复邮件。直升机降落之后,他的副官会插上电脑,一大堆邮件就会发送出去。

彼得雷乌斯将军同伊拉克人的互动大多都是通过他的顾问和翻译巴勒斯坦人萨迪·奥瑟曼。彼得雷乌斯也直接接受美国军官的报告,这些美国军官给伊拉克官员担任顾问。他对信息有无法满足的欲望。结果,机器会制造越来越多的数据,这些数据会用于早上最新战况评估会。在早上的会上放幻灯片,呈现建设输电塔方面取得的进展;会有"行动速度"的图表,表明在巴格达开放了多少个游泳池;也会有养鸡场的照片,展示一周下了多少蛋,孵化了多少小鸡。一定要让士兵们有事干,所有这些活动如果没有其他的功效,似乎可以提高士气。所有这些在军队中提高了彼得雷乌斯的地位,他被称作是一个无所不知、无所不管的指挥官,对他而言,即使最小的项目也很重要。

周五在胜利营地举行的一次会议上,所有的高级军官都出席了,彼得雷乌斯讲述他最近同一位女上尉的谈话,这位女上尉跟他讲了一件影响供应链的很模糊的事情。"劳埃德,"彼得雷乌斯说,转向劳埃德·奥斯汀将军。劳埃德将军接替奥迪耶诺将军担任军团的指挥官。彼得雷乌斯说,"你应该跟这位上尉谈谈,她提供的情况也许会有用。"

"我会找她谈,长官。"劳埃德·奥斯汀回答道。"跟她的继任者谈。"劳埃德·奥斯汀的令人想不到的俏皮话引得满屋子的人哄堂大笑。彼得雷乌斯这个方面让他的同僚们很不满,他总要比别人知道得多。刚才提到的供应问题是一个微不足道的问题,这样的问题不值得一个将级军官关注,更不要说一个四星上将。

我们的月度和季度会议真是一种煎熬——数个小时放幻灯片。彼得雷乌斯宣布在安全方面取得的巨大进步。即使伊拉克人常常不承认我们为他们所做的一切,并不断地抱怨,但暴力在继续减少,(我不由地想到蒙提·派森剧团在《布莱恩的一生》中的画面,当朱迪亚人民前线(People's Front of Judea)问道:罗马人都为我们做了什么?)

石油对于伊拉克经济的恢复极为重要。伊拉克政府对于其石油的主权高度敏感,而联军对于批评他们打仗是为了石油也高度敏感。大石油公司在同伊拉克直接讨论更新伊拉克落后的基础设施所需的资本投入和技术问题。联军的作用仅限于保证石油管道、设备和石油出口设施的安全。

对于我而言,克罗克大使的见解是那些马拉松会议上的亮点。他一开始用他那安静的有点犹豫的方式讲话,大家都开始做笔记。克罗克描述了安全方面获得的巨大成就如何改变了环境。我们看到一个很大的政治变化,伊拉克人开始对联军侵犯其主权变得更为敏感。伊拉克政府越来越处于掌控的位置,而我们继续努力培育其合法性。别人如何看待我们的表现是十分重要的。在安全局势不好的情况下,对我们不端行为的容忍度就会高。今天,诸如士兵使用可兰经作为训练瞄准的目标就会对战略后果带来消极的影响。象征性很重要,把美国使馆从共和宫迁出来也同样重要。

2008年6月26日,克罗克和彼得雷乌斯会晤了马利基,向他保证我们对他的支持和对伊拉克主权的尊重。几个小时之后,美国特种部队在伊拉克南部的辛迪亚村发动了一次搜捕行动。他们进入了一栋房子,扣押了两名保镖。听到喧闹声,一个男子从房子里面出来,拿着一支

AK-47突击步枪。特种部队行动人员将其击毙。

从许多方面看，这都是美国特种部队采取的一次典型的搜捕行动。但在上报给指挥系统的文件中缺失了关键的信息。辛迪亚是马利基的家乡，进入的那栋房子是马利基的姐姐家，而他姐姐当时正好在家。那个被击毙的人是马利基的表兄。

马利基的愤怒是可以理解的。他取消了同联军的所有会晤。美国特种部队进入马利基姐姐家带给马利基的是奇耻大辱。他不想提这事，但搜捕行动的消息被泄露给了媒体。在这之前，美国士兵在一个检查站打死了巴格达机场银行的经理，还有两个同他一起在车里的女人。马利基发表了声明，谴责联军部队，要求那些犯下如此罪行的冷血的人受到法律的制裁。正如克罗克所警告的，马利基对于联军的容忍正在接近极限。

第 15 章　不顺利的部队地位协议

"永远记住你的基础是沙子构成的。"

摘自：T.E. 劳伦斯

2008 年 9 月，奥迪耶诺将军返回了伊拉克。为彼得雷乌斯工作之后，我休息了两个月，比他早返回伊拉克一周。我前往胜利营地去见他。从上一次告别，我们已经九个月没有见面了，但我们感到就好像仅仅过去了几天。我们很快就了解了彼此的近况，然后开始讨论伊拉克的局势和我们的任务所面临的挑战。9 月 16 日在法奥宫一个侧室，我参加了一个小型仪式，在这个仪式上，美国国防部长罗伯特·盖茨宣布奥迪耶诺将军晋升为四星上将。仪式之后，彼得雷乌斯把伊拉克的指挥权移交给奥迪耶诺将军。

奥迪耶诺将军住在胜利营地之外，但他要我继续待在绿色区域的美国大使馆，这样我可以代表他同使馆和伊拉克人互动。在共和宫的院子里，给我分配了一个集装箱。军队每天的活动要早于使馆的活动。我先参加最新战况评估会，通过视频参加小范围会议和更小范围的会议；之后我还得去参加克罗德大使举行的使馆人员会议。开完会之后，我跟奥迪耶诺将军一起到部队走访，或与伊拉克人会晤。

奥迪耶诺将军返回伊拉克的时候，美国和伊拉克之间有关部队地位

协议的谈判进行得并不顺利。联合国安全理事会决议授权美国军队在伊拉克存在的期限即将在 2008 年 12 月份终止。如果没有达成新的法律框架允许美军待在伊拉克，美军就得立即撤离。2008 年初，美国认为部队地位协议是达成的交易，但他们高兴得太早了。有争议的问题包括美军采取军事行动的权力，拘捕伊拉克人的权力，以及美国军事人员和承包商的豁免问题。年初华盛顿派出的团队谈判进行得并不顺利。而军方担心，谈判不允许穿军装的人参加，考虑到部队地位协议对布什政府遗产非常重要，那些谈判的人也许会为了达成协议而做出"过多的让步"。

反对部队地位协议的鼓噪在加剧，伊朗人和萨德尔分子竭力反对，号召举行示威游行，神职人员也发布了伊斯兰令表示反对。美国的部队地位协议通常都是在和平年代同稳定国家签订的，而不是跟伊拉克这样的国家签订。在这个地区，美国同数个国家有这样的协议，但细节从未公布过。但美国在伊拉克在推动一个伊拉克国会可以通过的协议。

1948 年英国和伊拉克签订的朴次茅斯协议遭到激烈的反对，当时伊拉克的第一位什叶派总理萨利赫·贾布尔被迫辞职。马利基太清楚萨利赫·贾布尔的命运了。1964 年美国和伊朗签订了部队地位协议协定，给予美国人员以及他们的家属豁免权，结果引起了激烈的反美浪潮。阿亚图拉·霍梅尼谴责这个协议，说这个协议使伊朗人的地位连美国的狗都不如。

克罗克请求奥迪耶诺将军允许我参加部队地位协议谈判的小团队。这样就等于奥迪耶诺将军介入了谈判，只是并没有介入得很深。这让我进入了美国有关伊拉克政策最敏感讨论的核心，也为我提供了一个近距离观察克罗克的绝好机会。克罗克是外交大师，善于倾听别人的意见，对事情表现出良好的判断。他常常把自己的想法说出来，让我们洞察到他对伊拉克历史的知识，明白了为什么伊拉克政治家那么害怕。他并不是一个热情豪放的人,但很友善而且温和。他对美国军方充满敬意,为国家服务很尽力。他来自一个空军家庭,主张军方非常推崇的许多价值观。他知道在哪些方面可以跟军方较真,哪些方面必须避免争论。这对我是一个启示,领导的人格可以塑造整个组织。他走之后,关系破裂,这一点就更为清晰了。

克罗克专注于部队地位协议的谈判,奥迪耶诺将军则把精力放在战争方面,这样就可以保持他在伊拉克所需的资源。一些回到美国的美军军官宣称伊拉克战争已经取得胜利,部队和资产应该转移到阿富汗。特别是海军陆战队在做工作要求迅速重新部署他们的部队。奥迪耶诺将军担任新职位之后,每隔一个月就返回华盛顿做短暂停留,征询意见和保证伊拉克不被遗忘。

我帮着奥迪耶诺将军打造了一种叙述,不再是反叛乱的叙述,而是走向帮助伊拉克行使其主权的叙述。现在对伊拉克稳定最大的威胁是政府的合法性和执政能力,而不是叛乱者的袭击。由于安全形势的好转,工作和公共服务成为伊拉克人主要关切的问题。伊拉克依然非常脆弱,因为这个国家没有国家的未来构想;公共服务的提供非常不足;基地组织和什叶派"特殊组织"仍然能够从事恐怖活动。伊拉克仍然需要美国的支持,以帮助在不同的领导人之间达成一致,保护其政治进程和建立政治制度。

奥迪耶诺将军的团队不像其之前的团队那样构建紧密,没有一起训练和部署过。他从他的前任接受了大部分工作人员,但也带来了他的一些老部下。关系常常会很紧张,尤其是在如何接近奥迪耶诺将军方面。同奥迪耶诺将军走得最近的有乔·安德森将军,J.T.汤姆森上校和瑞恩·冈萨尔维斯上校。他在伊拉克工作期间,这三个人中至少有一人总是在他的参谋部照顾他,保证他的意图能够完全被理解,并以合适的方式得

到传达。

他身边的许多人都是在伊拉克的老相识,但其他人不认识我,也有一些人对我向奥迪耶诺将军施加的影响很愤恨。有一位曾经警告我:"别再直接给奥迪耶诺将军发邮件了,否则我会废了你。"另外一个人指责我把"坦克"停放在了他的"草坪"上(意思是干了他应该干的事。)有一位非常尖刻地告诉我,奥迪耶诺将军更需要我而不是他。我本来试图回答,这是因为他做事像尼安德特人,但我还是说,将军需要我们两人,我们只不过在不同方面,发挥不同的作用。他回答道:"我恨你,所有人都恨你。"那天是我的生日。

寄宿学校的生活使我变得很坚强,可以应对欺凌。我努力不理会他们对我的评价。我知道他们在这儿待几个月就会离开,而我会待下去。我尽力集中精力在奥迪耶诺将军要我做的事情上,不听他们发出的噪音。麦克·朱艾迪翻译总是站在我这一边。他是这个团队的老人。麦克是一个很谦卑的人,总是避免冲突,总是留意我的事。我会把我沮丧的事向他倾诉,他总是愿意听我说。他很友善、慷慨,也是一个忠实的朋友。

十月初的一天晚上,阿里·亨得利,克罗克大使的特别顾问,有意走到我在共和宫的办公桌前。这时已经接近午夜了,但我们还在工作。我们的桌子在我们老板办公室外面的办公室里,隔着大厅彼此相对。

"快来,"他说,"第二检查站出现了紧急情况。我刚从马氏哈达尼的副官那接到电话,马氏哈达尼和他的警卫正向检查站行进。他威胁要中断部队地位协议谈判!"阿里是美国人,但他的父母来自伊拉克。他是受过教育的阿拉伯裔美国人,而且是专门接受了训练到驻伊拉克联军工作的,像他这样的阿拉伯裔美国人很少。他20多岁,曾经担任过哈利扎德大使和克罗克大使的助手,也因此认识所有伊拉克的知名人士。

我跟着阿里出了共和宫,来到停车场。我们跳上一辆车,驱车奔向那个检查站。穆哈默德·马氏哈达尼是伊拉克议会的议长，对于通过部队地位协议很关键。那天是开斋节的最后一天，马氏哈达尼正在庆祝儿子的婚礼，突然听说检查站发生了事情，就赶了过来。

我们抵达检查站，立刻就感受到了情况的紧张状态。美国士兵站在那儿，武器都在准备射击的状态。阿里看到了马氏哈达尼的儿子阿卜杜勒·巴斯特，看上去很愤怒，而且咄咄逼人。我们走上去问他到底是什么问题。"有一个士兵，"他愤怒地说，"说我妹妹是妓女！"

为了让局势缓和下来，我们让阿卜杜勒·巴斯特劝他的父亲和卫兵回家，由他来代表他们全家。然后，我们走到美国士兵那里，要求他们采取不那么强势的态度。结果，检查站刚刚换过岗。我们让一个士兵去叫醒那个介入这场纷争的士兵。我们耐心地等了大约一个小时，一个长着一副孩子脸的士兵出现了。

"这个人说你称他妹妹是妓女，"我跟这位士兵说。"女士，"他看上去很惊讶，他说，"我绝对不会叫一个女人妓女。"这士兵看起来很真诚，而且举止很文雅。阿卜杜勒·巴斯特冷静了下来，说一定是翻译把士兵说的话翻译错了。我们劝两人握手，那位士兵为引起的所有冒犯道歉。阿卜杜勒·巴斯特接受了道歉，同意回家。这时已经是凌晨3点钟了，我们所有人都想回去睡觉。

阿里和我朝我们的车走去，这时我问那个士兵究竟发生了什么："你一定跟那个女的说了什么，才引起了如此误会。"

"是的，女士。我们有交谈。我们让她出示证章的时候，她真的很粗鲁，让人恼火。她的态度非常不好。"我们实施了证章制度，允许伊拉克官员和他们的家人进入绿色区域。

"那你对她说了什么？"

"女士，我叫她讨厌的母狗！"

失去伊拉克

我差点噎着。翻译把那个士兵的侮辱性语言翻译成阿拉伯文中的妓女一词了。

第二天早上，奥迪耶诺将军像往常一样结束了最新战况评估会议："上帝保佑我们所有的军人、水手、飞行员、海军陆战队员、海上警卫队员和平民。狮子6号结束（狮子6号是奥迪耶诺将军的代码）"最新战况评估会之后，在小范围内，奥迪耶诺将军说，他听说了昨晚在一个检查站出现的问题。我解释说，议会议长马氏哈达尼指责我们一个士兵叫他的女儿妓女，这位士兵否认他侮辱过那个女人，马氏哈达尼的儿子承认存在误会，同那个士兵握手，然后就回家了。

"为什么伊拉克人总把我们的士兵想得很坏？"参加会议的一位将军问道，之后摇了摇头。我说我逼着那个士兵做出解释。我用我最好的美国口音学了那个士兵的回答："女士，我绝不会叫一个女人妓女，我叫她讨厌的母狗。"

会议室里的人惊得陷入一片沉寂。之后屋子里突出爆发出一阵笑声。一句不经意的，完全没有过脑子地对一个女人的侮辱几乎毁了部队地位协议。

接近十月底的时候，华盛顿变得愈发担心部队地位协议可能会签不下来。我去参加克罗克大使上午的工作人员会议。他的风趣变得愈发的尖刻（布什给他起了个绰号"阳光"，讽刺他对伊拉克阴郁的描述）。

紧接着就是部队地位协议的会议。克罗克小部队地位协议团队包括大卫·萨特尔菲尔德、布雷特·麦格克、罗伯特·福特、梅根·奥苏利文（情报人员）、阿里·基德里和我。每天，他会让我们跟关键的人物接触，以便推动伊拉克政治家签署部队地位协议。

克罗克在屋子里到处转，收集晚上会见伊拉克领导人的反馈。克罗克解释说，议会议长马氏哈达尼认为，以绝对多数票在伊拉克议会通过部队地位协议在政治上是必须的,这并不是一个相对的事。"什么时候有过138票完全赞成某件事情呢?"克罗克问道。关键是在得到足够支持的情况下,让协议在国会得到通过,这样西斯塔尼就不会发布一个伊斯兰令用来反对部队地位协议。

那位情报官员尖声尖气地说:"西斯塔尼在议会没有选票。"克罗克用怀疑的眼光打量着他:"可爱的上帝啊!你以为我他妈的蠢吗?"我低下头看着我的脚趾。我从来没有见到克罗克尔如此有压力。他真的开始怀疑,我们能否签下部队地位协议。他忍不住紧张地挠后脑勺。

下午,我们去见马利基。奥迪耶诺将军和克罗克在马利基的接待室等候的时候,我们交流了最近华盛顿出来的传闻。布什总统显然邀请了彼得雷乌斯一起骑车。彼得雷乌斯派他的人出去丈量那段自行车道,而且忙着训练,这样他就能战胜总统。布什听到了这个消息,于是决定要变换自行车道。"最好有人给彼得雷乌斯提出忠告,一个人不能击败总统!"克罗克若有所思地说。

美国在部队地位协议的谈判中做出了重大让步。伊拉克官员坚持要获得更多控制美国军队的权力,提出到2009年6月底美国军队撤出人口中心区,到2011年底所有美国军队撤出伊拉克。美国甚至同意给予伊拉克对美国军事人员行使审判权的优先权利,如果这些美国军事人员犯了诸如强奸等"严重有预谋的罪行"。美国同意美军逮捕的所有嫌疑犯都要经过法律程序予以关押,并关押在伊拉克的设施内。对于伊拉克人,这意味着美国军队必须在法治之下运作,而不是在战争之治下运作,而从2003年以来,美国军队就完全是在战争之治下运作的。

对于美国士兵将受制于外国法律管辖的想法,美国军方是表示担忧的。但美国高级官员明白,一旦美国军人确实犯有令人发指的罪行,会被悄悄地送回国,在美国接受审判。犯有罪行的美国军人绝对不会接受伊拉克司法的处置。

我们告诉伊拉克官员我们感到非常失望，我们在伊拉克流了这么多血花了这么多钱，伊拉克政府却不愿意与我们签订一个协议；而且伊拉克政府公开在媒体上谴责美国，但却从来不谴责伊朗；我们需要开始筹划最终没有部队地位协议之后的情况。

奥迪耶诺将军跟伊拉克官员讲得非常明白，除非在美国军队法律权威的问题上达成协议，否则美国将终止所有援助。那时伊拉克将无法应对内部的恐怖主义和外部的威胁。伊拉克安全部队的后勤保障和基本生活支持依然要依赖美国，他们还无法独立生存。但我们很快就得知，这样的威胁并没有刺激伊拉克领导人采取行动。相反，他们只是缩回去，不采取任何行动。

与其说谈判关系到伊拉克和美国关系的未来，不如说关系到伊拉克内部政治，这是显而易见的。有了来自石油的收入，安全部队也得到了加强，马利基有了巩固自己权力的工具，而且可以使其权力超越绿色区域。政治精英阶层担心马利基正在成为专制领导人。有一些人担心，有了部队地位协议，美国军队就会为马利基所掌控，从而进一步加强他的政权。

各个党派愈发地不信任马利基，并酝酿让他倒台。但美国官员敦促这些党派不要让内部纠纷影响了他们对协议的支持。与此同时，伊拉克的其他领导人都认为马利基不需要部队地位协议。他对于伊拉克部队的能力估计过高了，而把美国军队看作是对他权力的限制。

经过一番较劲和讨价还价，伊拉克内阁最终于11月16日批准了协议，伊拉克外交部长霍什亚尔·泽巴尔和美国大使克罗克第二天签署了协议。暂且松了一口气，但并不意味着万事大吉，协议仍然需要通过伊拉克议会。

议会中的政治团伙经过协商达成一项决议，要求进行政治改革，要求政府内部有更多的协商并建立民主体制。他们还一致认为在2009年7月30日前就部队地位协议举行全民公决，只有这样议会才能达成共识通过协议。如果全民公决反对部队地位协议，美国军队就会被要求在一年之内撤出伊拉克。精英们还要求美国再次保证致力于保护民主政治进程，他们从克罗克那里收到了书信形式的保证。

我同梅根·奥苏利文11月27日到伊拉克国会去旁听部队地位协议的辩论。我们被安排在会议厅后面的小格子间，从那儿可以观察到下面举行的辩论。就同美国的部队地位协议条款举行公开辩论，伊拉克是中东第一个国家，辩论会现场直播。举行投票之后，我用我的黑莓手机给奥迪耶诺将军发了邮件告诉他：275个议员中，145人投票支持协议。协议获得通过。有35名议员投票反对协议，他们大多是萨德尔运动一派的。伊拉克议会批准了并不具备约束力的改革决议和全民公决，以及战略框架协议。战略框架协议规定了美国和伊拉克关系的相关条款。

布什总统2008年12月14日飞抵伊拉克进行告别访问。部队地位协议和战略框架协议的签署看起来标志着伊拉克和美国关系的一个新时代。从马利基担任总理以来，布什每周都要同他通话，布什还同伊拉克其他政治家们建立了良好的关系。他想亲自到伊拉克向伊拉克人民祝贺，并向伊拉克人民说再见。

访问是秘密计划的。但伊拉克媒体在前一天播报了这条消息，在消息中塔拉巴尼说他得离开基尔库克，返回巴格达去会见布什总统。在协议签订之后举行的记者招待会上，一位伊拉克记者脱下他的鞋，朝布什总统扔了一只鞋，然后又扔了另一只鞋。鞋扔得很准。不过布什反应很快，躲过了两只鞋子，而马利基无奈地挥动着双手试图保护布什。

扔鞋事件无疑成了这次访问留下的最终景象。那个记者被拽到一边，遭到殴打。在最新战役评估会上当然没有提到这次事件。一位沙特阿拉伯人要为那只鞋出1000万美元，宣称这只鞋恢复了阿拉伯世界的荣誉。议会议长马氏哈达尼即使在最好的情况下也让人琢磨不定，他拒绝就扔鞋者的命运举行辩论，他称扔鞋者为伊拉克的"骄傲"。他在辞职之前称国会议员们为"狗仔子"，他说他为伊拉克这个国家哭泣。

我那天晚上陪着克罗克和奥迪耶诺将军去看望马利基。马利基对布什总统来访感到非常高兴，但"扔鞋事件"让他震惊。这不符合阿拉伯和穆斯林的习惯。"在西方，你可以向领导人扔鸡蛋或者西红柿。但这不是我们的风俗。没有人如此对待客人。"他把那个记者说成是复兴党分子，那记者的母亲在萨达姆时代是"舞蹈演员"。"请向美国人民和美国总统转达我们的歉意。"马利基接着说，显然发生的事情让他很生气。"伊拉克的记者们也谴责这事，只有复兴党分子对此表示支持。"

马利基说："现在的所有麻烦都是由于复兴党。"他宣称他得到了有关"黑色日子"的消息。零时是那天的19:37，萨达姆那一年出生的时刻。他声称复兴党分子已经渗透进了内政部，试图把内政部炸掉。他怀疑他个人的安全小组中的一个成员同叙利亚的情报机构有联系，正在谋划暗杀他。这个阴谋同卡巴拉、纳杰夫和迪瓦尼亚的什叶派有关联。他的人已经逮捕了这个网络的一些成员，包括一名他自己部落的妇女。复兴党有那么多的成员，他断言，伊拉克安全部队中有些人同国外前伊拉克军队的成员相配合。马利基觉得到处都是复兴党分子。他周围的人不断地向他灌输相关情况增加他的恐怖，之后因保护他免受复兴党分子之害而获得褒奖。

会晤结束，我们离开，对马利基的多疑不以为然。但现在重要的是，美国有了同伊拉克的部队状态协议。（美国把这个协议称作安全协议，宣称这个协议是美国政策的成功，表明美国对伊拉克精英的影响力，也表明那些想要消除美国对伊拉克影响力的伊朗人失败了。）

  美国官员很肯定，伊拉克人或把这个协议延期到2011年之后，或者再同美国谈判一个新的协议，就像美国同韩国做得那样。但他们却几乎没有注意到，伊拉克人把这个协议称之为"撤军协议"，而且马利基通过对美国采取强硬路线提高了自己的声望，他坚持到2011年底所有美国军队撤出伊拉克。

第 16 章　走出城市

> 啊，那些在飞逝的文字间过往的人
> 带着你的名字，然后消逝了。
> **摘自：穆哈默德·达尔维什**

拜登参议员，当时已经当选的副总统，2009 年 1 月来到巴格达，共和党参议员林赛·格雷厄姆陪同他来访。我认出了他随员中的顾问帕尼特·塔尔瓦，走上前去打招呼。我跟拜登解释，我曾经在耶路撒冷旧城碰到过帕尼特。"我告诉帕尼特把那个问题搞清楚！"拜登开玩笑说。克罗克就站在拜登旁边，他立刻插了进来说："英国人应该为全世界所有的问题负责，巴基斯坦、巴勒斯坦……"我打断他："还有美国。"他们的脸上先是一惊，之后大笑。

在新的美国大使馆，克罗克和奥迪耶诺将军向到访者描述了伊拉克的形势。我们 2008 年底搬出了共和宫，搬进了新大使馆。这是一栋专门建造的建筑，一个坐落在底格里斯河畔的斯大林风格的院子，像一座巨大的保卫严密的监狱，有高墙和岗楼。这是美国在世界上最大和最昂贵的大使馆，有家属住的房子，还有一所学校，所有这些建筑都得满足这里实际居住者的需要。这些人是政府官员、承包商，他们的配偶和孩子在可预见的未来一段时间都不会同他们待在伊拉克。

我从共和宫的活动房子里搬出来，住进了新大使馆的一栋公寓，跟我合住这个公寓的是可爱的黎巴嫩裔的美国女人。她在这里当翻译，努力攒足够的钱养家和还债。这里房子的墙很坚固，窗子也是防弹的，我终于可以安稳地睡觉，不用担心流弹飞进房子里。

拜登摆出了他看到的事实：美国新政府面临13000亿美元的赤字，美国人民已经失去了耐心。他们看不出来伊拉克和阿富汗有什么区别，他们想要美国部队撤回美国。奥巴马现在真的很受欢迎，他有百分之七十五的支持率。奥巴马参观林肯纪念堂时，人们真的被感动了。拜登说他走进餐馆时，餐馆里所有人站起来鼓掌。他以前从来没有遇到过这样的事。他认为即将执政的政府也许只有一年的时间来展示取得的进展，不然民主党的极左翼就会要求军队撤回美国。随着向阿富汗又增加了35000名援兵，"让战争发生在敌人那里"，美军的伤亡必然会上升。这就有可能使更多的民众不支持战争。"伊拉克是布什的战争，"他说，"阿富汗是奥巴马的战争。"共和党由于伊拉克战争而在竞选中失败。我坐在奥迪耶诺将军的后边，感到在见证一个重要的时刻。政策之变来了。这是我们一直预计会发生的。一个新的时代即将来临。

新一届美国政府，拜登接着说，将会更专注于支持制度，而不是个人。如果在政治协议上不能取得进展，美国很有可能会选择迅速撤离，因为拖延不可避免要发生的事没有意义。能做什么呢？他问道。克罗克回答说，伊拉克人曾有几次试图废掉马利基，但布什政府坚持让他待在总理位置上，马利基认为他得到了布什无条件地支持。奥迪耶诺将军强调，我们应该把我们的精力用来帮助伊拉克的制度更好地运行，特别是其议会。

内部会议结束之后，代表团到绿色区域去参加同伊拉克高级官员的会晤，我也像以往一样随着奥迪耶诺将军一起去参加会晤。伊拉克副总统塔里克·哈希米同美国当选副总统就所谓的"拜登计划"发生了争执，按照这个计划，他曾建议把伊拉克分成三个部分，分别归库尔德人、什叶派和逊尼派。只有库尔德人支持如此观点。伊拉克阿拉伯人曾经疯狂反对这一计划，担心这是美国人搞垮这个国家的阴谋。

拜登会见马利基的时候，马利基告诉他伊拉克很感兴趣同美国建立长期的战略关系。他说伊拉克的暴力已经结束了，美国可以从这里撤走军队去完成别的地方的任务。"伊拉克安全部队已经可以自己作战！"他吹嘘说。他的意思是，美国军队的继续存在破坏了他政权的合法性，对他集中权力构成了障碍。

2009年1月20日，拜登访问的几天之后，奥巴马宣誓就任美国总统。在他的就职演说中，他宣布："我们将开始负责任地把伊拉克留给伊拉克人民。"第二天，我们接到命令"结束在伊拉克的战争"。

在接下来的两周，我们疯狂地为奥巴马汇总文件。海军上将戴夫·巴斯是计划的总指挥，他是战略谋划者，是我遇到过的最令人钦佩的高级军官。麦克·米斯上校是西点军校社会科学系的头儿，临时调过来担任奥迪耶诺将军项目组的头，帮助协调不同的投入。文件扼要的说明我们将如何在16个月、19个月或者23个月期间把在伊拉克的部队撤到只剩50000人，留下来的部队承担的任务不再是"战斗行动"，而是承担"顾问"和"援助"的任务。奥巴马宣布将撤回所有的战斗部队，我当时并没有想象到他会接受在伊拉克留驻50000名美军，而且这些美军不承担战斗任务。但跟我一起的军事同事们却确信奥巴马会接受他们的建议，结果他们是对的。

在权衡了所有选项之后，奥巴马回心转意，决定致力于实施安全协议的条款，让所有军队在2009年6月底撤出城市，在2011年底之前撤出伊拉克。他额外加了一条规定，为了兑现他大选时的承诺，2008年8

月 31 日停止所有军事行动，之后他会留下 50000 名美军承担"顾问"和"援助"任务。我们当时对此并不知情，但军事行动结束也标志着奥迪耶诺将军和我在伊拉克日子的结束。但那要等到 19 个月之后。在伊拉克的 19 个月像一生一样漫长。

在书面指导意见中，以及对手下的指挥员做情况介绍和讨论时，奥迪耶诺将军讲得非常明白，削减军队不能成为目前任务中压倒一切的重点。非常薄弱的公共服务、非国家武装组织、外国武装人员以及恶意的外国影响仍然是这个国家的主要问题。这个国家很弱，而且不具备完全的主权能力。为了让这个国家从一个弱国过渡到一个稳定的国家，美国需要帮助伊拉克政府进一步发展其能力和信誉。

"美国军队需要把提高伊拉克的主权作为其成功的标志之一。"奥迪耶诺将军说。这要求美国军队改变看问题的态度，美军过去习惯于说了算。安全协议解释了主权对伊拉克人意味着什么。随着安全局势的好转，伊拉克人不能再容忍美军在"战时规则"之下行事，想要看到更大程度上对"法治"的遵守。这意味着所有的逮捕都必须得到法律的许可，被关押的人必须关在伊拉克的相关设施里，而不是美国人管理的拘留场所。那些有拘留手续并被美军关押的人得转到伊拉克的拘留场所；而其他没有法律手续被关押的人应该在一段时间内安全有序地释放。

美军需要从主导地位，转变为同伊拉克安全部队建立伙伴关系，并给他们提供建议——"被""同""通过"成为新的提示字眼。任何行动都不能是单边的。接受伊拉克主权意味着允许伊拉克人自己去犯错误，美军在那儿帮助他们改正错误。伊拉克人需要看到美国说话是算数的，美国军队遵守安全协议的条款。联合委员会建立了起来，处理在这个过程中伊拉克人和美国人之间发生的问题。发生的问题很少，这是大家努力的结果。

奥迪耶诺将军在全国巡视部队的过程中，敦促指挥员们："不要让战术行动与战略目标相抵触。"他继续帮助他们充分地认识正在发生变化的形势，从而在内心深处接受这种变化，把伊拉克人的成功解释为美国的成功。哪些指挥员抓住了新指导思想的核心，并想办法实施指导思想，还是很清楚的。这些指挥员对造成不稳定的原因表现出非常全面和深刻的理解，并同美国国务院、非政府组织以及地方政府密切合作，用他们可以使用的所有手段来处理这些问题。他们会讲述伊拉克安全部队在同地方民众建立关系方面取得的进展，还会讲述伊拉克安全部队采取的行动，在哪些方面向美国军队寻求帮助，以及伊拉克安全部队仍然需要什么样的训练。

尽管执政党试图推迟地方选举，但地方选举还是最终举行了。2009年1月31日，伊拉克人去投票了。克罗克的指导思想非常清楚：我们不会选择赢家；选举是伊拉克人领导的、管理的和伊拉克财政支持的；在美国的支持和监控之下，联合国援助伊拉克使团领导国际社会支持选举的管理。美国军方会帮助保证选举的安全。

我同奥迪耶诺将军一起来到绿色区域伊拉克全国行动中心，看看伊拉克安全部队在选举日是如何应对的。艾登将军，一位土耳其人，同我们热情地握手，招待我们喝茶。他向我们简单介绍了全国发生的一些事件，选举站的情况，以及选票是如何管理的。

一共有14431个候选人，包括3912名妇女，竞争伊拉克18个省中14个省的440个席位。（基尔库克不参加选举，因为在究竟什么样的人可以选举的问题上没有达成一致，库尔德斯坦地区在另外一个日程举行其三个省的省一级选举。）这些候选人代表400多个政党，这些政党中的四分之三都是新成立的。一些政党在叛乱中很活跃，现在决定给政治一次机会。

伊拉克的形势发生了多么大的变化,我不得不对此表示惊讶,也不得不对我们在这变化中发挥的作用感到诧异。我们坐在直升机上飞过巴格达和巴库巴哈上空时,奥迪耶诺将军对我说:"如果形势照此发展下去,我会建议我们在六个月之内撤离!"选举举行得很顺利。对于伊拉克,这是不一般的日子,那么多人为了这一天的到来做出了多么大的努力。

马利基的竞选把重点放在实施法律和全国和解上。这对伊拉克人很有吸引力,他们已经受够了派系斗争。他专门为这次大选成立的法治国家联盟赢得了440个席位中的126个席位。这对他是了不起的胜利。我们认为他正在成为这个国家的民族主义者领导人。

部队地位协议已经签署,省一级的选举也已经举行,瑞恩·克罗克在2009年2月完成了他作为大使的使命。他在这个位置上任期近两年,帮助伊拉克度过了最动荡的时期。我陪着他从大使馆到胜利营地参加在奥迪耶诺将军别墅举行的告别晚宴。在伊拉克的所有美国将军都飞到巴格达参加这个晚宴,以表示对他的尊重。他提供了美国军方渴望从文职领导人那里得到的战略方向和指导意见,而且罕见地被军方所接受。他的身体不好,患有神经紊乱的疾病,但他像战士一样努力完成自己的工作。

伊拉克在变化。我得走出去亲自看看,好让奥迪耶诺将军更深入地了解正在发展的局势。于是我跟萨法·阿尔什克制定了一个行动方案。在一个预先安排好的夜晚,他开着他自己的车到使馆附近,把车停在路边,给我发短信。我走出大使馆,走入大街的黑暗中。他的汽车前车灯不断地闪。我走过去,上车。萨法带着我进入"红色区域"。

没有安全保障外出是违反规定的,很少有人这样做。被绑架的风险很高,一旦被抓到,这个人就会被遣送回国。但作为一个被美国军队雇用的英国人,而且住在美国大使馆内,没人能够确定我应该受哪国规定

的约束。我也不想搞清楚这个问题。

有一次,我上了车,发现巴斯玛也在后座上。我叫了起来"安拉",我把身子倾斜过去热情地亲吻她的面颊两面。她咯咯地笑了。我们像学校顽皮的女孩子逃课。萨法带我们到赛迪亚,敌对的民兵组织曾经于2007年为争夺这个街区进行了激烈的战斗。这个街区的周围是混凝土T形墙,出口和入口都有伊拉克安全部队守卫。

我一开始错把伊拉克安全部队当美国士兵了,因为他们都穿着很帅的军服,穿着防弹衣,头戴钢盔(一些士兵脚踝还戴着护膝,这种穿法在美军士兵中很流行)。他们的举止很专业。但当我看到他们中的一个士兵沿着一辆车走,拿着一个带着转盘的杆子,转盘上有电子探测镜,这个电子探测镜应该是探测炸弹的,我终于知道他们是伊拉克人。"这神奇的探测仪器根本就不管用,萨法。"我告诉他。这东西不过是美化了的占卜棒而已。"探测爆炸物狗是最可靠的。"内务部从一家名声不好的英国公司购买了1500个这样的爆炸探测仪器,每一个数千美金,一些官员在这个合同上赚了不少钱。"我知道。"他回答说。"不过这些东西至少让检查站的安全部队忙个不停。如果人们认为这东西管用,它也就起到了威慑作用。"

通过汽车窗子,我看到妇女没有男人陪伴在大街上走动,许多妇女都没有戴面罩。咖啡馆在忙着服务顾客。私人发电机(不是来自电网的电)提供的电照亮了商店。像巴格达其他地方一样,这里的街道开始有了生气。

在数周和数个月之内,我们走遍了这个城市的不同地区,经常返回到一些地区去观察那里的进展。有一次我们去了巴格达西南部的吉哈德。萨法告诉司机在街角上停车。阿布·阿里打开车门上了车。他一扭脸看到我在后座上,简直不敢相信自己的眼睛。"欢迎,欢迎!"他边说边跟我握手。他自豪地带着我们转悠，向我们展示这个地区所取得的进步。2007年底帕特·弗兰克上校帮助调停签订了和解协议，从那之后，这里就发生了变化。

还有一次，我们前往萨德尔城。我告诉马利基，巴斯玛和我要到萨德尔城时，马利基警告我说："你不会活着回来。"但实际上只发生了一件事，我们在居民区出现的时候，美军的防地雷和防埋伏车辆太大，而街道则太窄，结果我们的车被挤到路外面了。

在这些走访活动中，我从萨法那儿了解到许多有关伊拉克社会和历史的情况。萨法是伊拉克历史学家和社会学家阿里·阿瓦尔迪的忠实粉丝。阿瓦尔迪描写了伊拉克人的双重人格。我们花了许多时间讨论如何建立新的伊拉克人特征，这个特征能够包容伊拉克所有的派别和组织。他讲述了在王室统治之下建设伊拉克社会所做出的努力，后来1958年王室被残忍地暗杀之后，共和统治下的伊拉克，通过学校的课程和军方的努力，也试图建设伊拉克社会。有些人主张伊拉克成为阿拉伯世界的一部分，而有一些人则寻求伊拉克优先的特性，萨法描述了两派之间的战争。他还讲述了纳赛尔主义者和复兴党分子之间的斗争，讲述了共产党人的力量。他说作为对左翼的回应，什叶派穆斯林崛起，什叶派穆斯林受到了伊朗伊斯兰革命的鼓舞。伊拉克的所有组织对这个国家的未来都没有比较全面的构想。新的领导人只关心权力和权力能够带来的资源。

住在绿色区域，我能够有某种社交生活。约翰·库珀中将是奥迪耶诺将军的英国副手，定期在冒德公寓为国际社团举办苏格兰舞会。我会跟罗伯特·福特一起去，福特是美国大使馆政治处的头儿。联合国的安德鲁·吉尔摩尔也会跟我们在那儿会面。吉尔摩尔代表联合国在做基尔库克争取特殊地位方面的工作。我们会一圈一圈地转，胳膊挽着胳膊在地板上转圈，白天的压力都忘掉了。

纳斯尔·阿巴迪将军在花园休闲

纳斯尔·阿巴迪将军每个周四在绿色区域他的房子里举办晚会。海军上将戴夫·巴斯和我会到那儿去，同伊拉克名流和外交社团成员交往。冬天的时候，我们待在屋子里，屋子里的墙上挂着家庭成员的照片；天气暖和了，我们就到外面有墙的美丽的院子里。阿巴迪将军是一个非常好的主人，喜欢娱乐。他曾经在伊拉克空军担任过战斗机飞行员，他被召回重新服役，担任伊拉克联合武装部队的副参谋长。他的祖父曾经担任过伊拉克的总理，把三个女儿分别嫁给了逊尼派穆斯林、什叶派穆斯林和土库曼人。阿巴迪的家永远没有派别斗争，朋友和家人经常来访，像他一样，有人喝酒，也有些人不喝酒。这是一个宽容的孤岛，伊拉克就应该是这个样子。

有几次，我跟驻巴格达的西方记者一起出去吃饭。我特别钦佩安东尼·沙迪德，他因为伊拉克的报道两次获得普利策奖，还有《纽约时报》的艾莉萨·鲁斌。我钦佩他们，因为他们把他们自身在伊拉克的感受和对伊拉克人的同情带入了他们的报道中，因为他们不畏艰险在挖掘新闻报道。《洛杉矶时报》的内德·帕克深挖侵犯人权方面的报道，以及逊尼觉醒派的命运。《华盛顿邮报》的厄内斯托·伦德诺撰写文章，深刻揭示了打这场战争的美国士兵的生活。作为一位公开的同性恋者，一位非常有魅力的男人，他讲述了在"不要问，不要说"阴影下感人至深的生活故事。他讲述的巴格达地下同性恋的故事，让我们兴趣盎然。他深情地将巴格达地下同性恋圈子称之为"地下同性恋黑社会"。

军方同媒体的关系总是搞不好。军方寻求对伊拉克发生的事的正面报道，有时候对记者写的报道很不高兴。战况评估会上当负面评论被认为讲得没有道理的时候，"顶回去"是经常听到的命令。媒体成为战场上"信息行动"的一部分。撰写批评报道的记者常常被看成是某类敌人，是不想让我们赢得战争的人。那些能够给军方的说法增加分量而受到信任的记者在随军队单位采访方面受到优先照顾。就媒体而言，他们也需要得到军方的支持：得到进入基地的方便，紧急情况下需要的照顾，通知他们减少风险行动计划的情报等。

我感到奥迪耶诺将军对媒体的看法在伊拉克期间也发生了变化。他一开始对媒体不信任，但逐渐对记者的勇气以及一些记者对伊拉克获得的深度了解表示欣赏。隔一段时间，奥迪耶诺将军就邀请媒体的重要人物到胜利营地一起吃饭，在双方之间建立互信。他们的讨论不报道不公开。这样的会面和讨论使双方都获益。

英国外交部部长大卫·米利班德访问伊拉克，要求会见奥迪耶诺将军。我接到指示在绿色区域迎接他，陪同他一起到胜利营地参加会见。

由于刮风，天气情况没法判断。但我们被告知，"鸟"可以飞。在绿色区域直升机降落的地点，我在细雨中等待英国代表团的抵达。汽车一停下来，我就指导米利班德和英国大使克里斯托弗·普伦提斯到第一个大鸟（直升机）。我让他们摘掉头盔和耳塞，戴上耳机，奥迪耶诺将军的直升机上总有耳机。我们连线了，我跟他们解释如何按耳机线上的键，把麦克放在嘴边，这样就可以说话了。

我不知道为什么我们还没有起飞，于是去问飞行员。从耳机上，飞行员告诉我第二架飞机有些机械问题。我们延迟了40分钟，等待找到另一架直升机护送我们。

米利班德原以为奥迪耶诺将军的政治顾问是美国人，但发现我居然是英国人，他感到非常诧异。他问我，怎么会为美国军方工作。我告诉他说来话长，只能简单给他解释了一下。他问我对发动这场战争怎么看，占领是如何运作的，还问我向伊拉克增兵的情况。之后他还问我美国人对英国人怎么看。"老实跟你讲，美国人不花时间坐那儿讨论他们怎么看待英国人。"我跟他说，从最高层面看，美国官员尊重并感谢英国这个如此忠诚的盟友；但在美国军方的中层，英国在战争开始时对美国人的批评仍然让他们感到生气。英国军方非常傲慢，认为他们知道在马来亚和北爱尔兰反叛乱的终极真理。然而，每一次的形势都不一样。美国军方证明他们比英国人学得快。有时候，好像驻扎在巴士拉的英军对形势做出评估仅仅是为了满足伦敦的政治议程。米利班德要我下次回到伦敦到他的办公室去。

我们终于抵达法奥宫。米利班德本人让人钦佩，我想也许有一天他会成为工党的领袖，也许，他甚至会成为首相。他看上去有当首相的潜质。但当时没有人会预见到，他的弟弟艾德因为得到了工会的支持获得了工党提名，把自己的兄长踢出英国的政界。

三月底，我们到巴士拉参加英军撤离的告别仪式。在过去的六年中，179名英国军人在伊拉克阵亡。这不是英国历史上最光辉的篇章，但英军那天在巴士拉表现得却非常出色。英国国防部参谋长乔克·斯特拉普和英国旅指挥官安迪·萨尔曼做了非常出色的演讲。奥迪耶诺将军谈到双方共享的遗产，以及英国人和美国人共同流淌的鲜血。

克罗克走了，美国大使馆群龙无首，感觉受到了军方的挤压。我跟使馆的一些高级官员一起吃饭或晚上一起喝酒：罗伯特·福特、汤姆·道赫提、汤姆·克拉杰斯基和迈克尔·考宾，他们都是极好的人。对他们而言，军方是奇特的亚文化，在美国他们同军方几乎没有互动。

我也同格雷塔·霍尔茨经常在一起，他负责省重建团队项目。军方喜欢这个项目，因为这个项目提供了一个平台，可以让民间人士在各省跟伊拉克地方政府互动并管理项目。在军方看来，这也显示了非军方人士对于这项任务的支持。无论奥迪耶诺将军什么时候下部队单位，他都要求会见省重建团队的人员。他不断听到他们如何人手短缺。作为削减战略的一部分，军方打算把一部分工作移交给民间人士。但省重建团队比军方削减得还快。格雷塔不断面临困难，总是找不到足够的人来填充空出来的位置。简而言之，没有一支合格的民间团队具有在发展中国家工作的经验，而且能够雇用得到并派遣到伊拉克工作。她给我讲了一些非常不合适的人的故事，让我感到好笑。有一个人被派到安巴尔，结果这个人变态，喜欢在公众场合下手淫。省重建团队领导的答复是让这个人值夜班。有一天晚上，海军陆战队的一位女兵抓住他在公共房间里手淫，这位女兵告诉他："收起你的东西，否则我就开枪打掉你的家伙！"这可不是戏言，不能不认真对待。这个人最终被遣送回国。

汤姆·道赫提，大使馆发言人，告诉军方他不支持军方在巴格达为伊拉克安全部队建立一所英语语言学院的倡议。他辩解说，这倡议并没有得到伊拉克政府部门的支持，这样运作的费用就不会得到支持，而且也不可能找到可以在巴格达工作的英文教师。军方不断严厉指责他，一位将军非常愤怒，说汤姆居然为了一个仅耗资 3000 万美元的项目如此小题大做。一天晚上我跟格雷塔·霍尔茨在一起喝点酒发发牢骚，汤姆不无幽默地说："军方认为大使馆不支持民主，讨厌英文！"

我向奥迪耶诺将军解释了大使馆的忧虑。比如说，奥迪耶诺将军在最新战役评估会上随便做出的评论，就会引发无数的派发任务和开会的要求，而大使馆跟不上。军方势力很大，没人惹得起。军方对奥迪耶诺将军的反应就好像他是一尊神。"你不是神，长官，你只不过是一位将军。"我向他描述他如何有一个巨大的尾巴，这意味着无论他到哪儿，他的尾巴都会甩动，把许多人扫倒。

奥迪耶诺将军邀请大使馆的高级官员同他在胜利营地一起用餐，这样他们可以直接表达他们的关切。他似乎在以开放和乐于倾听意见而让他们畅所欲言。汤姆·克拉杰斯基负责帮助协调库尔德人和巴格达之间的紧张关系。在坦诚地交换意见过程中，他解释说："我花了许多年才积累了作为外交官的专业知识和经验。军方却突然介入，认为他们可以承担我的工作，好像这工作不需要任何特别的技能。"其他人都点头表示同意。军队的军官都非常自信和傲慢，他们认为他们什么都能做。汤姆接着说："让人感到更痛苦的是一些军官居然成为出色的外交官。"这话很坦诚地说出了一个事实。汤姆跟我说，从他 2003 年第一次遇到奥迪耶诺将军，他感到十分惊讶，将军居然同过去有了那么大的不同。

奥迪耶诺将军明白，军方应该放手，应该唯使馆马首是瞻。但是他不能够确信使馆具有政治意愿和能力成为那个马首。他推测新的大使上任之后，情况可能会好得多。但他不确定谁会是新的大使。自尼将军的名字一直被提及，结果克里斯·希尔被提名，但国会一直没有确认对他的提名。

2009年3月底,伊拉克安全部队采取行动逮捕阿德尔·马氏哈达尼,巴格达法德哈尔居民区的伊拉克之子组织的领导人。伊拉克军队和逊尼觉醒派之间爆发了战斗。美军介入帮助伊拉克军队,逮捕了马氏哈达尼。

有许多证据表明阿德尔·马氏哈达尼介入了犯罪活动。但马氏哈达尼把基地组织赶出了他的居民区。既然安全形势有所好转,政府签署了对他的逮捕令。我们后来走访驻扎在当地的美军时,才了解到更为全面的情况。显然一位妇女对马氏哈达尼提出了多项指控,这些指控成为逮捕他的证据。结果这名妇女是当地基地组织领导人的妻子,这位基地组织领导人被关在监狱里,他要实现对马氏哈达尼的报复。

哈扎利亚卫队的拉德上校也被拘禁了。他是伊拉克军队的军官,是伊拉克之子组织中最职业化的领导人,曾经跟美军合作。我们在许多场合见过他。我们成功地做工作让他很快就被释放。

到这个阶段,奥迪耶诺将军担心伊拉克之子组织会发生什么事。我们试图向每一个人保证,伊拉克政府并没有针对逊尼觉醒派,但现在我们开始对此表示怀疑。奥迪耶诺将军给我们指示,要我们开始追踪伊拉克之子组织领导人的情况,然后向他报告。好像有数位领导人已经遭到逮捕,逮捕的原因是过去的反叛活动。但根据新的赦免法律,他们应该得到宽恕。一些领导人,诸如阿布·阿巴德,逃到了国外,还有一些被打死。

奥迪耶诺将军不得不担心的另外一件事是被关押者的释放问题。为了获得逊尼派对部队地位协议的支持,克罗克给高级领导人签发了信件,非常清楚地说我们每个月要释放1500名被关押的人。奥迪耶诺将军认为我们释放被关押者的进程不可能那么快,要经过美国和伊拉克几层批准手续,收集满意的证据,为那些转移给伊拉克关押的人开具逮捕令。有许多被关押的人是根据情报逮捕的，而这些情报在伊拉克法庭未必是成立的。美国军方更担心释放那些具有潜在威胁的人，而不是关注继续关押那些可能是无辜的人。奥迪耶诺将军明白，军人对被称之为"抓了放"的政策太敏感，他更担心这样会造成士兵们对那些目标人物宁可枪杀而不拘捕，免得抓了之后再释放。

年初，瓦斯菲·阿尔阿西酋长，前基尔库克省委员会的成员，奥贝迪部落至高无上首领的兄弟，联系了我。他待在叙利亚时期，我们一直保持着联系。他在叙利亚一直在从事他称之为"和平和体面的抵抗"。既然已经有了部队地位协议，美军也同意撤离伊拉克，他告诉我奥贝迪部落不再参加叛乱。他说他的部落并没有积极参加逊尼觉醒派的活动。他们以为伊拉克人不应该同伊拉克人打仗，但他们会积极参与重建伊拉克。

瓦斯菲酋长一直同马利基的办公室保持联系，他们同意他从叙利亚返回伊拉克。伊拉克国防部长阿卜杜勒·卡迪尔也是奥贝迪部落的成员，他跟奥迪耶诺将军说瓦斯菲期望返回伊拉克，要求我们不要逮捕他。驻基尔库克的美军不断地威胁说，他一旦踏上伊拉克的国土，就会遭到逮捕。奥迪耶诺将军承诺说，瓦斯菲不会被拘捕。

瓦斯菲住在绿色区域伊拉克国防部的客房里，他邀请我去见他和他的哥哥安瓦尔，他的哥哥是部落的最高首领。他们告诉我他们打算在三月份举行奥贝迪部落的全国会议，并邀请我去参加。

我接受了邀请，到拉希德酒店参加这次奥贝迪部落全国大会。我是与会唯一的外国人和唯一的女性，我被领到会议前面的平台上，同其他贵宾在一起。这些贵宾包括马利基和国防部长。在我们的前面坐着数以百计的奥贝迪部落的成员。我不知道会发生什么事。一个人站起来，讲述了奥贝迪部落在1920年反对英国人的叛乱中表现的英雄气概，以此来取悦我们。所有人都把头转向我，点头并微笑，我也点头并微笑。两位奥贝迪部落的人站起来用诗格斗。"你是来自南部的叫花子。"一个人使用伊拉克描述南部人的污蔑性词汇说道。另外那个人回答道:"你是来自北方的恐怖分子。"这种幽默非常伊拉克式,观众非常喜欢。奥贝迪部落的人既有逊尼派也有什叶派,什叶派民兵中有奥贝迪部落的人,逊尼派叛乱组织中也有奥贝迪部落的人。

大会几天之后,我遇到了瓦斯菲和安瓦尔,他们对目前局势的发展很高兴,正在寻求下一步的目标。他们想要知道下一任总理会是谁,以便对他表示效忠。我告诉他们我真的不知道,要看全国选举的结果。他们看着我,好像我对他们不真诚。我告诉他们有一种技术,可以看到人的大脑,能够知道他们打算如何投票。他们笑了。

"我不喜欢民主。民主对伊拉克似乎不是合适的政治制度。"安瓦尔酋长说。

奥迪耶诺将军每周都同马利基会面,并带着贝克尔上校,他项目组的新头儿,我也一起去。在一次会晤时,奥迪耶诺将军拿出一些图片,上面是坠毁的伊朗无人飞行器,说"由于机械故障而坠毁。"我惊讶地看着奥迪耶诺将军,这是歪曲事实。马利基接过照片,很有兴趣地看着这些照片。他想知道更多:伊朗为什么要让无人机在伊拉克上空飞行呢?

奥迪耶诺将军猜测无人飞机可能在拍摄迪亚拉省阿史拉夫营地的伊朗人民圣战组织,这个组织是伊朗的流亡组织。无人机飞入伊拉克80英里,在伊拉克上空飞行了大约三个小时。

马利基用疑虑的眼光看着奥迪耶诺将军:"一定的,将军,"他说,"你的部队一定注意到这架无人机在飞行。"

奥迪耶诺将军承认我们的确注意到了这架无人机,并击中了无人机的机翼。"这导致了机械故障。"他解释道,这时他看上去有点不太舒服。

"所以,"马利基接着说,"并不是机械故障,是你们把它打下来的!"

马利基脸上露出了笑容。

"是机械故障。"奥迪耶诺将军坚持说，看到马利基听到这个消息并没有不好的反应，他放松了下来。"是因为我们击中了它引起了机械故障。"

他们都笑了。马利基询问更详细的细节，这样他就可以把信息提供给伊朗人，并对伊朗人侵犯伊拉克的领空表示抗议。

三月底，伦敦的《卫报》和伊拉克媒体上出现了一篇文章，宣称什叶派民兵组织阿赛博·哈尔·阿尔哈克同伊拉克政府达成了协议，用他们手上的五名英国人质换伊拉克关押营地的几名被关押者。这五名英国人是2007年5月29日财政部遭到袭击时被什叶派民兵抓获的。袭击者伪装成警察劫持了这五名英国人，期望用他们换取他们的领导人卡伊斯·卡扎利获释。美国特种部队在2007年初拘捕了卡伊斯·卡扎利，认为他应该为美国军人在卡巴拉被杀承担责任。

奥迪耶诺将军让我拿着文章去见马利基。我开车同奥迪耶诺将军的翻译麦克·朱艾迪一同过去。马利基在楼上他的小办公室里。我向马利基解释了文章说的是什么。他回答说："他们邪恶，邪恶，太邪恶。"我们一直给这个组织施加压力，让他们放下武器，但没有同他们达成任何协议。马利基显然受到了震动，也很生气，这个组织居然宣称他们让被关押者获释的方法就是劫持外国人，强迫进行交换。他感到阿赛博试图操纵并羞辱政府。我们讨论了应该如何做。他提议政府发表声明否认有此事。他也想要阿赛博否认存在此交易。

马利基推迟了同伊朗议会议长拉里贾尼的午餐，同我一起把事情讨论完。我在离开的时候对他说："担任总理真不是一件容易的事。"他回答说："在别的国家担任总理还可以，但在伊拉克真是太难了。"

2009年4月，奥巴马担任总统后第一次访问伊拉克。他当时支持率很高，人气也很旺，在世界各地受到热情的款待。总统特勤组在伊拉克为总统到访做安排。按照计划，奥巴马先到巴格达机场，然后上直升机，飞行15分钟抵达绿色区域。在塔拉巴尼总统的总统府，乐队在紧张地排练，餐厅也在准备食品。但就在奥巴马抵达的一个小时之前，天气变了，直升机未能起飞。特勤组拒绝考虑让奥巴马乘车从胜利营地到绿色区域，美国大使馆认为不可能让马利基到胜利营地会见奥巴马。他们分析认为，既然马利基拒绝进入美国使馆，他也就不大可能同意到美军司令部来。如果马利基不来会晤奥巴马，使馆认为其他伊拉克领导人来会晤奥巴马显然不合适。

奥迪耶诺将军怒了。如果美国总统首次访问伊拉克只接见了美国军人，那传递的会是什么样的信息呢？"去见马利基！"他给我下了指示，"看你能不能说服马利基到胜利营地来。"我同麦克开车去了"白宫"。马利基正在午睡。我跟他的一个副官解释了情况，让他去叫醒马利基，并表示我们对此表示抱歉。由于天气的原因奥巴马不能到访绿色区域。奥迪耶诺将军询问马利基是否有可能到机场去看望奥巴马。他知道对一个主权国家的总理提出如此要求有点不合适，但他能否考虑一下这个提议？

我焦急地等待答复。十分钟之后，我接到答复，马利基同意到胜利营地去会见奥巴马。他半个小时就会一切准备就绪。

一分钟都不能耽误。我跟奥迪耶诺将军取得联系，报告了结果。现在主要问题是，要保证马利基的车队在去机场的路上顺利通过所有检查站，顺利地进入胜利营地。我用我的黑莓手机，给所有主要将军们发了信息，要求他们协助保证马利基的车队平安通行。我还给大使馆的罗伯特·福特和丽贝卡·方发了邮件，告诉他们会见如期举行。我会让马利基到胜利营地，请他们安排伊拉克的其他领导人到胜利营地，并安排他

奥巴马、奥迪耶诺和思盖

们会见奥巴马的顺序。考虑到伊拉克人对礼仪非常敏感,这不是一件容易的事。根据最初的计划,奥巴马会首先会见塔拉巴尼。而根据我正在临时制定的新计划,一切取决于马利基在胜利营地同奥巴马的会晤——这是奥巴马会晤的第一位伊拉克领导人。如果这次会晤不能实现,奥巴马同其他伊拉克领导人的会晤就都得取消。

真是压力山大,出问题的可能性很大。我知道如果马利基在任何一个检查站受阻,他会勃然大怒,离开并返回。我乘坐在马利基车队的第一辆车上,准备应对出现的任何障碍。我们高速行驶了 20 分钟,没有发生任何事故顺利抵达胜利营地的入口,我开始祈祷。这是最后一个也是最难过的一个检查站。我跳出车子,挥动着我的徽章,喊道,"伊拉克总理!"很幸运,检查站接到了司令部的命令,让车队顺利通过。

我感到解脱了，现在要集中精力领着车队穿过胜利营地抵达奥迪耶诺将军的别墅，这个别墅根据临时通知被选择为奥巴马接待伊拉克领导人的地点。我们抵达了奥迪耶诺将军的别墅，我带着马利基进入接待室，我得在那接待马利基半个小时左右，然后奥迪耶诺将军会陪着奥巴马抵达。陪同奥巴马一起来的有参谋长拉姆·埃马努埃尔和国家安全顾问吉姆·琼斯。

奥巴马同马利基的会晤我在座；奥巴马同伊拉克领导人的讨论全过程我都在房间里。终于，奥巴马出现在我的面前，这是美利坚合众国的总统，美国梦的活化身。经历了新保守主义的疯狂年代，现在美国领导人的世界观，我认为我是认同的。

会见之后，奥迪耶诺将军把我介绍给奥巴马，将军对总统说我是他的粉丝，并把奥巴马没有当总统之前写的东西传给将军看。我读了奥巴马的回忆录《来自父亲的梦想》，对他的生活故事产生了共鸣：成长在一个单亲家庭，家里很穷，学校里的同学家里很富有，总感到自己是一个外来者。奥巴马好奇地看着我。我向总统解释："总统先生，我一直试图让将军转变成自由主义者。"奥巴马看了看将军笑了。奥迪耶诺将军耸了耸肩膀。

那天一切都进行得很顺利，起码我认为是这样。丽贝卡·方，美国使馆政治官员，负责安排其他伊拉克高级官员，让他们列队会见奥巴马。她之后告诉我，奥迪耶诺将军的别墅没有房间可以供贵宾们等待会见，如果让他们待在接待室，马利基出来的时候，他们就会撞见他，贵宾中没有人想看到这一幕。有一些库尔德领导人是从埃尔比尔飞过来的，结果他们不得不挤在奥迪耶诺将军警卫的卧室里，床上到处丢的都是要洗的衣服。我们到他们那儿访问的时候，他们对我们的接待当然不是这样的。

这是马利基第一次造访胜利营地。他告诉我，他觉得2010年举行阿拉伯首脑会议时，这倒是个不错的地点。我把马利基的想法告诉了奥迪耶诺将军，第二天，奥迪耶诺将军要他的参谋长做一个可行性研究，在2010年把所有美国军人搬出胜利营地，以备伊拉克总理提出这样的要求。参谋长心脏病几乎都要犯了，他得把所有居住在这里的美国军人和承包商安置到哪里去呢？

接近2009年4月底时，美国特种部队在伊拉克南部的库特发动了一次清晨的搜捕行动。结果出事了，当地部落酋长的妻子在交火中被打死。公众发出强烈抗议，抗议者聚集在省委员会办公室前呼喊着标准口号："不要美国，不要占领……不要以色列！"

马利基发布了一个声明，这个声明在国家电视台播出。他批评这次搜捕行动违反了安全协议，并要求美国军方"把应该为这次犯罪行为担负责任的那些人交给法庭"。

美国军方最初发表了一个声明，说这次搜捕行动是针对可疑的什叶派激进分子，事前同伊拉克政府相互协调并得到伊拉克政府批准。美国军队在搜捕行动中拘捕了六个人，但在当天就释放了这些人。妻子被枪杀的那位酋长也被释放了。在接受媒体采访时，这位酋长解释说，当人们在半夜冲进他们家时，他妻子抓起了一支步枪。"如果美国人敲敲门，"他说，"我们就会配合，可是他们从四面八方冲了进来。"负责这个地区的美军上校同负责这个地区的伊拉克安全部队头儿一起到酋长家，然后到省委员会，对死者家人表示慰问。

奥迪耶诺将军去见马利基，这也许是他们最紧张的一次会面。他承诺美国会对库特的搜捕行动进行调查。"我们仍然有伙伴关系。"他向马利基保证。但他对马利基公开批评美军表示了不满。奥迪耶诺将军说，他也可以在媒体上宣称伊拉克军队搞派系，也可以谴责伊拉克政府，因为伊拉克军队最近在摩苏尔枪杀了三名美军士兵。但他从来没有这样做，因为美国和伊拉克政府是伙伴关系。

马利基对此予以回击：奥迪耶诺将军不能宣称所有伊拉克军人都是要杀美国士兵的。"有渗透者！"他肯定地说。马利基说他会让试图杀害美国士兵的任何人承担责任。马利基说他问过伊拉克指挥官是否知道库特的搜捕行动。他们都说不知道。"那么究竟是谁采取的这次行动？"马利基问道。"难道是雇佣军吗？"他说他听说这次行动是美国特种部队干的，要求把那些参加搜捕行动的人绳之以法。

奥迪耶诺将军误解了马利基说的话，感到愤怒了。将军的脸红了也提高了声音，生气地反驳说只有他有权让美国士兵承担责任。我把手放在他的胳膊上，平静地对他说："长官，总理是说美国应该让士兵承担责任。他没有说美军士兵应该接受伊拉克司法的审判。"麦克一直流利和准确地翻译这场激烈的讨论，同马利基确认他说的是美国让自己的士兵承担责任。这同马利基在公共场合下宣称的不同。奥迪耶诺将军平静了一些。

马利基说，双方已经同意所有行动应该以伊拉克司法令为基础，应该得到伊拉克政府的批准，而且那些被拘捕的人应该在 24 小时之内移交给伊拉克当局。马利基说这很重要。如果奥迪耶诺将军有印象，伊拉克政府没有追捕什叶派民兵组织阿塞尔博·阿赫拉尔·阿尔哈克，那么他错了。"这些人在成为你们的敌人之前就是我们的敌人。"马利基说。"他们宣称反对占领，但现在并没有占领。"他接着说："您在伊拉克公众面前让我难堪。"马利基并没有批准这次搜捕行动。"这个事件会让我倒台。总理受到指摘是很危险的，杀害无辜的人会让民众情绪激动。"

第二天，奥迪耶诺将军和我离开伊拉克去度假。这次，奥迪耶诺将军没有在回美国的旅途中把我放在欧洲。我同马利基一起乘坐他的私人飞机，这飞机是伊朗赠送的礼物。马利基正好要到英国出席一个投资会议。这次旅途很开眼，我发现巴格达机场是真正的机场，到处都是旅游者，检查行李和移民局应有尽有。这再次让我觉得我们的存在很怪异，再次让我感到我们怎么会没有看到许多伊拉克人看到的东西呢？机场的负责人非常和蔼，有礼貌，把我领到贵宾候机室，之后带我到马利基的飞机，伊朗飞行员热情地跟我们打招呼。

随着轮胎的摩擦声和尘土的飞扬，总理的车队抵达了。同马利基一起来的是他的政府成员。阿布·穆贾希德、阿布·拉希德和塔里克·阿卜杜勒，内务部部长贾瓦德·波拉尼，外交部部长霍士亚·泽巴里，副总理巴哈姆·萨利赫，发言人阿里·达巴格赫，以及马利基的另一位女顾问阿玛尔博士。

在飞机上放映的电影是《憨豆先生》，这是一部英国喜剧，罗旺·阿特金森主演到处出问题的憨豆先生，这电影好像所有的文化都可以接受。我扭头看到马利基在略略地笑。飞行在继续，我们都换了座位，交谈和八卦。我被邀请进入驾驶舱会见伊朗驾驶员。驾驶员很有魅力，英文讲得非常流利。我们谈到封闭在绿色区域的生活，他们则向我们讲述了他们的家乡伊斯法罕和德黑兰。我问马利基对同奥迪耶诺将军的会晤如何感受。他说有些问题非常困难，两人在这些问题上都很不高兴。"但将军是个好人，我信任他。"他说。

当飞机降落在皇家布里兹·诺顿空军基地时——这架飞机没有进入伦敦的权利许可——我指着窗外用阿拉伯语说："我的家乡！"举起我的英国护照。伊拉克人中也有人喊起了"家乡"并拿出了他们的英国护照，朝着我挥动着护照。我笑了，能休假真好。

两周之后，我同奥迪耶诺将军恢复了联系，他在巴林参加中央司令部会议。一位穿便服的美国军人在机场接我，把我带到美国大使亚当·阿雷利的官邸。阿雷利在巴格达任职时我就认识他。在他的房子里聚集了美国的高级将领。我非常享受在英国的休假,但我迫不及待地想要回到我军队的朋友中间。

美国戏剧家和讽刺作家斯特芬·科尔波特在他的电视剧《科尔波特报告》中出现在新兵训练营接受基本训练。为适应在军中服役,一个军士长对他进行"魔鬼式训练"。科尔波特一直说他要到中东,但行动安全要求他对此保守秘密。其实,他来的地方就是伊拉克。

在胜利营地的法奥宫里面,6月初一切都布置好让科尔波特拍摄他电视剧的一集。数百名美军聚集在法奥宫的门廊等着开拍,搭起了一个舞台,并安装了必要的灯光和摄像机,连奥巴马都出镜了。预先拍好的带子在法奥宫播放,奥巴马告诉科尔波特,如果他真的想要参军,他就不能留着头发。"奥迪耶诺将军,把他的头推光!"奥巴马命令道。

"是的,长官,总统先生。"奥迪耶诺将军从他舞台的位置上回答道。他站起来,拿起一把剃刀,把科尔波特的头发一绺一绺的刮掉。战士们欢呼表示赞赏。

2009年6月30日对伊拉克政府是一个重要的标志。这一天伊拉克安全部队正式担负起伊拉克城市的安全责任。大部分交接都严丝合缝。美国和伊拉克人之间的伙伴精神是成功的关键。媒体不断播放释放被关押者的情况,美国军事基地向伊拉克安全部队的移交和伊拉克安全部队军事行动的成功。伊拉克人搁置了安全协议的全民公决。

最后期限迫近的那几周,奥迪耶诺将军带着伊拉克国防部长阿卜杜勒·卡迪尔和内务部长贾瓦德·波拉尼到全国各地评估安全形势,评估伊拉克安全部队的作战能力。显然,安全形势在好转,联合行动在加速伊拉克部队的发展。摩苏尔是唯一一个伊拉克安全部队仍然不具备全面接管城市安全守备的城市,但是能够看得到的符合安全协议的战略获得已经超越了伊拉克安全部队战术失败的风险。

马利基宣布6月30日为"全国主权日"。在之前的日子里，国家电视台播放了"主权倒计时"钟。在他向全国的演讲中，马利基表扬伊拉克安全部队，描述他的国民联合政府如何粉碎了会毁掉整个国家的派系暴力。他没有提及美国军队发挥的作用，他把这话留给塔拉巴尼总统来说。

为了庆祝这个日子，伊拉克人在宏伟的无名烈士墓旁边举行了阅兵式。萨达姆的军队曾经在这里炫耀武力。陆军、警察、交通警察、特种部队，穿着他们最好的军服接受检阅。有一些部队是步行通过，有些驾驶着坦克、战车和巡逻车通过。在一个临时搭起来的检阅台上，奥迪耶诺将军同伊拉克领导人们坐在前排。我坐在奥迪耶诺将军的后面，我小声对他耳语："别忘了萨达特就是在阅兵时遭到暗杀的。"奥迪耶诺将军的脑子里也闪动着同样的想法，但这次阅兵安平顺利。这是伊拉克人值得自豪的一天。

第 17 章　绿色边界的麻烦

"只要有一个检查站发生一个事件，就有可能爆发内战。"

摘自：旅指挥官鲍勃·布朗

随着美国军队撤出城市，库尔德人试图拓展他们控制的区域，而马利基则试图阻止他们这样做。马利基命令坦克进入有争议的地区，而巴扎尼则派来了带着炮兵的自由斗士军。巴扎尼警告说，马利基正在成为新的独裁者，集中权力，使用他的军队而不是谈判来解决争端。他已经失去了对他的全部信任。他抱怨美国帮助建立起了一支庞大的阿拉伯军队，这支军队在未来会被用来对付库尔德人。他宣称伊拉克军队中的库尔德人军官正在被阿拉伯人取代。但马利基针对库尔德人的行动却受到了所有阿拉伯人的欢迎，包括逊尼派和什叶派。他们觉得库尔德人从 2003 年以来利用了伊拉克的孱弱，扩张了他们的领土并控制了北方的油田。

伊拉克安全部队和库尔德自由斗士军忙着相互对峙的时候，基地组织对基督教派发动了攻击，也向叶子迪社团发动了攻击。叶子迪社团被认为是"魔鬼崇拜者"。圣战和解放最高指挥部组织中的逊尼派民族主义者向库尔德自由斗士军和美军发动了攻击，认为两者都是占领军。

2009 年的省级选举把阿斯勒·努加菲推上台担任了尼尼微省的省长，

他的哈德巴聚集议程就是对库尔德人从 2005 年以来的所获进行压缩。为了抗议在政府中没有获得权力分享，库尔德人从尼尼微省委员会中撤出，库尔德人城镇的镇长和市长宣布退出尼尼微。努加菲决定参加在库尔德人为多数人口的巴世卡镇举行的风筝节时，库尔德斗士军接到命令，一看到他就射杀他。担心在 2010 年全国大选前局势进一步恶化，马利基和巴扎尼都转向奥迪耶诺将军寻求帮助。

我对北方政治派系之间的关系比较熟悉，2009 年 7 月，奥迪耶诺将军派我同那里的指挥官协商并提出建议。他派 D.J. 琼斯中校协助我。奥迪耶诺将军的新执行军官多姆·卡拉西洛把琼斯中校弄进奥迪耶诺将军的参谋班子，说琼斯是他认识的最杰出的军官之一。我很快就发现了为什么。

之前在伊拉克服役期间，琼斯经历了多次战斗，他身上的伤证明了一切。他很高兴走出胜利营地，认为我们是要去解决阿拉伯人和库尔德人之间紧张关系的问题。我跟他解释这些问题已经存在了 100 多年了，我们只能够帮助缓解紧张局势，但我们不可能解决这些问题，这些问题需要领导人之间做出政治妥协。我这样说是为了让他不要那么热情高涨。琼斯很快就证明有足够的智力和性情来承担这项工作。他是我在伊拉克遇到的能力最多面和有天赋的军官之一，他全身心地协助工作，而不是指手画脚。

我们抵达摩苏尔后，卡斯伦少将接待了我们，他是第 25 步兵师的指挥官。接待我们还有他的副手，旅长鲍勃·布朗。相互寒暄之后，喝过冰茶也抽过雪茄，布朗将军身子倾向我们说，"只要有一个检查站发生事件，这里就有可能爆发内战。"

我们探讨了控制紧张局势可以采取的实际办法。在我们的提议下，奥迪耶诺将军成立了一个部级委员会，他本人担任委员会的主席，成员有伊拉克国防部长阿卜杜勒·卡迪尔·阿贝蒂,内务部长贾瓦德·布兰尼,陆军参谋长巴巴吉尔·泽巴里(库尔德人),库尔德斯坦地区政府内务部长卡里姆·森贾里和库尔德自由斗士军部长贾阿法酋长。委员会第一次会议于2009年8月16日在胜利营地奥迪耶诺将军的办公室召开。

我向奥迪耶诺将军建议,利用第一次会议让每一个人都同意一组原则,用这组原则来指导委员会的工作。如果我们直接进入具体安排,他们会就每一个细节而争执。奥迪耶诺将军为会议定了基调。他让每一个人都发言,在会议结束的时候让大家一致同意六条原则,用以指导委员会的工作。

在接下来的会议上,奥迪耶诺将军为未来的工作推出了两个阶段性步骤。第一阶段包括争议地区的不同力量在一个联合安全结构之内共同相处,这个结构包括美军在内,这个结构需要在大选之前到位。第二个阶段把在第一阶段招募的地方军队编入省属军队和国家的情报系统,允许伊拉克军队和库尔德斗士军从内部安全中撤出。

让双方都接受这两个阶段步骤的挑战是,库尔德人喜欢第一个阶段,希望美军长期介入,而阿拉伯则担心第一阶段会使库尔德斗士军在绿色线之下的存在合法化。为了使计划得到实施,我们不得不让阿拉伯人确信,我们对于第二阶段是认真的,我们会利用我们对库尔德人的影响向他们施压。

美国可以提供帮助训练库尔德斯坦政府领导下的库尔德军队,并帮助他们发展,使这支军队成为被承认的伊拉克国防组织的一部分。这一招对库尔德人很有吸引力,使他们愿意把他们的自由斗士军变成库尔德斯坦政府领导下的一支军队,而过去自由斗士军是分别由库尔德斯坦爱国联盟和库尔德斯坦民主党控制的。马利基签署了备忘录把这两个库尔德旅编入争议地区的联合安全结构,这样美国就有合法理由训练和装备这支联邦部队。

这几年奥迪耶诺将军同巴扎尼建立了关系。在许多方面，他们两人的性格很相似：都比较直，诚实，忠实和固执。那年年初，巴扎尼邀请奥迪耶诺将军访问他的村庄，我们先乘坐 C-12 休伦飞机抵达埃尔比尔，然后乘坐直升机到巴扎尼的村庄。那里的自然风光美不胜收。我们从尘土飞扬的沙漠景观来到了雄伟的山地，山上还有积雪，在这两种景观之间是植被茂密的山谷。萨达姆的军队曾经穿过这一地带，迫使村民逃离，并把村民的房子夷为平地。1991年库尔德人从山上下来，也有库尔德人从海外归来，重建他们的社区。我们抵达巴扎尼的村庄住所时，天很冷，大雨如注。

巴扎尼着装总是很传统，穿着宽松的裤子、夹克和宽腰带。他头上戴着红色的缠头，只有这个地区的人才戴红缠头。他的家很简朴。我们在起居室的长沙发椅上一坐下，他就开始讲述库尔德人的历史。他说丘吉尔曾经想要给他们一个家园，但之后就开始轰炸他们。因此库尔德人的历史大部分与战争和求生存有关。

我告诉巴扎尼我在耶路撒冷曾经碰到巴扎尼的人帮助从伊拉克逃走的犹太人。他点点头，说伊扎克·莫迪凯，以色列的前国防部长，就是来自另一个叫阿克拉的村庄。他接着讲述了一位美国国会议员和莫凯蒂的参谋长到埃尔比尔的访问。这位参谋长告诉巴扎尼，他们许多年之前曾经见过面，那时他还是一个孩子，从萨达姆对犹太人的迫害中逃离出来。那位参谋长在讲述这段经历时泪流满面，他自己的翻译眼里也充满泪水，巴扎尼自己则努力克制保持镇静。

我们坐着一起吃午饭时，巴扎尼讲述了战争的恐怖。他有一次看到一个妇女和一个婴儿，两人都已经死了，那位妇女在给自己孩子喂奶，那孩子在吃奶的时候头部被打中，但他仍然保持着吃奶的姿势。他忘不掉这个画面。他讲述说曾经发现一个死亡的伊拉克士兵，这位士兵的口袋里有一封来自他妻子的信，告诉他他们的儿子出生了，问他儿子应该叫什么名字。这位士兵其实写了回信，但没有来得及发出去，他为自己的儿子起了一个名字，但又说如果他在战争中死去，他的儿子就继承他的名字。巴扎尼把这封信发了出去。"每个人都有所爱。"他说。在返回巴格达的航程中，我回味着巴扎尼的话和他的人性。在这场战争——我们的战争——中"敌人"毫无人性。这场战争就是要阻止邪恶，杀死恐怖分子，阻止这些恐怖分子到美国去。这是一场选择性的战争，而不是在自己的国土上为了生存而必须要打的战争。

贾博·贾博里博士向我作自我介绍，说是伊拉克副总理拉菲·伊萨维的政治顾问。贾博来自拉马迪，拉菲是法鲁贾人，20世纪80年代时他们在巴格达医学院相识。贾博逃离伊拉克在巴黎待了许多年，他不信教。相比之下，拉菲一生都没有离开伊拉克，而且是个虔诚的教徒。但他们的友谊却经历了时间的考验——安巴尔的磨难。两人各自部落的人都参与了叛乱；两人同美军的关系都摇摆不定。贾博的房子被美军毁掉了，但一直没有得到补偿。拉菲70岁的父亲被美军拘捕关押在布卡营地六个月，之后未经指控被释放。2004年海军陆战队攻打法鲁贾的时候，他是法鲁贾医院的院长。他在医院里诊治了战争中的伤员，叛乱分子中的无辜平民。那时他甚至不会同美国人握手。但他现在被认为是伊拉克升起的政治明星之一，他是一个非常有天赋的技术官僚和政治家。

2009年7月在全国安全委员会一次会议上，马利基指示拉菲调查尼尼微的问题并提出解决方案。我跟拉菲和贾博会晤讨论如何做这件事。拉菲咨询了许多来自尼尼微的利益相关者，找到了突出的问题和解决这些问题需要采取的措施。拉菲敦促省长努加菲做工作让库尔德人返回省委员会。

提出的联合安全结构在尼尼微引起了争议。拉菲同意同奥迪耶诺将军一起到摩苏尔同省长和省委员会召开联席会议。他们争辩说尼尼微还需要 8000 名警察和 6000 名军人。他们还认为一旦这些新增加的军事人员在地方招募够了，库尔德自由斗士军就要撤出。经过多次辩论，拉菲征得省委员会的同意，继续推进联合安全结构。贾博在屋子的对面冲我笑。我们为老板做了充分的准备，他们实施了准备好的一切。

2010 年的全国大选需要新的选举法，但伊拉克人在这个问题上达不成一致。结症似乎是基尔库克的问题，在投票资格问题之下其实真正的问题是基尔库克省的最终地位。阿拉伯人和土库曼人抱怨库尔德斯坦地区政府把库尔德人迁移到基尔库克，这样在基尔库克是否应该并入库尔德斯坦的公决中，库尔德人就占了多数。库尔德斯坦地区政府反驳说，最近迁移回到基尔库克的库尔德人都是曾被萨达姆赶走的。

联合国伊拉克援助行动向奥迪耶诺将军请求支持，帮助谈判一个不同各方都可以接受的文本。军方和联合国关系之密切是少见的。联合国副特别代表安德鲁·吉尔莫说，联合国感觉跟美国军方的关系比跟美国使馆的关系更近。奥迪耶诺将军指派我参加联合国援助伊拉克会议，这样可以帮助伊拉克人达成一致。科迈尔·克库基，库尔德斯坦议会的议长，来到巴格达推动更为强硬的库尔德立场。我在基尔库克的时候就跟科迈尔很熟悉，于是到拉希德酒店去看望他，劝说他软化自己的立场。

最终，各方达成一致，议会于 11 月 8 日通过了选举法。伊朗议会议长阿里·拉里贾尼对伊拉克议会讲话说："伊朗非常支持伊拉克的民主进程，祝贺伊拉克人民找到了通向民主的道路。"他说这话并没有讽刺。奥迪耶诺将军听到这话气得说不上话来。注意到伊拉克议会的许多成员拒绝会见伊朗议长，奥迪耶诺将军很高兴。伊拉克民众中许多人也反对伊朗对伊拉克的恶毒干涉。

但是，我们依然没有走出困境。根据宪法，选举法得经过总统委员会批准。副总统哈什米决定否决选举法。我到哈什米的办公室碰到了他的顾问克里克尔·德哈郭番。克里克尔能言善辩，接受过很好的教育，是阿美尼亚裔的伊拉克人，作为富布莱特基金资助的学者刚刚在美国读完硕士学位。克里克尔一口英国口音，因为他曾经被送到塞浦路斯的英国寄宿学校。克里克尔解释说，哈什米否决选举法是因为"国外投票"的相关问题。许多逊尼派穆斯林认为逃亡到国外的大多伊拉克人都是逊尼派，应该允许他们投票。

这时奥迪耶诺将军返回了华盛顿，所以我前往库尔德斯坦休息几天。塔拉巴尼总统友好地让我住在他在苏雷曼尼亚的一间客房；他的顾问阿拉姆·亚瓦艾希在那里照料我。

阿拉姆带我到他表兄的家里去吃饭。他的姑姑迪尔莎德是个很令人惊讶的女子，她是她那个时代的自由斗士，用火箭弹和卡拉什尼科夫突击步枪杀死过野猪，并因此而名声大振。她的丈夫现在依然是自由斗士，驻扎在哈纳钦附近，她的大儿子也是一名自由斗士。我们盘腿坐在地板上，面前摆放了许多食物：库尔德人的汉堡、库尔德人的鸡、石榴米饭、石榴酱、羊肉大米菜叶包。吃过饭之后，他们带我翻看家里的相册：自由斗士在山里的照片；库尔德斯坦爱国联盟在一棵树下召开第一次会议的那棵树；照片中的许多人都已经被杀死了，包括阿拉姆的父亲。

阿拉姆跟我讲述了他的生活。他还是一个蹒跚学步的孩子时就在纳西里耶的监狱里待了一年。萨达姆把他们全家作为人质，逼迫他父亲自首。他家的第三个儿子实际上就是在监狱出生的，所以名字为阿瑟尔（囚徒的意思）。全家从监狱获释之后，就回到了库尔德斯坦，但萨达姆1988年向哈拉巴加城发动种族屠杀式化学武器攻击之后，他们就搬到了伊朗。

前一天大雨之后，天气明亮极了。自由斗士阿拉姆和我分别坐在两辆车里，通过一条偏僻的道路向杜坎湖行进。阿拉姆向我讲述了他作为一个十几岁的孩子在山里长大的情况，他到山里是为了躲避化学炸弹的轰炸。库尔德斯坦民主党的人都逃走了，而库尔德斯坦爱国联盟保留了在库尔德斯坦的飞地。这两个政党曾经在20世纪90年代打了一场内战，这两个党之间，正如阿拉姆所说，出现了激烈的竞争。

我们在阿拉姆曾经住过的一个村庄停了下来。这村庄让我想起阿富汗：泥坯砌成的小房子靠在美丽的山边上。很难想象阿拉姆像这样生活过。我问他第一次到英国的时候觉得英国怎么样。他告诉我，他们全家抵达希斯罗机场的时候，只有一些毯子和一套换洗的衣服。其他所有东西都留在伊拉克国内。他们被带到布里克斯顿地方市政会的房子，醒来时发现到处都是黑人。他不敢相信自己的眼睛。"我们是在英国吗？"他问他的家人。他们家搬到了希尔的哈罗。几天之后，隔壁的房子着火了，他的父亲冲过去帮助灭火，就这样他们得到了邻居的庇护，邻居凯女士是一位老年苏格兰妇女。这位邻居帮助他们了解和适应英国生活，而且指导他们应付英国的官僚制度。

我们仍然在山上，突然我接到白宫默利·菲的电话。库尔德人利用哈什米的否决试图在选举法中为自己赢得更多席位分配。科迈尔·克库基又一次坚持不让步。怎样才能劝他支持选举法？我解释了科迈尔保护库尔德人权利的热情，能让他做出让步的就只有巴扎尼本人了，这得要求奥巴马总统做出保证。

第二天，白宫发布了声明，说奥巴马同巴扎尼通了话，表示他支持宪法第140条的实施，这指的是实现有争议地区形势的"正常化"，而且也支持逊尼派要求的宪法审查。选举法最终通过了。拉菲·伊萨维副总理给我发了短信，感谢我帮忙推动库尔德人在选举法上做出让步。他请我吃饭。我表示道歉，说我在北方，在苏雷曼尼亚。

我在北方，我觉得应该给哈桑酋长打个电话。"哈桑酋长，你好吗？"我问道。"也好也不好。"他回答说。按照哈桑酋长的标准，这就很不错了。他担心哈维加地区缺少雨水，哈维加离基尔库克不远。不过至少这事他怨不得库尔德人。他告诉我他在考虑参加选举，在萨达姆时期，他是议会的独立成员。

"这是好消息，哈桑酋长，你必须出来参加竞选活动。"

"艾玛女士，我不参加竞选活动。我就用我的名字和名声获得选票。"

"你必须得到各地去亲吻婴儿，这样他们的母亲才会投你的票。"

"艾玛女士，我不会做这样的事！"

"但这是民主，哈桑酋长。你应该到各地去亲吻孩子！"

"啊哈，民主……"

对许多伊拉克人，民主成了混乱和暴力的同义词。我现在把亲吻婴儿也加到这个混合的词义中。

第二天，阿拉姆和我驱车前往哈拉巴加。一到那里，我们就直接去化学武器进攻死亡者纪念馆。纪念馆的第一部分是进攻之前哈拉巴加的照片：孩子们的照片，英国少校索阿尼妻子的照片，当地知名人士的照片。在下一个展室里是妇女、儿童和动物各种痛苦死亡姿势的模型。一位伊朗摄影师拍摄的照片展现了被化学武器轰炸杀死的年轻人和老人：他们的鼻子里涌出鲜血；肢体扭曲；三种不同的化学物，导游告诉我们。这一切真的很可怕。在中间的大厅，墙上记录着在哈拉巴加被化学武器屠杀的5000人的名字。我们参观了布置在很好的花园中的墓地。有两个大集体坟墓。墓碑一个接一个，每座墓碑上刻着三个名字，没有日期。大家都知道那个日子：1988年3月16日。

最近，库尔德语的电视在播放一个令人揪心的故事。一个年轻人跟他的母亲团聚了，他的母亲曾认为他在哈拉巴加被杀死了。其实，他当

306 失去伊拉克

时是个婴儿，被带到了伊朗，被伊朗一家人养大。因为有 DNA 技术，他终于找到了他的生母。

今天，我旅行穿过库尔德斯坦，看到了库尔德人的复兴。我们驱车穿过植被茂密的田野，然后开始进入山区，进入以阿哈米德·阿瓦而著称的地区。我们越往上走，道路就变得窄了，路边上有石榴树，我们的下面有河流在穿行。我们把车停好，步行到瀑布，然后再向上爬。天气特别好，风光极美。我们转身往回走的时候，看到一个人拿着一个棍子在阳光的照耀下映在山上的影子。我们把双臂举过头顶，好像在欢呼。那人也学着我们做同样的动作。我们大笑。我们的心里充满自然的喜悦，这是活着的快乐。

第二天，我们驱车到卡拉达赫。阿拉姆解释说库尔德人在靠近大山的村子里寻求庇护，飞机从空中很难轰炸到这些村庄，因为投弹很容易投过了。他指给我看那些曾经非常熟悉的地方。这里曾是他的房子，这里是他曾经藏匿过的掩体，这里曾是他的卧室，那里是饼店。萨达姆的部队把一切都夷为平地，但掩体和树仍然存在。

阿拉姆跟他哥哥曾经在这养过狗。他们从巴格达带来的德国牧羊犬生了小狗。一天他们正在浴室忙着给小狗洗澡，突然两位伊朗客人进来，要在做祈祷前净身。他们至今回忆起那两个伊朗人脸上表现的惊恐，还会感到好笑，两位伊朗人认为狗不干净。这两位伊朗客人恰好是马哈茂德·艾哈迈迪·内贾德和穆罕默德·阿里·贾法里（这两人后来分别是伊朗总统和伊朗革命卫队总司令）。他们到这里来是支持库尔德斯坦爱国联盟同萨达姆作战，在这里住了一个多月。卡西姆·苏莱曼尼一直在附近的村庄。

我们驱车回到苏雷曼尼亚，看太阳从龚扎山山顶落下。我们喝红酒，听库尔德音乐。在满天星星的苍穹之下，我跟八个库尔德男人在一起跳舞。

12月中旬的一天，我们在大使馆坐在一起吃饭，奥迪耶诺将军不无遗憾地说，这是他在伊拉克度过的第五个圣诞节。他喜欢跟家人在一起过圣诞节。2003年，他当时根本没想到会在这里过圣诞节，军方当时估计他们几个月之后就回家了。

他回忆在伊拉克度过的那几个圣诞节。2006年他返回伊拉克担任美国驻伊拉克军队的指挥官。那时伊拉克处于最黑暗的时期，暴力令人感到恐怖，每天早上醒来接到的都是可怕的消息。当时他认为2007年圣诞节是他在伊拉克度过的最后一个圣诞节。那年是美国向伊拉克增兵之年，美国向伊拉克增加了额外的军队，向世界表明联军并没有被打败。

然而，他又回到伊拉克过2008年的圣诞节，这次是作为联军总司令。2009年他会度过最后一个在伊拉克的圣诞节，对这一点，他确信无疑。现在，他在晚上飞过巴格达上空，看着下面明亮的灯光、繁忙的交通、满是人的公园，伊拉克充满了生机。从前政权垮台以来，伊拉克人从没有像现在这样安全。他们拒绝被恐怖分子所恐吓。伊拉克人民的精神是令人鼓舞的。

伊拉克还有很长的路要走。但这个圣诞节，我们在伊拉克的最后一个圣诞节，让他感到所有那些逝去的生命和所奉献的一切都有所回报。就我和圣诞节而言……我最强烈的愿望是砍掉圣诞老人和所有替身的头。在餐厅里唱圣诞歌曲的时候，我的神经就开始感到紧张，一天三次，而且在过去的几周每天都这样。

当我们回顾在伊拉克的这些年时，我对奥迪耶诺将军说："为您工作是莫大的荣幸，即使我的脑子受到一些损伤或者情感上留下创伤。"他转向我说："你是我的秘密武器！"

联合安全结构根据计划建立了起来，在2010年大选之前结构的第一阶段生效。通过美国组织的联合训练，阿拉伯和库尔德安全官员相互之

间有了了解，在一起训练时也有了乐趣，并建立了工作关系。然而，在选举法问题上紧张的谈判构成了解决尼尼微政治问题的障碍，分歧在于基尔库克如何处理，以及分配给三个库尔德省份多少席位的问题。尼尼微招募额外部队也延缓了。

计划的关键部分是保证尼尼微省长的自由活动。决心尽快看看新联合安全结构究竟如何，省长努加菲决定在2010年2月初到有争议地区的特拉凯夫城去一趟。无视库尔德人的反对，美国人决定支持省长此行。库尔德人阻止援军抵达，从而让省长此次出行无法成行。成群的库尔德人聚集起来阻止省长的车队，在随后发生的混乱中，有人开枪。在现场的美军指挥官担心美国士兵受到威胁，把坦克开来保护美军士兵，并命令F-16战斗机在人群头顶上飞过发出警告。伊拉克警察拘捕了11名库尔德人，指控他们煽动闹事，并指控他们涉嫌企图暗杀省长努加菲。

我们当时正在安卡拉。我陪着奥迪耶诺将军在那儿同土耳其政府讨论应对在库尔德斯坦的库尔德游击队组织PKK。一些土耳其记者对这次访问表示抗议，指出是奥迪耶诺将军在2003年7月4日谋划了逮捕土耳其特种部队的行动。（关于这次事件拍摄了一部土耳其动作电影——狼山谷。这部电影非常反美，在土耳其很受欢迎。）我同奥迪耶诺将军一起庆祝自己的生日，结果喝得大醉，醉后的反应很严重。我们返回到伊拉克才知道尼尼微的形势有多么严重。

回到巴格达，我在半夜两点被电话吵醒，是土耳其大使姆拉特·奥兹策里克。他接到安卡拉的报告说库尔德人入侵了摩苏尔。我不知道他在说什么。我们接到报告称有几个库尔德人因为向省长开枪被拘捕，但从那之后并没有发生新情况。我承诺会进行调查，会告诉他调查结果。

黎明时分，我收到了更多的信息。并没有发生入侵，但库尔德武装为报复库尔德人被拘捕，在尼尼微绑架了几名阿拉伯人。巴扎尼总统非常愤怒。每一次巴扎尼打开电视,电视都在播放美军坦克在库尔德人村庄的画面,F-16战斗机在头顶上飞行的画面。库尔德人非常支持美国,没有一名美国士兵遭到库尔德人杀害,他问道,可是美国人为什么以这样的方式对待库尔德人。

奥迪耶诺将军对巴扎尼总统的过度反应也很生气。巴扎尼不愿意同奥迪耶诺将军会谈,奥迪耶诺将军也不愿意同巴扎尼会晤。奥迪耶诺将军返回了华盛顿,临走的时候取消了我的休假。巴扎尼的参谋长福阿德·侯赛因和我留在那寻找出路。"福阿德博士,"我在电话里跟他说,"我们两人面临的问题是一样的。我们要么沉没,要么游泳。"

美国使馆坚持认为,根据法治原则,被指控企图谋杀省长的人应该接受审判。我把这个信息传递给福阿德,结果福阿德对我吼道:"这是伊拉克,这里没有法治!"福阿德和我决定,阻止局势升级的唯一办法是用拘捕的库尔德人交换被绑架的阿拉伯人。要这样做,我就首先需要得到证据,证明被关押的阿拉伯人"还活着"。

我乘坐奥迪耶诺将军的小型C-12飞机飞抵埃尔比尔。天气异常糟糕,雾很大,机场已经关闭,飞行员看不到跑道。他们告诉我燃料只够做一次降落的努力。飞机头朝下往下飞,接着又拉起来。降落失败,我预计得返回去了。"女士,我们再试一次。我们在最后时刻看到了跑道。我们觉得应该可以着陆。"他们知道我的任务有多么重要。第二次我们成功着陆。

我跳上一辆汽车,很快出现在福阿德的办公室。他不能相信我到了。他看了看窗外,天气仍然很糟糕。我告诉他我需要证据证明被绑架的阿拉伯人仍然活着,这样我就可以让尼尼微省委员会确信他们可以释放库尔德人。福阿德博士说我们一会儿再谈。有一些时间可以消磨,也有一位年轻的库尔德女士照顾我,我让人带我到一家新开的美发厅。我花了

几个小时剪了头发，并用蜡去了腿上的体毛。

仍然没有得到消息，也不知道库尔德人是否在谈判，我们就奔一家新开的购物中心，正在这时陪着我的库尔德人接到了电话。她给司机下达了紧急指示，司机带着我们绕来绕去，把我们送到了库尔德人情报机构的指挥部。经过同一位高级官员讨论之后，一位被绑架的阿拉伯人被带了进来。这位阿拉伯人对我们说，他驾驶着车正在尼尼微行驶时被拦了下来。他甚至说他的祖母是库尔德人。另外两人也被一个接一个地带了进来。他们都不知道自己为什么遭到了关押。

我一离开库尔德人情报指挥部，就给伊拉克副总理拉菲·伊萨维打了电话。"拉菲博士，我可以证明人质活着。"我也给土耳其大使姆拉特·奥兹策里克打了电话，让他敦促努加菲省长就三位被关押的库尔德人达成交易。土耳其大使给省长施加的压力促成了被关押的 11 名库尔德人中的八人获释。拉菲给我回电话，证实尼尼微省长和省委员会同意释放被关押的库尔德人换回阿拉伯人人质。

第二天我飞回到巴格达，会见了拉菲和贾博，讨论如何安排接下来的行动。我们一起乘坐奥迪耶诺将军的飞机飞抵摩苏尔。帕特里克·墨菲，最出色的重建队领导人之一，让我们都挤进他的车里，把我们从机场军用场地带到机场民用场地。我们认为这是囚徒交换的最佳场所。省长努加菲出现了，同他一起来的还有省委员会的几个成员。三名库尔德人被关押者也带来了。

我同旅长库考罗将军进行了协调，让美国军方从库尔德斯坦两个不同的地点把被关押的阿拉伯人接走。但正当我认为事情在朝着正确方向发展时，又出现了意外。那三位被怀疑试图暗杀省长的库尔德人得出庭，这样伊拉克法官就可以正式释放他们。库尔德地区政府内务部长卡里姆·辛加里怀疑这是一个阴谋。他在机场的周围布置了眼线，这些人随时向他通报情况。他担心那三名库尔德人得不到释放。

最后，拉菲同意让贾博作库尔德人的人质，以保证被关押的人会获得释放。贾博当然很不高兴。为了从法官那获得必要的文件，贾博跟库尔德被关押者，同阿拉伯和库尔德安全官员走了。贾博后来告诉我，法官认为，用3名库尔德人换回15名阿拉伯人是个不错的交易，所以很高兴签署释放文件。

两架美军直升机带着15名被绑架的阿拉伯人回来了，但卡里姆·辛加里坚持要这些获释的人待在飞机上，直到3名库尔德人获释。我不断地给卡里姆打电话。但信号接收不好，电话不断地断线。就这样断断续续地谈了四五个小时。与此同时，机场正常开放。旅行者降落在机场，穿过我们坐着等待的大厅，向省长和拉菲打招呼，然后径直离开机场，对他们周围正在进行的紧张谈判根本不理会。

最终，3名被关押的库尔德人被带来了——贾博也回来了。卡里姆允许阿拉伯人获释。他们下了直升机，进入我们在等待的房间。拉菲拥抱了他们，给了每个人一些钱。他们仍然不知道为什么被绑架。那三个在关押时我见到的人看到我咧着嘴笑了，我也冲他们笑。

拉菲举行了记者招待会，在会上他讲了全国和解的重要性，讲了所有伊拉克社团共处的重要性。之后，巴扎尼给拉菲打了电话，感谢他在解决整个事件中做出的努力。

这一天很漫长。拉菲、贾博和我坐着奥迪耶诺将军的飞机返回巴格达的时候，感到极大的解脱。"你知道，"拉菲说，"做让每一个都高兴的事不是很了不起吗？这样的事在伊拉克很少发生。"他说的是对的。我们阻止了阿拉伯人和库尔德人之间爆发战争，也阻止了土耳其的入侵，并让库尔德人和美国之间的关系回归了正常。这只不过是伊拉克的又一天。

第 18 章 选举的鬼把戏

> 我最担心的是我们把伊拉克稳定下来了,之后为了急着撤走,把伊拉克交给了伊朗人。
>
> 引自:奥迪耶诺将军,2010 年 2 月

奥迪耶诺将军最近看了电影《查理威尔森的战争》,电影展现了穆斯林游击队打败苏联军队并把苏联军队赶走之后,美国在阿富汗的利益如何就此终结。

他有预感同样的事情会发生在伊拉克。"我在这里投入得太多,"他说,"不能就此离开让那样的事情发生。"他希望美国和伊拉克在未来仍然能够继续友好相处,但这种相处是由民众主导而不是军方。他认为在 2011 年之后还应该有 20000 名左右的美军需要驻扎在伊拉克,训练伊拉克安全部队,并为保证一定程度的稳定提供心理支持。但是真正的友好相处应该来自国家力量的其他因素,而且应该由大使馆主导。

每次国会代表团来访,奥迪耶诺将军都会放幻灯片,展示为什么伊拉克很重要,为什么美国应该通过两国在 2008 年签署的战略框架协议继续向伊拉克投资。我认为他对美国在伊拉克和这个地区的作用太乐观了,而在美国政府内部没有来自任何其他部门对伊拉克未来的选择性构想。奥迪耶诺将军知道,这项使命要想成功,伊拉克领导人之间需要有政治

协议。否则，部队如此艰苦卓绝地用武力打出来的安全都是不可持续的。他抓住所有机会向美国新一届政府传达并解释伊拉克的复杂性。

在六个月的时间里，奥迪耶诺将军非常努力地跟大使馆合作，支持新大使克里斯·希尔在大使馆的领导工作。克里斯·希尔2009年4月出任美国驻伊拉克大使。但是，他开始感到失望。很显然克里斯·希尔并不适合担任这个职务。由于他缺乏在这个地区工作的经验，他是驻伊拉克大使的错误人选。他本不想担任这个职务，但希拉里·克林顿劝说他担任此职务。2010年初，奥迪耶诺将军在华盛顿遇到希拉里，向她解释美国驻伊拉克大使馆不能正常发挥作用的程度时，希拉里承认是她劝说希尔担任这一职务。奥迪耶诺将军抱怨希尔不跟伊拉克人交往，也不跟外交社团的其他人交往，他唯一的工作重点似乎就是监视美国军队的活动。

一个人可以如何毒害一个地方，真是令人感到恐惧。希尔带来了一个搞阴谋的小集团，并边缘化了那些有工作经验的人。在使馆人员会议上，他清楚地表明他多么不喜欢伊拉克和伊拉克人，并嘲笑美国军方。他想要大使馆"正常"。他对"正常"的定义包括在使馆的院子里要种草。一开始种草籽的努力失败了，因为鸟把草籽吃掉了。最终，一卷一卷的草坪搬进了使馆。我不知道是从那儿弄来的，结果生根。现在有了草，大使可以在上面打长曲棍球。

"正常"还意味着使馆里没有外国人。英国人曾试图接着获得部队地位协议，但没有成功，于是英国军队在2009年底撤出了伊拉克。最初，我并没有注意到有什么不同。我已经习惯了在都是美国人的环境下做事情，但很快就发生了变化。作为一个非美国人，我现在进入大使馆办公处的时候需要有人陪着，而我的办公桌就在那里。巴比罗将军在他的司令部给了我一个办公室，而他的司令部就在使馆的路对面。他在司令部负责目标获取和训练。虽然我还住在大使馆的院子里,但我开始在大多数早上到那儿去参加最新战况评估会。对于美国军队,美国使馆成了他们完成使命的最大威胁。我不再扮演在美军和使馆之间调解的角色,因为大使不让我这样做。在这场争斗中,我自然站在军队一方。

二月的一天晚上,我在拉菲博士的房子里跟他和贾博讨论尼尼微的紧张局势。拉菲拿出他的电脑,让我看伊拉克全国运动(Iraqiya)录制的宣传歌曲,伊拉克全国运动是为在2010年3月举行的选举中进行竞争成立的一个政治联盟。一个帅气的年轻人在唱一首歌,这首歌唱的是对伊拉克的热爱和伊拉克的团结。伊拉克全国运动在一个非教派的平台上举行竞选活动。这个联盟的领导人是阿雅德·阿拉维,曾在2004—2005年期间担任过伊拉克领导人。伊拉克全国运动聚集了逊尼社团(包括拉菲)和像阿拉维这样的世俗的什叶派人士。

伊拉克出现了选举热潮。2005年安巴尔只有百分之二的人参加选举。经过数年被排斥和叛乱,安巴尔人决定给政治一次机会。拉菲知道这不容易。几周之前安巴尔的省长遭受爆炸袭击,袭击发生几个小时之后,我们赶到美国军队医院去看望他,他没有被炸死,但失去了一只手。尽管面临许多挑战,拉菲对选举感到很乐观,同时也很激动,对伊拉克民主建设的前景充满期望。

就在选举即将来临的时候,去复兴党运动又抬头了。在艾哈迈德·沙拉比和伊朗人的推动下,阿里·法赛尔·拉米领导的一个委员会开始宣布一些候选人不具备资格。阿里·法赛尔·拉米由于同什叶派民兵的活动而被关押,刚被释放出来。他领导的委员会不合法。这个委员会武断的裁定却得到了伊拉克独立高级选举委员会和一些法官的批准。这对伊拉克全国运动的打击最大,对马利基的法律国家联盟也是一个打击。这个委员会似乎意在把宗派主义推回到议程之上。伊朗视一个强大、世俗化和非宗派的伊拉克为威胁。伊朗传播的阿拉维的形象是一个复兴党分子，伊拉克全国运动的形象是万人坑，让人们担心伊拉克会回到萨达姆时代。

奥迪耶诺将军密切地关注着所发生的一切。"我们得保证伊拉克全国运动不出局。"他发出指示。我们付出了巨大的牺牲才创造了所有团体都能够参加的政治空间，如果伊拉克全国运动出局，那将是灾难性的。

被这个法律上不成立的委员会阻止参加竞选的有萨拉赫·马特拉克，伊拉克全国运动的联合领导人。我在拉希德酒店访问过他好几次，他在拉希德酒店租了几个房间。他感到很压抑，也感到压力很大。他是议会成员，也参加过之前举行的选举。就在几个月前，马利基曾经劝他加入法律国家联盟。他表示拒绝之后，马利基就开始反对他。马特拉克是伊拉克民族主义者，一个世俗的人，一点也没有宗派观念，他是逊尼派，但妻子却是什叶派。他在年轻的时候曾经是复兴党党员，但因为抗议处决来自纳杰夫的什叶派人士，被开除出了复兴党。他有农业博士学位，曾经在苏格兰待过一些年。有报道说他的外甥遭到审讯，被逼迫承认他的舅舅参与了恐怖主义活动。

根据奥迪耶诺将军的指示，我建议马特拉克离开伊拉克，但要敦促他的追随者参加选举，不要退出选举。这是让这个国家更平衡的唯一办法。在我们最后一次会面后，马特拉克送我走出酒店到我的车旁边。我们握手道别。几天之后，我听说他到了约旦。

另一个目标是阿卜杜勒·卡迪尔·奥比迪，伊拉克国防部长。他是逊尼派，但同马利基关系密切，在法律国家联盟的名单上。他曾经被萨达姆关进监狱，财产都被没收。在同奥迪耶诺将军预定的会面结束时，他说要说几句有关他个人的话。他有着那样的经历居然还被指控为复兴党分子，这让他非常沮丧。在过去的这些年里，他证明自己是忠于什叶派政权的。如果他不能参加选举，那就表明伊拉克的和解是没有希望的。

伊拉克政府在二月份要求将美国关押的苏丹·哈希姆移交给伊拉克。这是第二个晴天霹雳。苏丹·哈希姆曾经担任萨达姆的国防部长，被普遍认为是前伊拉克军队中最受尊重的将领之一。2003年他在摩苏尔向联军投降，当时他认为自己会得到应有的尊重，并会得到公正的处置。当时用彼得雷乌斯将军的直升机将他送回到巴格达，他在巴格达接受了审判，被判处死刑。这不是他所期待的公正处置，也不是我们让他相信他会得到的处置。我们怀疑什叶派政党要求将他移交给伊拉克，为的是在大选之前处决他，以提高他们的支持率。如果真是这样，那么伊拉克全国运动的领导人就会被迫退出选举。我跟拉菲取得了联系，他在埃尔比尔。他立刻返回伊拉克会见了塔拉巴尼，作为总统塔拉巴尼要签署死刑宣判，拉菲从塔拉巴尼那儿获得保证，不会处决哈希姆。

伊拉克全国运动冻结了其组织的选举活动，要求得到更多的国际承诺来监督选举和民主进程。拉菲领导制定选举行为准则，并想办法让其他政党能够接受这个选举准则。为了阻止武断的手段，不让伊拉克全国运动出局，欧盟在伊拉克的使团领导人在英国大使的率领下不遗余力要求联合国发表一个声明，这个声明可以跟联合国驻伊拉克特别代表艾德·麦尔柯特提供的季度报告一起发表。

很幸运，联合国的声明让伊拉克全国运动相信国际社会一定会严肃地监督选举程序，于是他们踏上了竞选之路。我晚上开着车跟萨法一起在巴格达转悠时，看到到处都有不同政党的标语。竞争很激烈。

2010年3月7日，全国大选拉开帷幕，进行得比我们希望的要顺利得多。经过一个多月竞争激烈的全国选举活动——媒体广泛地报道了不同的候选人和不同的党派——62%有选举资格的选民参加了投票。全国上下都是一派异常激动的气氛。老人和行动不便者让人陪着前往投票站；

父母带着他们的孩子前去投票。奥迪耶诺将军和我坐着他的直升机从空中俯瞰发生的一切。欧盟和其他国际社团布置了数百名国际投票监督者，还有数以千计经过训练的伊拉克选举观察者，联合国在选举的技术问题上向伊拉克提了建议。所有这一切都有助于维护整个过程的可信性。

叛乱者把炸弹放在水瓶里炸了一栋房子，试图制造恐怖气氛，但伊拉克安全部队经受住了考验。在大选的前夕，他们阻止了数起炸弹爆炸事件。之前，伊拉克安全部队作为政权的保护者现在也证明是政治进程和伊拉克人民的保护者。这标志着文化上发生的重要变化。奥迪耶诺将军认为这主要归功于美国军队的影响。选举结果太接近还无法确定，但美国军方预测马利基的法律国家联盟会赢得大多数席位。

"我们赢得了选举的胜利！"拉菲博士在电话里呼喊。我可以听到背景里有庆祝的枪声。这令人难以置信。我们没有想到伊拉克全国运动会做得这么好。他们赢得了91个席位，比马利基多了两个席位。"热烈的祝贺！"我对他说。他们的议程抓住了许多伊拉克人的梦想，他们梦想有一个国家，这个国家不为派系所界定，也不被宗教所统治。

第二天，我陪着奥迪耶诺将军和希尔去会见马利基。当希尔问起马利基的退休计划时，很显然马利基并没有考虑下台。他宣称选举舞弊很严重，说Mujahideen al-Khalq（一个伊朗的反对组织，仅在迪亚拉省活动）使用了卫星在电脑里修改了选举结果。他确信虽然电脑是独立的，并没有连接互联网，而且还有数以千计的选举监督者，但输入的信息被修改了。他的顾问告诉他，他会赢得超过100个席位。他要求重新计算选票。马利基显然很害怕。

并没有证据表明选举有舞弊，所以没有理由重新计算选票，但是伊拉克选举委员会和国际社会同意重新计算选票，因为他们担心重现2009年阿富汗大选的失败。那次失败破坏了阿富汗大选的信誉。与此同时，马利基的顾问告诉我们，马利基需要在重新计算选票中获得两个额外的席位。否则，他就会因为失去伊拉克而受到什叶派的指责。他坚持法律国家联盟单独参加选举，而不参加什叶派联盟，而在 2005 年他是与什叶派联盟一起参加选举的。他之所这样做是因为什叶派政党不同意他担任联盟的领导人。

在议会制度中，在选举中赢得多数席位的团体就是获胜的一方，因为这代表选民的意志。这当然是那些伊拉克宪法起草者们的用意。马利基问最高司法委员会主席麦德哈特，他如何解释选举中获胜的团体。马利基一直向麦德哈特施压，于是他对此的解释模棱两可，说或者在选举中赢得多数席位，或者在议会中是最大的社团。这是马利基可以用来逃脱的条款。

奥迪耶诺将军敦促我们应该保护选举进程。"他们至少应该先让阿拉维组阁。如果他们不这样做，选举就看上去像骗局。"他说我们不应该挑选选举的胜者，这样不会有好结果。"我们需要保护伊拉克全国运动，不能让他们出局。"因为他们正在受到恐吓。马利基作为现任总理有使用国家机器的有利条件。我们认为阿拉维不可能自己作为总理组成一个政府，但是我们认为他作为选举的获胜者有权利组阁，这样会导致领导人之间的政治妥协，阿拉维或者马利基同意分享权力，或者选择一个第三者出任总理。

奥迪耶诺将军不愿意相信美国大使馆不想做出努力帮助伊拉克人组成新的政府。他指示我在伊拉克全国运动和法律国家联盟之间进行调停，让这两个组织会见。他们是两个最大的政治组织，他们之间达成协议最符合美国的利益。他知道这不是美国军方应该干的事，但他不打算作壁上观。

我去见拉菲。他是伊拉克全国运动的参谋长，负责推动组阁谈判。

他跟我说，计划 A 是阿拉维出任总理组阁。计划 B 是阿拉维挑选别人出任总理，比如阿戴尔·阿卜杜勒·马赫迪。虽然伊拉克全国运动的大多数选民是逊尼派穆斯林，但这个组织也从南部世俗化什叶派中赢得了许多选民。伊拉克全国运动的议会成员中有 20% 都不是逊尼派阿拉伯人。推举阿拉维，一个什叶派成员当总理，他们可以接受逊尼派成员不出任三位最高领导人中的任何一个职位。这是试图打破在体制内巩固宗派主义的黎巴嫩模式。

我问拉菲博士，他是否考虑在伊拉克全国运动和法律国家联盟之间达成一项协议。这两个政治组织对伊拉克的未来构想比其他政党更为接近。马利基和阿拉维的个性似乎是最大的障碍，两人都想出任总理。拉菲考虑过了如何组成政府的所有不同组合。他认为马利基如果跟伊拉克全国运动达成协议，他就有可能获得比较体面的位置，比如总统。如果他拒绝跟伊拉克全国运动合作，他就只能是一个普通的议员。按照伊拉克全国运动的推测，这是马利基最好的赌注。

我之后去见萨米·阿斯卡利。萨米曾在英国流亡，之前在伊朗和印度待过。他 2003 年返回伊拉克时，他的家人留在伦敦。尽管他已经离开了达瓦，但他跟马利基的关系仍然很近。萨米是法律国家联盟的温和派，倾向于西方。什叶派民兵正义联盟（Asaib Ahl al-Haqq）在 2007 年绑架了五名英国人，我在上一年同这个组织打交道时认识了萨米。是萨米收集到英国警卫的尸体，并把尸体带到绿色区域，这样这些英国人的家人可以把尸体带回去埋葬。也是萨米把皮特·摩尔活着交给英国大使馆，那时皮特·摩尔已经被关押了两年。

萨米要我向伊拉克全国运动解释，他们不要认为法律国家联盟和代表其他主要什叶派政治组织的伊拉克全国运动不会再走到一起。萨米说伊拉克全国运动不能带着这样的看法谈判，法律国家联盟和伊拉克全国运动是有可能合作的，伊朗人正在努力促成他们的合作。但是，他说，这个选项并不是最符合伊拉克的利益。他认为伊拉克全国运动、法律国家联盟联合，由马利基出任总理，是最好的解决方案。好多天，我都在拉菲和萨米之间传递信息，为他们两人的会晤做铺垫。他们两人真的会晤了，两人对初次讨论很高兴。

奥迪耶诺将军定期跟英国和土耳其大使在一起吃饭。他想要英国和土耳其做工作让伊拉克全国运动进行谈判，敦促其朝前走。英国大使约翰·詹金斯是出色的阿拉伯问题专家，他喜欢这个地区，曾经在阿布扎比和科威特工作，曾经在耶路撒冷担任过总领事（我在那儿第一次遇到他），在大马士革担任过大使，是英国外交部负责中东和北非的主任。他还曾经在仰光担任过大使，那时是缅甸军政府统治的最糟糕时期，当时他跟美国驻仰光的大使有密切和良好的合作。詹金斯同希尔不和，他也从来不掩饰这一点。

通过尼尼微人质危机的解决过程，我认识了穆拉特·奥兹赛力克。在改变土耳其和伊拉克库尔德人关系的性质方面，奥兹赛力克比其他任何人做出的贡献都大。在他担任驻伊拉克大使任期内，土耳其不再担心伊拉克的库尔德人会怂恿土耳其国内的分裂主义，开始把库尔德人看成是亲密的盟友，对这个地区的未来有着共同的愿景。我目睹奥兹赛力克在2008年如何帮助劝说伊拉克的关键人物支持美国的部队地位协议。他是一位技艺高超的外交官，也有魅力。在他使馆中普通外交官都非常钦佩他，结果他们都跟他学着留起了小胡子。

奥兹赛力克在帮助组建伊拉克全国运动，在阿拉维的领导下成为一个非宗派组织的过程中也发挥了非常重要的作用。土耳其认为，伊拉克不应该再有第二个马利基这样的总理。然而，就在大家等待选票重新计算结果和去复兴党法令时，谈判暂时中止了。伊拉克全国运动担心有阴谋会改变选举结果。他们的担心不无道理。

快到四月底时,奥迪耶诺将军会见了选举安全主管艾丹中将和独立选举委员会的总监法拉吉·哈德利。他们两人都认为,伊拉克举行了其力所能及的最好的选举,他们都不理解为什么有必要重新计算选票,而且范围如此之大。他们认为法院通过新的去复兴党决定取消50名候选人的资格,并完全无视他们获得的选票,是出于政治目的。我们遇到伊拉克国防部长,他更直言不讳。他说,如果最近的阴谋得逞,就意味着"选举的彻底失败"。他接着说:"这简直是笑话。国际社会没有人会接受如此做法。"

奥迪耶诺将军在他的办公室会见拉菲时,拉菲博士解释说,伊拉克全国运动担心整个民主进程正在遭到破坏。伊拉克全国运动看到他们取得的选举胜利正在被夺走,担心有人试图把他们说成是复兴党分子而把他们排除在政治生活之外。他们成功地说服了逊尼派参加政治进程,也担心选民会如何对所发生的一切做出反应。

在这一点上,奥迪耶诺将军觉得受够了。他驱车到麦德哈特法官的办公室,将军高高的个头,居高临下,对法官说去复兴党委员会不合法,其裁决也应该被无视。麦德哈特法官承诺不会实施去复兴党委员会的决定。

马利基当然要给人一种印象,他将仍然担任总理。他找到一条"法律"途径来拖延对选举结果的认定。在这个阶段,他会继续担任总理,而且没有国会对他进行监督。他控制着伊拉克的财政和伊拉克安全部队。许多部长可以继续担任自己的职务,对此安排当然是何乐而不为。马利基在利用这段时间来分化反对派,他估计这个过程越长,继续当政的可能性就越大,因为这样长的阶段会让人们产生一切都是不可避免的感觉。伊拉克人认为美国在支持马利基,否则为什么他能够被允许这样做呢?

奥迪耶诺将军继续定期下访部队，保证军队的撤出按计划进行。几年来战争中积累起来的所有装备、设备和补给等都包装起来，开始运回国。在一次看望部队时，奥迪耶诺将军对还有一个月就撤走的旅说，要做好准备延期在伊拉克的驻防。他知道把这个消息透露给战士们是困难的。但是整个撤出计划取决于伊拉克迅速组建新一届政府。如果实际情况需要，他就灵活地让一些单位延迟撤走。美国和伊拉克部队成功地击毙基地组织在伊拉克的两个最高领导人，阿布·艾尤卜·马斯里和阿布·奥马尔·巴格达迪。美国特种部队已经追踪这两人好几年了，终于在4月18号在当年发现萨达姆不远的地方发现了他们的行踪。在过去的几个月里，四分之三基地组织在伊拉克的领导人或者被抓捕或者被击毙。但奥迪耶诺将军担心伊拉克政治上的犹豫不决可能会导致局势的不稳定。

我刚回到我在使馆的房间，突然接到信息，奥迪耶诺将军要我立即到胜利营地。天气灰尘太大不适合乘坐直升机，于是诺顿军士驾驶SUV在一辆悍马的保护下，送我过去。

白宫官员正在访问伊拉克，我同他们举行了讨论，奥迪耶诺将军想要知道讨论的最新反馈。白宫官员从大使那儿得到的报告和从奥迪耶诺将军那儿得到的报告内容大相径庭，他们想要自己对形势做出评估。奥迪耶诺将军像一头愤怒的公牛走来走去。伊拉克举行了如此成功的选举之后，居然需要美国花两个月时间考虑介入的问题。奥迪耶诺将军想要知道，什么时候我们要对马利基说适可而止？美国打算发出威胁说我们不承认选举的合法性和可信性吗？他担心美国会采取放任的态度。这一届美国政府似乎根本不在乎伊拉克，只是想要尽早从伊拉克撤军。

五月，马利基改变了方法。意识到去复兴党行动和重新计算选票都无法让他得到需要的额外席位，他同伊拉克全国联盟达成协议（这个联盟包括伊斯兰最高委员会和萨德尔运动）联合组成政府，阻止阿拉维出任总理。但是，他们仍然不能在领导人问题上取得一致。没有人愿意马利基再担任总理。

在媒体上被问到组成单一什叶派联盟时，希尔对此表示欢迎。奥迪耶诺将军对此感到震惊。他同大使会面之后走下大使馆的走廊，明显看上去很不高兴。"他跟我说伊拉克还不适合民主，伊拉克需要一个什叶派强人。马利基就是我们需要的那个人。"奥迪耶诺将军对此提出反对，那不是伊拉克人想要的。我们已经帮他们推翻了一个独裁者，他们不想再制造另一个独裁者。奥迪耶诺将军不断地告诉他的士兵们，他们长期艰苦卓绝的战斗，做出了那么多的奉献，为的是在伊拉克建设民主。

库尔德人巴巴科尔将军是伊拉克军队的参谋长。他邀请奥迪耶诺将军和我到他绿色区域的家里去用餐。像往常一样，他准备了烤串和冰激凌。我们拿英国人和美国人开玩笑。美国在伊拉克会让人记住什么呢？"幻灯片和T型墙。"我说。"还有上面写着：后退50米，否则你会被射杀。"巴巴科尔将军笑着补充说。

这时电视还开着，在一个卫星频道，萨利赫·穆特拉克在接受现场采访。"他在说什么？"奥迪耶诺将军问道。麦克翻译说他在攻击美国，说美国如何应该为伊拉克的所有问题负责。"噢，让他住嘴！"奥迪耶诺将军摇了摇头说。我拿出我的手机，给穆特拉克打了电话。他正在接受采访，结果开始摸自己的口袋。我挂掉了电话。穆特拉克又开始攻击美国。我于是又给他拨电话，这次我让电话一直响。穆特拉克的思路全乱了，他找他的手机打算关掉它。奥迪耶诺将军和巴巴科尔不相信他们的眼睛。这是电视现场直播。他们笑得前仰后合。穆特拉克采访之后给我打了电话。只有英国人，他说，才会玩这种把戏。但他也看到了这把戏好笑的一面。

奥迪耶诺将军返回华盛顿进一步磋商，我乘此机会逃离有毒的大使馆，同巴巴科尔一起飞到库尔德斯坦。我手下有一组总统派的自由斗士

324
失去伊拉克

军士兵供我指派，他们所有人穿的都是廉价的黑色套装，一位女向导穿着非常高的高跟鞋。我们向扎格罗斯山和膻尼达尔洞穴进发，20 世纪 50 年代在那里发现了尼安德特人遗骨，这些遗骨被认为有 65000 年了。我穿着实用的美国军靴，从铺好的路爬到山上，而我的导游则穿着高跟鞋。山谷的风景美得令人赞叹。

我们接着驱车前往巴赞村。我一年之前到过这个村子。我们前往公墓，坟墓前竖立着简单的白石头。1983 年，萨达姆命令劫持巴扎尼部落的 8000 名男人和男孩子，以惩罚库尔德斯坦民主党同伊朗结盟。这些人的遗体一直没有找到。有几位穿黑色衣服的妇女和一个小孩在坟墓中行走。我们接着到了毛拉·穆斯塔法·巴扎尼的神龛。穆斯塔法是伟大的库尔德民族主义者，是巴扎尼总统的父亲。

阿卜杜勒·巴扎尼酋长，巴扎尼总统的侄子，出来迎接我们。客人们的到来让他很高兴。我们坐在一起用英语、阿拉伯语和库尔德语交谈。他坐在那儿，穿着库尔德人服装，他为库尔德人的文化遗产和历史感到自豪。他一定已经 70 多岁了。我们讨论伊拉克的政治，他说他想让阿拉维担任总理。我告诉他，最近在英国经历了五天才组成新的政府，时间上延误引起了极大的关切，英镑也因此贬值了。他笑了。伊拉克选举已经结束几个月了，但没有任何迹象表明新政府会很快组建起来。

阿卜杜勒坚持要我们留下来吃午饭，之后非常抱歉准备的饭菜很简单，他没有料到会有客人来，所以也没有宰杀牲畜。我们吃了米饭、豌豆和有拌着当地面包的沙拉。他的儿子和其他一些巴扎尼家的人坐在桌子边上。我们一边聊着，我不得不对这种文化表示诧异，而我们西方人已经失去了这种文化。阿卜杜勒酋长非常高兴跟一位客人一起坐在他的桌子旁，而且这客人还是外国人，他用非常古老的方式同从这里路过的旅行者谈人情世故。他对他自己是谁，属于什么地方，他的文化遗产和人民，有强烈的意识。

第二天早晨，我正坐在客房用早餐，一个30多岁穿着黑色西服系着粉色领带的人出现在我的面前。他告诉我他叫巴扎德，是叶子迪人，担任我到拉里士的导游。拉里士是叶子迪人的麦加，在埃尔比尔的西边，摩苏尔以北40英里，从这里开车需要两个小时。

我对叶子迪人知之甚少，只知道他们留着很长的小胡子，不吃莴笋，不喜欢蓝颜色。我们一路经过了库尔德城镇沙卡拉瓦和阿克拉，我有足够的时间对叶子迪人有更多的了解。巴扎德跟我解释，伊拉克大约有50万叶子迪人。他说他们在种族上属于库尔德人，但他们的宗教是叶子迪教。我指出有些叶子迪人宣称他们不是库尔德人。巴扎德说那些人大多住在辛扎，阿拉伯人付他们钱让他们宣称自己不是库尔德人。

巴扎德告诉我，叶子迪人一天祈祷两次，分别在日出和日落时，用库尔德语，朝着拉里士的方向。巴扎德说他们的宗教是世界上最古老的宗教。根据他们的宗教，上帝创造了世界并把世界托付给七个天使长，包括米力克·羧斯（孔雀天使）。米力克·羧斯拒绝服从亚当，因此穆斯林和基督教把他看作是降落的天使。叶子迪人被认为是"魔鬼崇拜者"而遭受到几个世纪的迫害，基地组织也以此为借口攻击叶子迪人。

过了山看到了尼尼微平原。巴扎德指给我看他的出生地。萨达姆把他生活的社团从他们的村庄迁移到这个居住地，把他们的家和土地给了阿拉伯人。我们驱车穿过有森林的山谷抵达拉里士，叶子迪宗教最神圣的地方。这让我想起宗教圣地，想起那些远离人群的教堂和隐修院。这个地方很安静。我们停好车，脱掉鞋子和袜子——这片土地是神圣的。我穿过院子。大门的旁边雕刻着一条大蛇，保护圣地不被邪恶所侵袭。在第一个地下室里，坟墓上挂着颜色亮丽的围巾。我被告知解开其中的一个结，然后再系上。显然，我这样做是在寻求帮助解决我的一个问题；

叶子迪人的圣地拉里士

同时帮助来到我面前的香客解决问题。

我们走到第二个地下室,我被告知逆时针方向绕着阿迪酋长的坟墓走三圈。阿迪酋长是叶子迪教的一个重要人物,死于1162年。在下一个地下室有盛满油的罐子,晚上会点着。在最后一个地下室,我拿到一个围巾,被告知闭上眼睛然后把围巾扔向空中。我这样做了三次,也不知道确切的应该扔向什么方向。最后一次做完,宣布的结论是我这辈子不会结婚。之后我往地下走了一层,来到子姆子姆河,这条河从圣地的下面流过。叶子迪人认为这是生命的源泉,他们会把婴儿带到这里来洗礼。

出来之后,我被带到山上,我光着的脚在太阳烧灼的土地感到在燃烧,这里有一棵树上挂满了布条,我又得打开结再系上结做三次。树在阿拉法特山旁边。传说阿迪酋长把麦加的地标,包括那座著名的山,搬到了拉里士。

回到巴格达，组建政府的事仍然没有进展。我打算再做一次旅行，这次是到南方。按照安排，萨法8点钟给我打了电话，我出了美国使馆，之后又返回去在脸上戴上防太阳面罩。谁知道我今天要在灼热的太阳下待多长时间呢？我上了汽车，坐在萨法旁边。我很激动。我在伊拉克待了这么长时间，但还没有去过什叶派最神圣的神庙呢。萨法也非常兴奋。

在巴格达的郊外，我们同行的所有人排在一起。我们是四辆车的车队。萨法从车里出来坐到了前座。萨法的妻子——第一个妻子上车坐在我旁边。我环顾四周看看还有谁跟我们一起出行。我认出了他们中的几位，他们在过去的两年中都曾开车带我在巴格达到处转悠。他们看着我笑了。大家今天都很兴奋。

我们驱车出巴格达，走到一个拱门下面，拱门上写着："巴格达，和平之城"。我们沿着香客走的路行驶，香客们从巴格达向南步行60英里到卡巴拉。沿途有摊点卖饮料，是些老旧的房子。那时几乎没有黑市活动的迹象，加油站有足够的汽油。之后我们经过了棕榈树林，但树林离路有一点距离。（1991年起义之后，萨达姆发布命令把离道路300英尺之内的棕榈树全部砍掉，以提防路边有埋伏。）很快我们就到了马哈穆迪亚哈；之后到了幼发拉底河上的穆塞巴。我看着下面的街巷。孩子在玩耍，商店在营业，贫穷、衰败的城镇和乡村，同中东其他许多地方差不多。

不到一个半小时，我们就抵达了卡巴拉的城门。萨法的妻子帮我戴上头罩，我穿上袜子，最后穿上了那可怕的黑袍子。我咒骂男人把一个黑色的帐篷强加在女人的身上。萨法笑了。神庙入口的魔棒"探测"到我们车队的第一辆车上有爆炸物，所以那辆车得等待。我们其他的车停在神庙门的附近。

萨法的妻子带我到柜台把鞋子留在那儿，然后到"安检"把相机和手机留在那儿接受检查。我们走过入口朝侯赛因神庙走去时,我试图脱下黑袍子,要不就有可能在石头上摔倒。这里有数千人。有些人坐在地上祈祷,而另外一些人在做宗教式行走。每一个妇女都像我一样穿着黑袍子。男人们穿着不同的外套,从他们的穿着可以看出他们是伊拉克人,还是巴基斯坦人,印度尼西亚人或者伊朗人。墙上有美丽的镶嵌图案。之前,这个地方是露天的,但现在上面加了一个顶,顶上也有镶嵌图案。地面上有地毯。

我们进入妇女专区,以更接近侯赛因神龛。这个区域很明亮,有灯光、玻璃、银器和草地。这里有一群妇女,他们脸上表现出坚定的决心,一些人眼里含着泪水。妇女们在试图尽量走到离侯赛因神龛更近一些的地方用手触摸外层屏罩,他们相互推搡着往前走。伊朗妇女好像推挤得最厉害。萨法的妻子告诉我,从2003年以来伊朗的影响要大得多了。她指着标语和屏幕,上面传递着信息。没有人注意我。我只是来朝拜的另一个什叶派妇女而已。我们坐了一会儿,用阿拉伯语读了来朝拜侯赛因神龛的祈祷。

我们到外面去取存放的东西,然后又走了几百英尺到阿巴斯神龛。我们听到了要求祈祷的呼喊,大家都聚在里面。妇女的地方很小,人已经满了。我们到了外面,同虔诚的朝拜者坐在地上,阿訇正领着大家祈祷。老人和年轻人站起来,整理好黑袍子,弯下腰,跪下,用他们的额头触及地面。

在世界各地,按照流传已久的传统,穆斯林响应召唤祈祷。那天,我同虔诚的信仰者一起在卡巴拉祈祷,感到非常荣幸。

第 19 章　失去伊拉克

> 美国人为什么要选择总理？这是伊拉克。这是我们的国家。我们得在这里生活。我们非常在乎为我们的孩子开创未来。
>
> 引自：拉菲·伊萨维

终于在 2010 年 6 月，选举结束三个月之后，法律国家联盟和伊拉克全国运动开始进行谈判。但这两个组织之间几乎没有信任。法律国家联盟仍然坚持要马利基出任总理，而伊拉克全国运动则坚持要阿拉维出任总理。

我跟萨米见了面。他解释为什么马利基要坚持继续担任总理。阿拉维是世俗派，没有宗派的什叶派人士，而总理的位置上需要一个从属于什叶派党的什叶派人士。组织政府被看作是伊朗和美国之间的斗争。大家都意识到这一点，只有美国人还蒙在鼓里。伊朗人很活跃，而美国人无动于衷。卡萨姆·苏雷曼尼，伊朗圣城旅的指挥官，仍然在招募伊拉克人到伊朗。他说伊朗人要把组建政府拖到 8 月 31 日以后（那时所有美国部队应该撤出了），这样伊朗就取得了胜利。

伊朗人确实没有闲着。他们一直在向叙利亚的巴沙尔·阿萨德施加压力，要他放弃支持阿拉维并同意马利基再担任一届总理。他们也向伊斯兰最高委员会施压，要求同意马利基继续担任总理。对于萨德尔运动，他们则利用来自黎巴嫩赫兹布拉的中间人对其进行劝说，承诺马利基在2011年之后任何美军都不会再驻扎在伊拉克，而且萨德尔运动会在政府中获得重要职务。卡萨姆·苏雷曼尼的主要目的是保证伊拉克不融入阿拉伯世界，使伊拉克成为伊朗的亲密盟友。马利基会做到这一点，因为所有伊拉克周边的逊尼派阿拉伯国家都痛恨他。至于塔拉巴尼，他迫切地想要继续担任总统，卡萨姆·苏雷曼尼也决心让他继续担任总统。他们有几十年的交情。

我去见拉菲和贾博，让他们看我穿着黑袍子在侯赛因神龛的照片。"你现在是朝觐者了。"贾博用阿拉伯语朝觐者一词来描述我。他告诉我，他还是孩子时就定期陪着母亲从拉马迪带着三只羊到阿巴斯、侯赛因和阿里的神龛做祭祀。安巴尔的逊尼派穆斯林将来会这样做吗？我对此表示怀疑。

我们很快就开始讨论组建政府的事。"美国人在哪儿？"拉菲问道。他指的是前几任美国大使，他描述那些大使如何帮助把伊拉克人团结起来。"美国人没有兴趣保护民主进程吗？如果美国承认伊拉克全国运动赢得了选举，有权力组成政府，其他派别就不会对此提出挑战。难道美国不在乎会组成一个什么样的政府吗？卡萨姆·苏雷曼尼在积极地组织什叶派联盟。难道美国不明白这会对整个地区产生什么样的影响，以及对伊拉克内部稳定产生什么样的影响？美国担心伊朗在伊拉克的影响吗？""美国似乎只听马利基和达瓦的。"他接着说。当他跟美国大使馆的人谈到这个问题时，很显然他们更向着马利基而不是阿拉维。他们想让马利基当权。

2010年6月14日，议会正式召开了会议。我们明白三天选举议长的会议开始了。然而，马利基坚持认为，要到这个季度结束时才应该开始，这个过程被延迟了，而且宪法对此过程也没有时间限制。

六月下旬的一个晚上，梅素·达姆露姬在大使馆外接我，我们驱车驶出绿色区域前往巴格达的曼苏尔地区。梅素是议会成员，也是伊拉克全国运动的女发言人。她之前曾邀请我到她家里吃饭和喝酒。她风度好，长得也漂亮，是彻底的世俗派，来自出身很好的逊尼派家庭，父母分别是医生和政治家。她在伦敦当了多年建筑设计师，对艺术极有鉴赏力。同许多伊拉克人不同，她养了一只宠物狗。

梅素看上去很高兴。咖啡馆还开着，商店也还在营业。梅素指着告诉我几年前乌代差点被暗杀的地点。交通卡住了，我们的车也停了下来。"这就像政府的组建。"梅素说。

这是我第一次到打猎俱乐部。梅素告诉我她父亲从来不让她到这儿来，说这里都是复兴党分子。那天晚上，许多家庭在这里。一些男人在喝威士忌，另外一些人在喝咖啡。一些女孩子头发飘逸，而另外一些女孩子戴着头巾，这是伊拉克趋向保守的迹象。梅素指着外面左边的马赫迪清真寺和右边的基地清真寺。

我们发现阿布·塔哈也在这儿，他是阿巴迪将军周四晚会的常客。阿布·巴哈带我们到舞台附近的一张桌子。一个伊拉克乐队在演奏传统阿拉伯音乐：伊拉克歌曲、埃及歌曲，以及一些大家都知道的老歌曲，大家一边唱一边拍手。唯一打断这一切的是突然停电，把大家都投入黑暗和沉默之中。大家都抱怨说一天只能有两到八个小时电。

梅素建议说我应该跟她到巴格达北边80英里处的萨马拉城。一周之后，我们早上出发。"我宁愿被杀死也不愿被绑架，难道你不是吗？"梅素对我说。我不得不表示同意。所以，我们决定三车车队出行，我们坐在有装甲的车里，另外两辆是护卫车。我们刚出发，阿雅德·阿拉维就给梅素打电话，告诉我们要小心。在这一带仍然有坏人。不过，萨马拉是"伊拉克全国联盟的地区"，所以我们应该没事，他说。

我们驱车穿过曼苏尔,与阿布·塔哈汇合,是他邀请我们今天出行。半个小时之后,我们已经抵达巴格达的边缘地带,向北行驶上了去往萨马拉的公路。在萨马拉郊外,我们在一个检查站被拦住。2006年基地组织制造了阿萨卡拉清真寺爆炸之后,来自城外的人必须有许可证才可以进城。我们没有许可证。但很幸运,一位联邦警察出现了,他认识梅素,知道梅素是议会成员。他对我们表示热烈欢迎,陪同我们通过了检查站。

这样我们进了萨马拉城。我过去到这里都是乘直升机,而且是在美军的陪同之下,这是我第一次作为普通访问者造访这个城市。我们驱车过了底格里斯河,在城里转了一圈,才抵达九世纪的大清真寺。这座清真寺是在阿巴斯王朝的哈里发穆塔瓦希尔领导下建造的。我们爬上马尔威亚光塔巨大的"蜗牛形状"的椎体上面,坐在顶上俯瞰全城,它有170英尺高,它的顶子曾在2005年遭到叛乱分子的破坏。

下来之后,我们跟那位联邦警察告别,他本来决定要全程陪我们在城里。回到车里,梅素告诉我说,一个警察告诉她,这位联邦警察是伊拉克全国运动的支持者,其他警察也都支持伊拉克全国运动。因为支持伊拉克全国运动他没有得到晋升。这位警察来自杜鲁威亚,萨达姆杀死了他的父亲和兄弟。

阿布·塔哈带我们到他朋友阿布·奥马尔家里去吃午饭。阿布·塔哈和阿布·奥马尔曾经都是共产党员,两人那时在一起待过。奥马尔的家人都在,他们很高兴有客人来。"有朋自远方来不亦乐乎。"阿布·奥马尔认出了梅素,并表示支持伊拉克全国运动,支持阿拉维担任下一届总理。"我们想要一位总理,既不向着逊尼派也不向着什叶派。伊拉克人不是一个宗派的人民。马利基会让我们孤独百年。"他抱怨马利基正在使伊拉克孤立于其邻国。他的儿子奥马尔已经考入巴士拉大学,但他们决定不送他去,因为他的名字听起来太像逊尼派的名字了,他们决定送他到大马士革。他们的第二个儿子叫侯赛因,一个典型的什叶派名字,所以他在巴士拉没有问题。我们一边聊,一边吃着萨马拉的烤鲤鱼。鲤鱼很好吃。阿布·奥马尔想要让我们留下来过夜,可我们得回去。

通过梅素,我遇到一位来自哈迪特哈的 70 岁老人。萨迪·哈迪特希是伊拉克民间音乐专家。梅素邀请我们两人到她那儿去吃午饭,我们喝着啤酒和红酒时,这位老人讲述了自己的故事。他 37 岁时才离开伊拉克,前往英国;但现在他回到了他的祖国。他还是巴格达英语文学的学生时,跟共产党有了联系。他曾被拘捕并接受审判。法官问他:"你认为毛拉穆斯塔法·巴扎尼怎么样?他是叛国者吗?"萨迪回答说他不认识穆斯塔法·巴扎尼,所以他没法回答这个问题。法官又问他:"你觉得阿巴德·卡里姆怎么样?他是叛国者吗?"萨迪又回他说不认识他,所以没法回答这个问题。法官愤怒了,判处他 15 年徒刑,因为他没有说这两人是叛国者。

萨迪在入狱之前遭到 15 个人的毒打。他在监狱每天读 100 页书。如果一天没有完成这个指标,第二天他就会早起。在监狱里,犯人们组成不同的委员会,因为他们都是"政治犯"。这就是他在监狱的生活。五年之后,突然告诉他可以出去了——这让他感到吃惊。他不知道他们为什么拘捕他,也不知道五年之后他为什么被释放了。

每一个伊拉克人都有故事。那些流亡归来者希望找到一个家,然而许多人回来之后却有一种疏离感。他们流亡期间,这个国家发生了太大的变化,人们说的话不同了,世界观不同了,参照标准也不同了。制裁对一个社会的影响是巨大的。伊拉克落后了。

七月份,马利基的命运似乎出现了不好的转折点:伊拉克全国联盟送给他一封信,要求他撤回总理的候选人提名;伊拉克全国运动非常明确,他们会给他议会议长的职位或者总统的位置,但不让他再当总理。库尔德人解释说他们真的不愿意看到马利基再当四年总理。

奥迪耶诺将军和希尔会晤了马利基，坦率地告诉他其他组织基本上也不支持他，因此，他留任总理是十分困难的。但马利基坚持认为只有他有能力担任总理，只有他能够挽救伊拉克。"我梦到我在船上，"他说，"我不断努力把伊拉克人从水里拉上来，解救他们。"

美国使馆告知联合国伊拉克援助行动，阿拉维和其他伊拉克领导人，马利基没有机会再出任伊拉克总理。

奥迪耶诺将军7月中旬返回华盛顿开会。他通过电话告诉我，副总统拜登同意给马利基和阿拉维最后期限，如果他们两人不能在两周之内就如何组成政府达成协议，就都靠边站，让别人出来组阁。

然而，拜登在给这两位领导人打电话时，并没有坚持已经同意的底线。相反，他告诉马利基美国会支持他继续担任总理，同时告诉阿拉维说他应该支持马利基担任总理。美国政府想要在美国11月中期大选之前看到伊拉克政府就位，维持现状似乎是最快的解决办法。

阿拉伯媒体广泛地报道了这个被形容为是"美国的建议"，让马利基继续担任总理，阿拉维担任总统，或者尚未建立的新安全委员会的秘书长。为什么美国和伊朗都选择马利基出任总理，这让人不能理解，也使阴谋论盛行，认为在这两个国家之间有秘密交易。

接到拜登的电话之后，马利基召集伊拉克全国运动领导人开会。我遇到拉菲，他表示怀疑："美国怎么能一个星期告诉所有人马利基应该下台，而下一个星期告诉马利基他应该担任总理？"他接着说："为什么美国要挑选总理？这是伊拉克！这是我们的国家，是我们在这儿生活，我们非常在乎为我们的孩子开创未来。"他非常不高兴。如果伊拉克全国运动输了，他们宁愿输给伊拉克伊斯兰最高委员会，让阿代尔出任总理。伊拉克全国运动绝对不接受马利基再次担任总理，贾博对我说："要么美国愚蠢之极，要么美国同伊拉克有交易。"

马利基反守为攻，发动另一轮攻击。这次他指责拉菲是逊尼派民兵伊拉克哈马斯的领导人。他给奥迪耶诺将军呈送了一份证据。奥迪耶诺将军指示他的情报军官审查指控，结果指控完全没有根据。奥迪耶诺将军打破常规，给马利基写了一封信，说在拉菲和基地组织或者伊拉克哈马斯之间没有联系。奥迪耶诺将军见到马利基时，马利基向将军出示了一大摞"口供"和秘密告密者提供的"情报"。他说他想让拉菲不再担任伊拉克全国运动的首席谈判人。仅仅几周时间，伊拉克全国运动领导人就从庆祝他们取得选举胜利，转而为他们在政治上的生路进行搏击。

一天晚上在喝酒时，欧盟在伊拉克的长期政治顾问克拉丽赛·帕斯托里告诉我，她为什么认为美国的分析和采取的手段都错了。美国介入的太晚，之后又太着急看到新政府到位。美国宣称，相比其他什叶派政党，法律国家联盟受伊朗影响不那么严重。其实，是伊斯兰最高委员会和萨德尔运动在抵制伊朗，特别是他们拒绝支持马利基。美国辩解说，伊拉克需要一个强有力的总理，而除了马利基没有人能够做到这一点。相比之下，政治领导人们不想要强人——他们同意任何人，但不接受马利基。

克拉丽赛接着说，美国无视伊拉克全国运动，不相信这个组织是重要的。但美国低估了伊拉克全国对这个组织的支持，也低估了阿拉维在其组织之外所受到的支持——他被看作是赢得选举的人。她向我出示了全国民主所做的一项民意调查：百分之五十九的被调查者认为伊拉克全国运动应该首先获得组织政府的机会。从选举以来，对马利基的支持就一直在下降。他被看作是抱着权力不放的人——只有百分之十四的被调查者认为他应该担任下一届总理。对阿拉维的支持在继续上涨，百分之四十二的人支持他担任总理。她最后说，美国坚持把萨德尔运动排除在政府组建之外，但萨德尔运动不是伊朗的代理人。他们反对伊拉克被占领，但他们不反对西方。

希尔于八月初卸任，几周之后吉姆·杰佛里接任大使职务。一夜之间气氛改善了，美国军方和大使馆之间的内斗停止了。但已经造成的伤害无可挽回。美国由于支持马利基而失去了在伊拉克领导之间调停达成协议的能力。

伊拉克的精英阶层比以往更加分化。我观察了伊拉克全国运动和法律国家联盟之间谈判小组的一次会议，在会议期间，达瓦党的哈桑·斯内德脱下鞋子，露出他的脚后跟，展示他几十年前被用刑留下的伤疤。这是一个极端富有挑衅性的举动，意思是说伊拉克全国运动小组，包括什叶派成员穆哈默德·阿拉维，都是复兴党分子，应该为他遭遇的一切负责。房间里出现了混乱。穆哈默德·塔米姆，来自基尔库克的伊拉克全国运动成员，跳起来喊道："萨拉赫·姆特拉克没有对你做这一切！"情况十分糟糕，会议在混乱中中断。

副总统拜登于 2010 年 8 月底访问伊拉克，在会见伊拉克领导人之前先会晤吉姆·杰佛里和奥迪耶诺将军。在美国使馆的内部会议上，一位美国官员辩解说，马利基是"我们的人"，他会接着给我们部队地位协议，他是民族主义者，会继续同萨德尔运动战斗。而且，他宣称马利基向他承诺不会谋求第三次出任总理。一位国务院的高级官员反驳说："马利基不是我们的朋友。"这位国务院高级官员对这种不切实际的讨论感到愤怒。但拜登却被这样的论点说服了，认为只有马利基能够出任总理，认为他会跟美国签订新的安全协议，在 2011 年之后保留一支美国部队在伊拉克。拜登认为最迅速组建政府的办法就是仍然让马利基任总理，并劝说其他伊拉克人接受这个现实。

"伊拉克全国运动真的害怕马利基。"奥迪耶诺将军解释说。他们害怕他会指责他们是恐怖分子，或者对他们提出腐败的指控，而且会逮捕他们。"我们看到马利基在迫害拉菲。"奥迪耶诺将军描述了马利基如何在过去的六个月里改变了许多,他变得更具有宗派性,更为专断。伊拉克人有理由害怕他。

拜登的顾问哈罗·穆斯塔法2003年曾经在尼尼微跟彼得雷乌斯将军有密切的工作关系,他让我发言。我尽力解释世俗主义者同伊斯兰主义者之间的斗争,但拜登不能理解这一切。对于他,伊拉克只是逊尼派、什叶派和库尔德人。

我选择了另一种说法:"是选举而不是暴力可以带来变化——建立对于民主进程的信仰是十分重要的。权力的和平移交是很关键的——阿拉伯世界过去从来没有过权力的和平移交。"至少,马利基或者塔拉巴尼至少有一个人需要放弃他们的职位,否则他们会认为自己拥有这个职位是正当的。然而,拜登不同意。他回答说,在美国选举经常不会带来任何变化。

"瞧,我了解这些人,"他接着说,"我的祖父是爱尔兰人,痛恨英国人,就像在巴尔干,他们从小长大就相互憎恨。"我就在这儿,坐在高级别讨论会上,会上决定的政策也许会决定伊拉克战争的结果,但我的所有论点都无法让副总统重新考虑他的决定。

谈话结束了,因为我们得赶到拉菲家里参加同伊拉克全国运动的会面。阿拉维聚集了十多位伊拉克全国运动成员,他们中一些人穿西服,另外一些人穿着他们最好的传统服装。他们是逊尼派阿拉伯人、什叶派阿拉伯人、土库曼人什叶派、库尔德人和基督教人士。伊拉克社会的各个种族和派别跟我们面对面坐着——只有通过他们的服装才可以分辨他们属于哪个派别或部落。

拜登微笑着开始讲话:"我了解你们的人民,我祖父是爱尔兰人,憎恨英国人。"大家的目光转向我。这些伊拉克人在笑,他们预计英国人和美国人之间要有一场口舌之战。我怎么能够阻止拜登做出如此不合时宜的评论，认为在座的都是逊尼派，而且憎恨什叶派？我随机应变，说，"副总统先生，不要看我，在这个房间里我不是唯一的英国人。"一位伊拉克人说道："我持英国护照。"

拜登的思路被打断了，但他没有停下来。他说2002年戈尔赢得的选票更多，但他为了美国的利益退让了，而不是坚持为有争议的选票计算而争斗使国家处于不正常的状态。我不得不怀疑，如果当时佛罗里达州的选票重新计算，戈尔当选总统，世界会多么的不同。首先，我们现在就不会在伊拉克。

阿拉维假装不明白拜登是在说让他放弃首先组织政府的权力，让马利基仍然担任总理。会议结束了。我们离开之后，我想那些伊拉克人一定会觉得奇怪，拜登为什么要提起他的爱尔兰祖父和戈尔。拜登是个好人，但对伊拉克的感觉是错的。如果奥巴马要是能够关注伊拉克，他应该比任何其他人都能够理解认同的复杂性。可惜他对伊拉克的兴趣仅仅是结束战争。

奥迪耶诺将军和我准备离开伊拉克。美国向伊拉克增兵之后，我离开这个国家时心里充满喜悦。但这次我却感到难受、愤怒，为伊拉克的未来感到担心。华盛顿曾对伊拉克人做出承诺，要保护政治进程，但其违背了承诺，而且美国背弃了美国军人为之战斗的原则。

2010年8月31日战斗行动结束，奥斯汀将军将担任留下的50000名美国军人的指挥官。有许多再见的话要说，我们去见了所有伊拉克的领导人。他们所有人都感谢奥迪耶诺将军所做的一切，并祝他未来一切顺利安好。

我去见了巴斯玛，她是新当选的议会议员。她仍像以往那样直截了当："英国人在这里修了路和桥梁，这些路和桥梁在一个多世纪之后仍然在使用,伊拉克人会因此记住英国人。但伊拉克记住美国人什么呢?他们炸掉许多东西,他们制造孤儿和寡妇。"她停顿了一下,之后摇着头悲伤地说:"美国人错过了所有的机会。"她跟我吻别的时候,告别的话是:"答应我你会跟我保持联系——如果你找到丈夫,请告诉我。"

我还去看望了安瓦尔·阿西酋长,奥贝迪部落的最高首领,他正在巴格达探望他弟弟瓦斯菲酋长。我们交谈了一会儿之后,他看着我的眼睛问道:"你离开伊拉克良心上无愧吗?"我也看着他的眼睛。伊拉克人总是非常迅速地批评我们,却很少愿意为他们自己的行为负责任。"我们的干涉造成了那么多人死亡并带来那么大的破坏——有生之年我们将不得不总想到这一切。"安瓦尔酋长点点头对我的话表示赞同。我接着说:"但我希望伊拉克人有美好的未来。"

"那怎么会有可能呢,"安瓦尔酋长回答说,"就因为美国人选的那位领导这个国家的人?你知道,我们第一次见到你,我们想要杀了你。现在我们把你当成我们的亲戚!"

"安瓦尔酋长,"我回答说。"我曾觉得我们一直都是朋友!"

"你一定要写一本书,"安瓦尔酋长鼓励我,"不要隐瞒发生的一切,暴露真相,讲讲伊拉克人民。别让别人用暴力来界定我们。"我们握手时双方的眼里都充满了泪水。

有一个告别场面令人心酸。一位我不认识的伊拉克将军出现在奥迪耶诺将军的办公室,送给将军一个相框。相框里有两张照片:一张是奥迪耶诺将军,另外一张是这位伊拉克将军的两个十几岁的儿子。两个男孩在微笑,穿着他们最喜欢的欧洲球队颜色的足球T恤衫。一个男孩在湖里游泳的时候出现了问题,另一个男孩游过去救他,结果两个孩子都溺水身亡。这位伊拉克将军讲述这件事时,泪水从我眼里夺眶而出。我在伊拉克目睹了那么多暴力和恐惧,然而这两个热爱足球的兄弟遇到事故溺水身亡的悲剧却冲破了我为自己设置的防线，让我悲痛万分。在这件事上，你没有怒气向任何人发，也没法指责任何人，也没法向任何人复仇。这位伊拉克将军只是想感谢奥迪耶诺将军，因为将军在事故发生之后向他表示了同情，并给他提供了住房。

纳斯尔·阿巴迪将军在他的花园为奥迪耶诺将军和我举行了一个告别聚会，邀请了许多伊拉克朋友和外交社团的成员。他一如既往，是一个出色的主人。我最近去了一趟穆赛贝，在他幼发拉底河上的农场度过了一个周末。阿巴迪将军让我站在前面，他送给我一条非常漂亮的项链，然后读了他写的一首诗：

> 太阳的光线给我们亮，
> 月亮的光线给我们魅力，
> 但当奥迪耶诺的光线离去，
> 艾玛的光线也离开伊拉克的天空……

我们坐在阿巴迪将军的阳台上，俯瞰着胜利营地的湖水。奥迪耶诺将军在抽雪茄，他要我评价他在司令部讲话的修改草稿。我提到，他也许指挥过两个军团，指挥过24个师，指挥过211个旅，或者1000个团，但他只有一个政治顾问。奥迪耶诺将军说，正因为如此他才会患上创伤后应激障碍。"长官，您参加战争很久之前就患上了创伤后应激障碍！"

我们坐在那儿沉默了良久。"你使我成为一个更出色的将军。"他说。这是他曾经给予我的最佳夸奖。

"您改变了我的生活，长官。您给予我的机会我永远也感谢不够。"

"这一切都结束之后你打算做什么？我从来没有问过你这个问题，可你打算结婚、生孩子吗？"

"我认为我已经把这事搁置得太晚了,长官。"我回答说,我感到跟他进行这样的谈话有点不太舒服。"我认为我不会结婚了。"我接着说:"当男人从战争中回来,他们可以坐在酒吧里用他们的故事吸引女孩子。对女人,可就不同了。没有男人想要听我的战争故事,听我跳上和跳下直升机,遭到射击的故事。"

"那也许会让男人感到不够格?"奥迪耶诺将军说。

奥迪耶诺将军要去当联军的总司令,他的任务是解散这个司令部。他得到了"解散者"的名声。他被告知他担任这个职务只要一年,只是一项过渡的职务,之后会担任更重要的职务。他问我接下来做什么。

"我真的不知道,长官。"他像一个父亲。"但不要为我担心,我会找到事情做,总会有事做的。"我接着说:"但我得先找回我自己,离开伊拉克之后我是谁,不再被界定为你的政治顾问之后我又是谁……"

我们聊我们在一起度过的时光。那么多共同分享的经历,那么多留在脑海里的记忆。许多伊拉克人告诉我他们多么喜欢和信任奥迪耶诺将军,因为他真的在乎他们。

奥迪耶诺将军送给我一本相册,里面有我们在伊拉克一起的照片,上面写着送给他的"顾问"和"朋友"。

"将来有一天我会写这次战争的故事。"我告诉奥迪耶诺将军。"一个伊拉克的故事,一个美国的故事,一个我自己的故事。"我们做得如此努力。我做了我从前没有做过的事情,我以后不会再做这些事了——这会让我感到更自豪,我曾经同巨人一起行走。

放手很难。罗伯特·李将军曾经说过:"战争如此糟糕,这很好,否则我们会变得太喜欢战争。"可现在我感到空空如也,好像我所学到的一切,我生活的所有经历,都是为我在伊拉克这个混乱时期服役而准备的,但现在什么都没有留下,我感到精疲力竭。经过数年努力想要使这个世界变成一个更好的地方之后，我需要更好地理解这个世界。

奥迪耶诺将军尽其所能让美国政府能够接触得更多，维护选举结果，并努力调停通过领导人之间达成协议组建伊拉克政府。他对马利基的专制倾向提出了警告。他曾亲自在最高层进行活动，写了无数报告。"我提出了我最好的军事忠告。"他说。但他所做的一切被无视。

8月31日在法奥宫举行了指挥交接仪式，高级军事指挥官都出席了这个仪式，还有外交社团的成员和伊拉克官员。乐队演奏军队的乐曲，我对这些乐曲已经很熟悉。我最后一次跟着唱军歌《军队向前进》。奥迪耶诺将军站起来热情洋溢地做告别演讲。他谈到了男女士兵们无私的奉献，他们在如此险恶的环境长期地努力工作，在外国国土上帮助外国人民建设美好的未来。

在场的人排起长队跟奥迪耶诺将军握手道别。我到处走动，跟这些军人说再见，他们让我深切地感到我是他们中的一员。许多人感谢我提供的服务——感谢我照顾奥迪耶诺将军。

一切都结束了，我的目光接触到了奥迪耶诺将军的目光，向他敬礼，最后一次走出法奥宫。

第四部
战争余波

2012年1月—2014年7月

第 20 章 土崩瓦解

> "结束一场战争比发动一场战争更难。的确,美国军队在伊拉克所做的一切——所有的战斗和死亡,流血和建设、训练和建立伙伴关系——这一切带来了这个成功的时刻……我们留下一个拥有主权、稳定和自立的伊拉克,这个国家有一个人民自己选出来的有代表性的政府。"
>
> 引自:奥巴马总统,Fort Bragg,2011 年 12 月 14 日

2012 年 1 月 1 日,我飞抵埃尔比尔的新国际机场,我没有认出我在哪儿。库尔德人朋友许多年都在描述他们的机场计划,也曾带我去看规划的场地,现在他们终于建成了新机场。这个拥有 16 个门的新机场,拥有世界最长的跑道之一,拥有一年可以迎送 300 万旅客的能力。服务非常好。我的所有信息都存在电脑里。"欢迎来到伊拉克!"护照审查员对我说。"从我们的记录看,这是你第一次到伊拉克来。"我笑了。

库尔德斯坦地区政府为我在五星级罗塔纳酒店订好豪华套间,我坐在豪华套间给库尔德人朋友们发短信问候他们过年好。努里·马利基,伊拉克总理,也在发信息,庆祝所有美国军队撤出伊拉克。信息说:"我们所有人都为了伊拉克感到光荣和骄傲。在这个历史性的日子,我向你们和所有伊拉克人表示祝贺。"CNN 报道说,伊拉克政府把这天叫作"圆满日",而一些武装组织则称这一天为"对美国的胜利日"。

在几次谈话中，库尔德人告诉我，伊朗成功地把美国军队赶出了伊拉克，甚至在最后一名美国士兵撤出之前，马利基就发动了政变，目的是彻底打垮伊拉克全国运动。奥迪耶诺将军和我在2010年8月底离开伊拉克之后，伊朗成功向萨德尔运动组织施压，让其接受马利基继续担任总理，确保在2011年之后不会有安全协议让美军继续留在伊拉克。美国帮助在埃尔比尔搞出一个权力分享协议，但这个协议从来没有实施。马利基现在不仅是武装部队总司令，他还是内务部代部长、国防部长、国家安全部部长，以及国家安全顾问。马利基还同卡伊斯·卡扎利达成了一项交易。卡伊斯·卡扎里是伊朗支持的民兵组织正义者联盟的领导人。这个民兵组织在卡巴拉绑架和谋杀过美国军人和英国人质。

一位库尔德官员问我："美国为什么一直称伊拉克为民主国家，可伊拉克正在走向专制？美国为什么要向政治家们施压让他们支持马利基，而指责伊拉克全国运动制造了危机？美国为什么给马利基提供F-16战斗机？他有一天会使用这些战机对付库尔德人民。"库尔德人公开要求美国军队留在伊拉克。在可能的场合下，库尔德人都会感谢美国人给他们自由，甚至邀请那些孩子在伊拉克服役阵亡的美国家庭到伊拉克来访问，这样库尔德人可以感谢这些家庭做出的奉献。但库尔德人现在看到美国在衰落，地区霸权在崛起。他们紧张地看着土耳其和伊朗为争夺影响力而争斗，一个是奥斯曼帝国的继承者，另一个是波斯帝国的继承者。库尔德人辩论是否保持中立或者选边站。

我飞到巴格达跟萨法·阿尔什克和他的一些朋友取得了联系，我们一起去南部，目的地是大沼泽地。1991年起义之后，为了防止反叛者在这里藏匿，萨达姆把沼泽的水放干了。2003年之后采取了一些措施恢复沼泽地，我们想去看看。我们花了一周时间在幼发拉底河和底格里斯河上行船，访问了伊甸园和亚伯拉罕的出生地。

在乘车返回巴格达的路上,我同车上一起旅行的同伴们讨论了伊拉克面临的危机,这些人都是什叶派。他们对马利基镇压"复兴党分子"和"恐怖分子"感到高兴,但担心日益兴起的宗派主义。库尔德人和逊尼派宣称是伊朗把美国赶出了伊拉克,但什叶派则认为是他们什叶派自己的功劳。

他们说,马利基被认为是强势和有能力的总理,可以给这个国家带来稳定而不是独裁。他们说逊尼派不会接受什叶派在伊拉克的统治,在不断地策划如何推翻什叶派攫取权力。他们先发动了叛乱,之后在2010年又尝试了选举,逊尼派得到了所有逊尼派国家的支持,甚至得到西方媒体的支持。什叶派担心沙特阿拉伯和土耳其会策划推翻叙利亚和伊拉克的什叶派政权。

我们抵达巴格达的时候已经是半夜了,我也累了。我们通过检查站进入绿色区域。我本来想跟纳斯尔·阿巴迪将军住在一起,但他已经被迫退休了,因为他被怀疑跟美国人走得太近。拉菲·伊萨维现在是财政部部长,邀请我跟他住在一起。但我们抵达拉菲的家时,一辆坦克封锁了道路,炮塔上的炮瞄准着拉菲的房子。坦克不让我们过去。我愤怒了,下了汽车,在坦克前面来回走。"萨法,这辆坦克以为它的任务是什么?"我冲着车门说。萨法看上去有些尴尬。"请回到车上来。"他恳求我。我回到了车上。

"我可以理解为什么伊拉克全国运动的领导人一直在抱怨。"萨法承认。2011年底美国军队全部撤出伊拉克之后,马利基唆使对副总统塔里克·哈什米发布了逮捕令,指控他涉嫌参与恐怖主义活动。哈什米逃到了库尔德斯坦,之后又逃到了土耳其。哈什米的卫兵在电视上提供"口供",至少有一名卫兵在被关押期间死亡。

萨法告诉我,在萨拉赫·穆特拉克的房子外面也有一辆坦克。作为 2010 年底经过调停最终达成组建政府交易的一部分，穆特拉克得到了副总理的职位。由于去复兴党运动，他被阻止不能参加选举，但他回到伊拉克，接受了新职位。但在去年年底，因为厌烦了奥巴马对伊拉克民主的不断赞扬，在媒体上指责马利基是独裁者。马利基因此解除了他的职务。

"你为什么不到我家来住在我这儿？"萨法对我发出了邀请。"谢谢，萨法。可拉菲邀请了我，他们为我准备了晚饭，在里面等我。"我一直跟拉菲相互发短信。"你一定能想点办法。"我催促萨法。他是代理国家安全顾问。萨法从车里下来，给巴斯玛的劲敌法鲁克·阿拉基将军打电话。法鲁克是总指挥办公室的头儿，萨法向他解释了情况。然后萨法把电话交给了坦克指挥官，法鲁克给坦克指挥官下达了命令让我们过去。萨法把我放在拉菲家的门口，然后开车回家了。拉菲和贾博对我表示热烈欢迎。我们坐在厨房吃已经冰冷的烤串，这时我冷静了下来。拉菲的哥哥也在，他是伊拉克军队的将军，但刚刚被迫退休。

我们在厨房围着桌子聊到很晚。拉菲和贾博告诉我，马利基对逊尼派领导人进行威胁，逮捕所谓的"复兴党分子"，使用武力反对建立联邦制的呼声，解雇或者逼迫军官退役，这些做法已经把逊尼派逼到了爆发点。他们警告说伊拉克全国运动政治家过不了多久就控制不了街头的形势了，他们担心马利基的政策在把伊拉克再次推向内战。贾博问我："为什么美国要把伊拉克交给伊朗？现在伊拉克的一切都被伊朗所控制。"拉菲摇了摇头："美国怎么能让伊拉克处于这样一种状态呢？"

六个月之后我又飞回到伊拉克造访基尔库克。我从出租车窗看着从苏雷曼尼亚到基尔库克路两边建起来的房子。水泥建筑群矗立起来，有一些漆成非常艳丽的粉红色，有些是紫色。库尔德人从山上下来，忙着在山谷里建房子。路是新铺的，白色的线标出了两个车道。"这是卡兰吉尔吗?"我问这个库尔德人出租车司机。这位能讲阿拉伯语的司机证实,我们驾车穿过的这个兴起的城镇就是那个村庄,萨达姆曾在20世纪80年代将其夷为平地。

在基尔库克城门,我跟出租汽车司机道别,上了三个库尔德人自由斗士的汽车,这三个人是当地政府派来接我的。我们驱车进城,经过汽油燃烧的火焰,这火焰照亮了沙漠景观。我又一次嗅到了基尔库克,我的嘴唇感到了来自石油化工那种刺痛的感觉。我们绕过机场,美国军队曾经驻扎在这里,经过库里尔派出所。然后,我们向右转直奔政府大楼。2003年我曾经在这座政府大楼设立了我的办公室。真是巧合,九年前的这天我躲过了火箭弹的袭击。

我们停在伊斯梅尔·哈迪迪的房子前面,停好车,然后走到他的办公室。伊斯梅尔是逊尼派阿拉伯人,曾经担任过基尔库克省的副省长,现在是一个地方政党的领导人。这个党叫作"基尔库克是我们的家"。有人已经先去通知他我马上就到,所以他正站在办公室门前笑着高声说道:"艾玛·思盖,祝你平安。"我回答道:"也祝你平安,伊斯梅尔。"我们握手,相互亲吻面颊。伊斯梅尔没有变,他久经风霜的面容和友好的举止跟我记得的一样。伊斯梅尔领我进屋时不停地说:"你到家了。"这是阿拉伯人欢迎客人时经常说的话。他带我进屋,指着房间顶端贵客的座位,让我坐下。

我坐在伊斯梅尔的右边,高声回复坐在桌子两边的人:"让安拉保佑你!让安拉保佑你!"我喝了一杯甜茶,然后又喝了一小纸盒矿泉水,伊斯梅尔用最美好的词向大家介绍我,说我是老朋友,曾经同联军一起辛勤工作,在前政权垮台之后,在非常"困难"和"不正常"的时期,帮助解决这个省的问题。我点点头,想起伊斯梅尔许多次奋不顾身冒着枪林弹雨稳定这个省的紧张局势——在那个摩擦紧张的年代,他是一位调停者，一个和解人。我感谢伊斯梅尔的热情接待，说我非常高兴作为一个旅游者访问基尔库克并会见老朋友。

伊斯梅尔走过去让每一个来访者做自我介绍。他们分别做了自我介绍，也乘此机会说出了他们关切的问题，而正是这些问题让他们到伊斯梅尔的办公室。其中一位没有钱经营自己的非政府组织，要寻找资金。另外一位代表那些丢失了1957年身份证的公民，而现在需要这些身份证证明他们是老基尔库克人。另外一位则代表一些阿拉伯人，这些阿拉伯人当年为了10000第纳尔放弃了他们在南方的家迁徙到了基尔库克。这也是当年复兴党阿拉伯化计划的一部分。

"在欧洲，居住四年就能成为公民。"一位族长说。"我在基尔库克住了30年了，我没有别的家，为什么我该被强迫离开呢？"我回答说："所以你是新的阿格尔酋长！"，我指的是一位省委员会成员，2004年因为主张阿拉伯移民的权利而遭到暗杀。伊斯梅尔高兴地拍手。"你们明白了吧，她知道我们的一切。"他跟这些人说。"是的，这个人是新阿格尔酋长！"我默默地听着，祝福他们都好，但是我不能提建议。我不再负责帮助他们寻找解决问题的办法。

会见结束之后，伊斯梅尔·哈迪迪驱车送我去哈桑·阿西酋长那儿。哈桑在基尔库克城西南的哈维加。我们在房子外面停了车，哈桑酋长听到车的声音，走到门口。像以往一样，他还是穿着白长袍子，头上戴着黑色格子的头饰。他努力不让自己笑出来。"你好，艾玛，欢迎，艾玛小姐！"我们握手的时候相对而笑。他的弟弟伯罕酋长出现了，笑着来回地摇头。我们进到家里，哈桑酋长用手势让我坐在绿色长沙发上。我环视房间里的高屋顶和吊灯，以及他父亲那熟悉的照片。他父亲曾是奥贝迪部落至高无上的首领。大家坐定，喝的东西拿了进来，哈桑坐在我的左边。我们很快就开始深入地交谈。他看上去很不错，也很放松。

哈桑抱怨政府什么也提供不了。"他们都是些无用的人。"他说。"他们在盗窃伊拉克的钱。他们不为人民做任何事情。伊拉克的领导人很坏。伊拉克需要一位强有力的领导人,能够把国家团结起来,把大家聚在一起。在国外有许多优秀的伊拉克人。"他进一步解释说:"我不是说复兴党分子,而是那些有天赋的、有技能的伊拉克人。"

伯罕酋长想要加入我们的谈话,所以我们改用阿拉伯语交谈。哈桑告诉我他完全脱离了政治,把政治交给了伯罕。伯罕取代他担任了基尔库克省委员会的成员。伯罕问我是否还在同美国军队一起工作。"没有,"我告诉他,"我现在是大学讲师。""喔,喔,喔,教授了!"他叫了出来,像其他所有伊拉克人一样对教育成就很有兴趣。我告诉他我跟美国军人仍然有联系,他们都很想念伊拉克。"他们想念伊拉克?"他表示怀疑地问道。"是的,他们想念这个国家和这个国家的人民,他们想回来看望你。""不要,不要,不要!"他笑了,向我摇晃他的手指。"我们不想让他们回来。没有他们更好!"

解释伊拉克对曾在那里服役的美国军人的影响,时机不对,地点也不合适。几周以前,我应邀去美国堪萨斯莱文沃斯堡帮助审读反叛乱手册。我注意到,有几位军官跟我握手之后用他们的手在心的位置画个十字,这是他们从伊拉克人那儿学来的手势。有几位军官问我是否有跟他们曾经走得很近的伊拉克人的消息。一位年轻的军官带我到他的房间,让我看祖百部落的家谱,接着谈到这个部落的不同成员,好像这些成员是他的亲戚。一些人承认他们多么怀念在伊拉克时曾经感受到的那种目的感和使命感,内疚地承认回到美国之后,生活中没有东西可以与伊拉克相比。他们到伊拉克去是要改造这个国家,然而在他们离开的时候,他们自己则被永远地改变了。所有的付出和努力都应该有所收获,许多人不敢细想,我们居然失败了。

哈桑向我询问梅维尔上校的消息。"他是他们中间最好的人。"他说。其他人也咕囔着表示同意。我解释说他现在是梅维尔少将，在阿富汗指挥一个师。"奥迪耶诺将军怎么样？"哈桑问道。我回答说："他现在是美国陆军参谋长，在华盛顿。我最近见到他了，他很不错。"我故意逗哈桑："所以，你还是喜欢美国人的。"哈桑解释说他喜欢这些人仅仅是作为个人，但他不喜欢他们对伊拉克做的一切，也不喜欢美国推行的外交政策。

事实上，奥迪耶诺将军上个月到伦敦参加一个会议，我们在皇家马卫兵酒店喝着杜松子酒和奎宁水，聊了几个小时，我们很快就回到在战争中那些年在一起养成的相互开玩笑的熟悉模式中。他穿着便服看上去非常不一样。"你开始写关于我们的故事了吗？"奥迪耶诺将军问道。"你知道，2006年美国增兵伊拉克我被任命为军团指挥官时，你是我想要安置在我团队的第一个人。"我回答说："长官，也只有为了您我才会重返伊拉克。"之后，为了调节一下气氛，我接着说："我担心您会像成吉思汗一样把这个国家夷为平地！"我们两人都笑了。

我讲述了我在伊拉克质询中作证的情况。"我跟您的联系，长官，让我被界定为战争罪犯。在纽伦堡审判席上作证的应该是您，而不是我！"我开玩笑地说。奥迪耶诺将军对我的嘲讽总是回复很快，他立刻说："艾玛，我会告诉他们我是在遵循我政治顾问的建议！"那天晚上，我带着奥迪耶诺将军到怀特霍尔街转悠，沿着购物中心走到白金汉宫。再一次跟奥迪耶诺将军一起转悠感觉真是太好了。女王登基钻石纪念日刚刚过了几天，我向将军讲述了英国人怎么样睡在大街上，为的是能在第二天女王的马车路过时看上女王一眼。我原以为挥动旗子的爱国主义行为特别美国式。英国民族主义热情的奔涌着实让我吃了一惊。

我让哈桑酋长想想上一个十年，好的和不好的东西。他答复说："美国没有带给这个国家任何好的东西，他们的人民不文明，他们不尊重阿拉伯人——不仅仅在伊拉克,在整个地区他们都不尊重阿拉伯人。而且,"他接着说,"他们同伊朗有秘密交易,是在桌子下面达成的交易。"他把手放在桌子下面强调他的说法,桌子上放的是我们喝的东西。"美国人拱手把伊拉克送给了伊朗。"

他对这话题很激动,哈桑跟我说:"阿拉伯之春是西方羞辱阿拉伯世界阴谋的全部,他们要分裂这个地区,抑制这个地区的发展。太无耻了。看看美国现在正试图在叙利亚挑起的问题。"我拿起一个垫子,砸在他的肩上和头上。就在他躲开我的攻击时,其他人哄堂大笑。哈桑酋长又说了一些讽刺西方阴谋的话,这次我用拳头打他的胳膊。大家都大笑。他们都觉得很好笑。

我们聊着聊着,哈桑的两个儿子把吃的拿进来了,放在地上的塑料布上。我们都走过去,盘腿坐在地上,面前是大转盘,上面放着米饭和羊肉,小盘子里是沙拉。哈桑酋长用他的手指把最好的那块羊肉撕下来,放在我面前。我高兴地把面包撕成块,裹上羊肉和米饭,塞进嘴里。我尽情地享用食物,酋长们看着很高兴。我饿极了。

最后,哈桑酋长跟我在外面散步。"你一定要回来,再来看我们,艾玛小姐。"我们告别的时候哈桑酋长对我说。

我们驱车回到基尔库克,来到阿卜杜勒·拉赫曼·穆斯塔法的家。我进入他的房子,立刻注意到这是一栋老房子,布置很简朴,到处都是书。阿卜杜勒·拉赫曼·穆斯塔法从另一间屋里出来,热情地笑着和我握手。"您看上去气色真好,"我对他说,"年轻了许多!"他笑出了声。他担任了八年基尔库克省的省长,两年前退休后就一直闲着。我们相互向对方讲述了各自最近的情况,然后回顾了萨达姆倒台之后我们一起在基尔库克工作的经历。当我们回忆起那是一个多么疯狂的时期时,我们两人都笑了。

2003 年时我们普遍担心伊拉克内战会在基尔库克爆发，我让阿卜杜勒·拉赫曼解释，为什么伊拉克内战爆发时，基尔库克却没有受到影响。"不同背景的基尔库克人之间的社会关系很密切，不像在巴格达，人们相互之间不熟悉。基尔库克的政党不像巴格达的政党那样不负责任。虽然在基尔库克也有逊尼派和什叶派，但两派之间没有那么严重的问题。"

"不幸的是，美国人犯了许多错误，"他说着摇了摇头，"他们不应该把美国军队部署在伊拉克全国，不应该接管一切，管理伊拉克人每天的生活。他们应该立刻撤回到基地，让伊拉克人自己管理自己的事务。他们不应该试图把西方的民主移植到伊拉克。这是不可能的，伊拉克不是一个民主国家。改变是需要时间的。在伊拉克没有民主党人。新什叶派领导人很弱，而且没有经验。"

我问阿卜杜勒·拉赫曼他对伊拉克未来的前景怎么看。"伊拉克的问题，"他说，"是来自石油的钱。伊拉克太有钱了，这使得伊拉克人很懒惰，而且也增加了失业率。虽然伊拉克资源不少，但什么事情也做不了。伊拉克仍然在倒退。有这样的政治家掌权，很难看到伊拉克会保持统一。伊拉克有好的民众，但政治家却很糟糕。"

2014 年 7 月，我又一次回到埃尔比尔的罗塔纳酒店。酒店里到处都是伊拉克人。我观察到政客们很晚了还坐在一起，他们对马利基如何毁掉这个国家感到惋惜，对伊朗人如何控制这个国家感到遗憾。许多人都是熟面孔，他们想要跟我聊聊当前的局势，把我介绍给叛乱组织的发言人。

"这是民众起义，"一个留着黑黑的复兴党分子胡子的人对我说。他解释说，逊尼派如何和平地抗议了一年，要求结束歧视和释放被关押的人员。"但是政府拒绝听我们的要求，用暴力镇压和平示威者，先是在哈维贾，之后在法鲁贾。我们别无选择。我们被迫拿起武器反对政府。"其他人围坐在一起点头,以崇敬的目光看着这个来自萨拉丁省的人。"马利基想要把逊尼派斩尽杀绝,他把所有逊尼派都称作恐怖分子。"

我问他对"伊斯兰国"怎么看——伊拉克和阿尔萨姆"伊斯兰国"(ISIS),阿拉伯语称其为 Da'ash – 基地组织在伊拉克的继承者,已经控制了伊拉克全境的三分之一。"'伊斯兰国'仅仅是反叛的大约八分之一。"他说,好像是引自科学研究。"但他们在媒体上显得很强大。现在我们允许他们在最前线,我们不想暴露我们的面目。"他接着说:"我们将同'伊斯兰国'一起战斗,直到推翻马利基,然后我们会干掉'伊斯兰国'。"

我告诉他们,如果他们以为可以利用"伊斯兰国"反对马利基,之后再打败"伊斯兰国",那么他们是在欺骗自己。难道他们没有看到在叙利亚发生的一切吗?"伊拉克人,"我说,"非常善于联手反对他们不喜欢的人。现在'小胡子'和'大胡子'联合起来反对马利基。"我指的是复兴党分子和伊斯兰分子。"但马利基一旦被搞掉,你们对未来的愿景是什么呢?你们对伊拉克未来的构想是什么呢?"这个复兴党分子无法回答。他旁边的一个人打断了我,抱怨伊朗人和什叶派民兵。我环视这群人,没有一个人能够说出创造更美好未来的战略。我跟他们说对不起,然后离开了。

一位前高级官员过来跟我说话。他给了我一本相册,是他在教育部工作时自己编纂的。我翻了一遍:里面有他帮助普通伊拉克人解决需求的图片,同美国士兵和平民在一起工作的照片。这些照片展现了现在看来是伊拉克2007—2010年的"黄金时期"。在那个短暂的时期,我们还有勇气希望伊拉克走向更美好的未来。

在埃尔比尔,我同科迈尔·克库基在他简单的办公室见了面。他已经不再是库尔德斯坦议会的议长,但仍然是库尔德斯坦民主党政治局成员,跟巴扎尼总统关系密切。"你好,艾玛·思盖!"他热情地跟我打招呼,

握手。他领我坐下,递给我一瓶水,尽管他自己在把斋,这时正好是斋月。

科迈尔也坐下了。我跟他认识有十年了,但从来没有看到他如此高兴和放松。"科迈尔,你都笑得合不上嘴了!"

"是的,"他回答说。"我们有基尔库克!"我没有回答,只是冲他笑了笑。许多年来,我们花时间和资源在这些有争议地区的不同党派之间进行调解。现在新的现实摆在面前。

在"伊斯兰国"向前推进下,伊拉克安全部队在摩苏尔很快就瓦解了。尽管伊拉克安全部队人数远远多于"伊斯兰国",装备也要好得多,他们的指挥糟糕之极,因为马利基用忠于他的人替换了那些称职的指挥官。国防部没有官方指挥链条,马利基和他的总指挥办公室通过电话和短信发布指示。

库尔德人利用了这种局势,把他们的自由斗士军部署到了有争议的地区。总统巴扎尼宣布实施第140条——库尔德人绝不会放弃基尔库克和他们控制的油田。

"巴扎尼在2010年就不想让马利基继续担任总理,这你是知道的,"科迈尔说。其实他不需要提醒我,我对当时的讨论记得太清楚了。"巴扎尼告诉美国人马利基是个非常危险的人物,他会毁了这个国家。"

"马利基是个很坏的人,"科迈尔强调说,"他造成了伊拉克的毁灭。"科迈尔停顿了片刻,他在思考如何组织他要说的下一句话。"不过在我心里,我觉得马利基不错,因为多亏了他,我们库尔德人将获得独立。"巴扎尼号召在库尔德人独立问题上举行全民公决,结果如何将是毫无疑问的,但库尔德人如何实现独立是另外一件事。

"大家都对自由斗士军很满意。"他让我相信这一点。我笑了笑。当年在入侵的最初几周,我记得大家对我们也非常满意,但这种满意并不长久。现在,库尔德斯坦地区政府要控制跟"伊斯兰国"相连的600英里边界。

"伊拉克得分成三个地区：库尔德斯坦、逊尼斯坦和什叶斯坦，"科迈尔说。"这是唯一的办法，我们无法在一起生活。"他想了一会，接着说："也许在将来，这三个地区有可能组成一个联邦。"

同科迈尔·克库基会面之后，我返回到罗塔纳酒店给哈桑酋长打了电话。从我上次在哈维加见到他已经有两年了。他告诉我，现在哈维加在"伊斯兰国"的控制之下。他亲戚的房子，安瓦尔酋长和瓦斯菲酋长的房子都被炸毁了，因为他们跟马利基合作。

"艾玛小姐，现在有人在谈论把这个国家分解为库尔德斯坦、逊尼斯坦和什叶斯坦。这会造成战争。边界在哪儿呢？水和石油如何分呢？ 你知道，艾玛小姐，谁在控制这个国家？是伊朗、伊朗、伊朗……我们的目标是保持我们的尊严，保持我们的遗产。"

那天晚上刚过10点钟，我正坐在罗塔纳酒店的一把椅子上，突然看到霍施亚尔·泽巴里，伊拉克外长，正朝我走来。"我都不敢相信我的眼睛，"他说，"你在这里做什么？"我站起来跟他打招呼。他给了我一个很粗暴的拥抱，把我抱离了地面。我们两人都笑了，能够相见真是太高兴了。

马利基最近把埃尔比尔说成是"恐怖分子的基地"，指责库尔德人跟"伊斯兰国"狼狈为奸。作为对这种批评的回应，库尔德人部长，包括霍施亚尔，决定抵制巴格达内阁。马利基采取报复行为，解除了霍施亚尔从2003年起就担任的外交部部长职务。"全都乱套了。"霍施亚尔说着坐在我的旁边。像在萨达姆时代，库尔德斯坦又一次成为反对中央政府的大本营。

几分钟之后，我看到了拉菲，正是我们约好的时间。像以往一样，他穿着西服系着领带。我走上前去迎接他，把他带到霍施亚尔坐着的地方。他们也已经有一段时间没有见面了，很快就聊起了最近有关马利基和组阁的八卦。选举是两个月之前举行的，这次马利基得到了大多数席位。但在什叶派政治家之间也有许多阴谋试图阻止马利基继续执政。那天议会举行会议，投票选举温和的逊尼派穆斯林萨利姆·贾卜利出任新的议长。现在即将推举新的总统和总理。

霍施亚尔走了，几分钟之后，拉菲和我开始深入交谈。拉菲告诉我他的家人现在都住在国外，在约旦和海湾国家。他在伊拉克度过了一生，可现在成了流亡者。我可以看得出来，这让他很难受。

从我上次在 2012 年 1 月见到他，他经历了太多的事。当时一辆坦克停在他的房子外面，就在那年年底，塔拉巴尼总统中风失去自理能力之后，马利基再次指控拉菲从事恐怖主义活动，逮捕了他的卫兵，这手段跟他一年前打击塔拉克·哈什米的手段如出一辙。塔拉克·哈什米当时是副总统。这完全是编造的指控，结果引起逊尼派的示威。拉菲被迫辞去财政部部长的职务，离开巴格达。多亏了安巴尔部落的保护，他才逃脱了马利基派遣的特种部队对他的逮捕。

"伊拉克的分崩离析是不可避免吗？"我问拉菲。不，不会，他向我保证。伊拉克一直在朝着积极的方向发展。现在的逆转始于 2010 年，当时伊拉克全国运动没有被赋予组建政府的尝试。"我们也许不会成功，"他承认，"但是这个过程本身是重要的，会在伊拉克年轻的机构中建立起信任。"他认为美国在 2010 年做出的糟糕决定毁了这个国家。从那之后，奥巴马一直把结束伊拉克战争说成是他伟大外交政策的成功之一，但却从不关注马利基变得越来越专断。

拉菲列举了让逊尼派感到愤怒的事，这些愤怒在燃烧，终究会爆发。马利基未经审判关押了数以千计的逊尼派穆斯林，通过指责逊尼派领导人参与恐怖主义活动，把这些逊尼派领导人赶出了他们从 2004 年以来就参加的政治进程。马利基拒绝支付承诺给觉醒派成员的款项，也不兑现对这些人的其他承诺，这些人之前曾勇敢地同基地组织作战——觉醒派的领导人或者死亡，或者逃走，或者被关进监狱。萨拉丁省、迪亚拉省和摩苏尔省的委员会要求投票决定地区的组成——根据宪法——但遭到武力阻止。逊尼派常年和平抗议要求结束歧视，结果遭到暴力袭击，数十名手无寸铁的示威者被伊拉克安全部队打死。马利基完全让司法服从他自己的意志，结果逊尼派感到无法伸张正义。

拉菲跟我解释，"伊斯兰国"能够利用这样的形势，公开宣称捍卫逊尼派，反对伊朗支持的马利基政府。几年前，逊尼部落在美国军队的支持下遏制和打败了"伊斯兰国"的前身伊拉克基地组织，今天，那些同样的部落在跟"伊斯兰国"合作，发动民众起义反对中央政府。虽然"伊斯兰国"对伊斯兰的解释是倒错的，但他们拿"伊斯兰国"和马利基相比，两害相权取其轻，"伊斯兰国"是那个轻的。

第二天晚上，拉菲带我到一家餐馆吃开斋饭，同时继续我们的讨论。餐馆里聚满了来开斋的家庭。我们朝我们订的桌子走去，所有人都转过头来看他，他是这里的名流。他跟他们打招呼。他跟我解释，这些人都是安巴尔的穆斯林。巴扎尼总统表现了极大的同情心，为逃离暴力的许多人提供庇护。

我们吃枣开斋，然后是小扁豆汤，米饭和沙拉。之后肉上来了，有一个卫兵把肉串、鸡肉和羊肉块堆在我的盘子里，尽管我表示量太大了。

拉菲回忆在美国入侵之前他当医生时候的生活，那时周末跟家人在一起，生活在自己热爱的土地上。他描述了作为学生在伊拉克医学院时的生活，以及他作为医生的事业。他一直信仰宗教，来自一个信仰宗教的家庭，但他从来都对政治不感兴趣，也没有介入过政治。美国入侵之后，他被劝说站出来代表他的社团，才开始介入政治。拉菲是我在世界

上遇到的最体面和最能干的人之一。对我而言,他体现的是伊拉克美好未来的潜力,是实用主义击败极端主义的希望。

"奥迪耶诺将军怎么样?"他问我。

"他对伊拉克正在发生的一切感到很难过。"我告诉他。他点点头表示理解。我努力解释美国军队如何感到愤怒和被出卖。他们曾经那么努力,但现在当他们在伊拉克之外看到这些坏消息,他们不知道所有的奉献和牺牲都是为了什么。他们曾经相信他们的那些文官不会毫无原因的伤害他们。他们失去了肢体,被杀死,看到他们的朋友死去。那时,他们觉得他们的牺牲是为了比他们自身更伟大的事业。他们在军队服役曾经感到自豪,他们共同成就的一切成为他们的记忆,他们珍视凝成的友谊,他们意识到整个战略的失败。很难解释这之间的矛盾。最初他们犯了许多错误,但美国军方觉得在增兵伊拉克之后,扭转了战争的局势——但所有的获得都烟消云散。伊朗又活跃起来,一场代理人战争正在这个地区肆虐,而美国似乎正在全球退缩。没有美国官员因为入侵伊拉克的决定被问责;也没有美国官员因为推翻前政权之后伊拉克发生的一切被问责;更没有美国官员因美军撤出伊拉克的方式被问责。很少有人表现出任何悔恨的迹象。我眼里充满了泪水。我的眼睛躲开拉菲向别的地方看,专心吃几口鸡肉。

"你会回来在伊拉克工作吗?"拉菲问道。我回答说不,"我其实比你只小一岁,我得过我自己的生活。"我有时候怀疑是否还有任何事情会显得重要或者有意思。我过去在伊拉克感到那么有活力,有那么强烈的目的感。我生命中的最好时光——最艰难的时光——都是在伊拉克。我现在生活得像一个流亡的伊拉克人,读有关伊拉克的消息是每天的开始。我仍然很在乎伊拉克。

"你一定要常来看望你的朋友。"他说。"我会的。"我承诺说。我一年或者两年一次会回到伊拉克看看，因为我热爱这个地方和这里的人民。但是我在努力建立远离战争的生活，在耶鲁教书寻找生活的目的，鼓励新的一代努力在这个世界上发挥作用，把好的精神传递下去。

"你过去工作非常努力。"他像兄长一样让我相信他说的话。我们在一起度过了许多美好时光。就在几年前，我曾提醒他，到黎巴嫩去参加非常有影响的什叶派神职人员阿亚图拉法德拉拉赫的葬礼。他让我看他当财政部部长时的一张照片，他跟穆克塔塔·萨德尔在纳杰夫祈祷。拉菲居然有勇气想象一个没有宗派的伊拉克，一个所有公民的国家。

"有一天事情会再次发生变化。"我告诉他。如果安拉允许！

尽管危机非常严重，但拉菲仍然能够看到扭转局势的出路。如果马利基被取代，如果伊拉克的精英可以就如何治理伊拉克达成新的一致，如果逊尼派不满的事情可以得到解决，他相信伊拉克会形成合力。被马利基非常政治化的伊拉克安全部队需要改革，逊尼派可以在地方征召人员同"伊斯兰国"战斗。应西斯塔尼的圣令再次出动阻止"伊斯兰国"前进的什叶派民兵，应该被解散。

我们离开餐馆时，餐馆里已经没有别的客人。